# 国际中文教育中的文化教学研究

王皓宇 / 著

西南财经大学出版社

中国·成都

图书在版编目(CIP)数据

国际中文教育中的文化教学研究/王皓宇著.—成都:西南财经大学出版社,2023.5
ISBN 978-7-5504-5742-3

Ⅰ.①国… Ⅱ.①王… Ⅲ.①汉语—对外汉语教学—教学研究
Ⅳ.①H195.3

中国国家版本馆 CIP 数据核字(2023)第 066934 号

## 国际中文教育中的文化教学研究
GUOJI ZHONGWEN JIAOYU ZHONG DE WENHUA JIAOXUE YANJIU

王皓宇　著

| 策划编辑: | 乔　雷　冯　梅 |
| --- | --- |
| 责任编辑: | 乔　雷 |
| 责任校对: | 张　博 |
| 封面设计: | 墨创文化 |
| 责任印制: | 朱曼丽 |

| 出版发行 | 西南财经大学出版社(四川省成都市光华村街55号) |
| --- | --- |
| 网　　址 | http://cbs.swufe.edu.cn |
| 电子邮件 | bookcj@swufe.edu.cn |
| 邮政编码 | 610074 |
| 电　　话 | 028-87353785 |
| 照　　排 | 四川胜翔数码印务设计有限公司 |
| 印　　刷 | 四川煤田地质制图印务有限责任公司 |
| 成品尺寸 | 170mm×240mm |
| 印　　张 | 13.75 |
| 字　　数 | 317 千字 |
| 版　　次 | 2023 年 5 月第 1 版 |
| 印　　次 | 2023 年 5 月第 1 次印刷 |
| 书　　号 | ISBN 978-7-5504-5742-3 |
| 定　　价 | 78.00 元 |

1. 版权所有,翻印必究。
2. 如有印刷、装订等差错,可向本社营销部调换。

# 前言

习近平总书记强调："讲好中国故事，传播好中国声音，展示真实、立体、全面的中国，是加强我国国际传播能力建设的重要任务。"① 改革开放以来，中国在世界上的影响力不断增强，来华留学生和海外学习汉语的学生数量节节攀升，中华文化的国际传播作为讲好中国故事的重要途径，成为一个重大而有待深入研究的课题。

随着全球化时代的到来，国家与国家之间的竞争已经从单纯的经济实力、意识形态、军事实力的竞争，转向文化软实力的竞争，而一个国家语言实力的强弱是文化软实力最直接的反映。语言是文化的载体，同时也是文化的重要组成部分。外语课程的真正内容不是这种语言的语法与词汇，而是这种语言背后的文化，文化是语言学习最重要的语境之一。国际中文教育事业致力于汉语和中华文化在海外的传播，孔子学院已经成为中华文化走出去的一个重要平台，成为中华文化在世界上的一张名片。习近平总书记在全国教育大会上讲话时指出，要"扩大教育开放，提升我国教育世界影响力"；要"增强教育服务国家外交的能力，通过教育交流合作，继续办好全球孔子学院、孔子课堂，让全球几千万汉语学习者、几十万来华留学生成为中国的好朋友"；同时要"为海外华侨华人子女学习中文、学习中国历史文化提供便利"②。当前，

---

① 习近平. 习近平谈治国理政：第四卷 [M]. 北京：外文出版社，2022：316.
② 习近平. 习近平谈治国理政：第三卷 [M]. 北京：外文出版社，2020：351.

国际中文教育事业蓬勃发展，国际汉语教学时代已经到来，本书正是基于这一背景，探讨国际中文教育中文化教学的相关问题。

有效的文化教学，要求汉语教师第一要具备良好的中华文化素养、对外国文化有足够的了解、掌握必备的跨文化知识、具有较强的跨文化交际意识和跨文化交际能力、具有较好的文化教学意识；第二要找准切入口，针对不同文化背景的教学对象选择学习者容易接受又不流于表层的文化内容；第三要了解汉语学习者的特点，并根据不同的教学环境选择恰当的方法、手段进行中华文化教学。本书以文化学、传播学、教育学相关理论为基础，运用文献资料研究法、案例分析法、问卷访谈调查法等研究方法，从文化教学的主体、内容、对象及手段四个维度进行研究与分析，对国际中文教育中的文化教学做了较为全面系统的定性、定位、定量研究；同时结合文化教学的目标、任务、现状与问题，结合作者跨文化交际经历和文化教学实践，提出相应的教学对策和建议，理论与传播实践并重。

本书写作思路如下：

第1章介绍研究背景、研究内容、研究方法与研究意义。在提高中国软实力、中华文化"走出去"的历史背景下，蓬勃发展的国际中文教育已成为传播中华文化的重要途径，在了解学习者文化背景的基础上选择他们需要的文化内容，针对不同学习群体的特点进行文化教学，对引导学生增进对中国的了解、传播中国文化具有非常重要的意义。

第2章主要介绍文化教学的相关理论，作为全书的理论指导。

第3章文化教学主体研究。首先明确多元主体协作的中华文化立体传播格局中各个主体应发挥的作用，进而结合典型案例探讨国际中文教育中的教学主体——汉语教师跨文化意识、文化教学和传播能力的培养问题，并结合典型案例对汉语国际教育专业的人才培养情况进行分析。

第4章文化教学内容研究。首先根据前人对文化的分类标准对文化教学内容进行了层次划分，同时分析了当前文化教学在内容选择上存在的问题，并提出构建文化教学内容体系应遵循的原则。在此基础上，讨论语言交际中蕴含的文化因素并提出相应的文化教学建议，同时讨论地域文化融入文化教学的原则和方法。

第5章文化教学对象研究。文化教学面对的是不同国家的学习者，教师要树立和而不同的观念，正确认识各个国家文化背景的差异，在此基础上深化受众分析，树立在地化的文化教学理念。同时选取非目的语环境中的学习者保加利亚中学生和目的语环境中的学习者山西中医药大学的医学留学生两个较为典型的群体进行探讨。

第6章文化教学方法研究。首先从语言课中的文化教学、课堂中的文化活动设计和课外活动中的文化教学三个方面入手，分析如何利用文化资源在课堂语言文化教学和课外文化活动中引导学生将表层文化与深层文化观念联系起来，进行文化的教学和文化活动的设计；同时介绍音视频资源、慕课、短视频等现代教育技术在文化教学中的应用，让学生以线上感受、线下体验的方式感受中国文化。

第7章结束语。

本书有以下突出特点：

第一，内容全面系统。本书运用文献资料研究法、案例分析法、问卷访谈调查法等研究方法，从文化教学的主体、内容、对象及手段四个维度进行研究与分析，对国际中文教育中的文化教学做了较为全面系统的定性、定位、定量研究，体系性较强。

第二，文化视角独特。本书对文化教学内容的选择和介绍遵循一个基本原则，即从外国学习者的视角解读中国文化，以帮助读者建立良好的跨文化交际意识和文化教学意识，学会从教学对象的角度出发设计文化教学。

第三，以科学理论为指导。本书以文化学、传播学、教育学相关理论为基础，结合文化教学的目标、任务、现状与问题进行分析，提出相应教学对策和建议，有科学的理论做支撑。

第四，理论与传播实践并重。作者在本书中注重运用理论，但并不是空谈理论，而是紧密结合文化教学实践来阐述理论。书中以诸多案例做支撑，且不少案例是作者在跨文化交流中的亲身体验或基于作者前期所做调查和访谈。

本书可作为国际中文教育领域文化教学的参考用书，对帮助读者建立良好的跨文化交际意识和文化教学意识、设计文化教学活动、提高文化教学能力等有一定的帮助。但由于本人水平、经验有限，书中必然存在不少不足、疏漏之处，敬请各位专家学者指正。

王皓宇

2023 年 2 月

# 目录

1 绪论 / 1
 **1.1 研究背景与研究意义** / 1
  1.1.1 研究背景 / 1
  1.1.2 研究意义 / 7
 **1.2 研究内容与研究方法** / 12
  1.2.1 研究内容 / 12
  1.2.2 研究方法 / 14

2 文化教学的理论基础 / 15
 **2.1 文化与文化传播** / 15
  2.1.1 文化 / 15
  2.1.2 文化传播 / 20
  2.1.3 文化传播的理论资源 / 23
 **2.2 文化教学** / 29
  2.2.1 文化教学相关概念 / 29
  2.2.2 文化教学的定位问题 / 30
  2.2.3 文化教学的定量问题 / 31
  2.2.4 文化教学的目标 / 32
  2.2.5 文化教学现状 / 36

## 3 文化教学主体研究 / 38

### 3.1 中华文化传播主体概述 / 38
- 3.1.1 国家官方机构 / 38
- 3.1.2 非政府组织 / 40
- 3.1.3 文化企业 / 42
- 3.1.4 普通民众 / 42
- 3.1.5 境外传播力量 / 43

### 3.2 汉语教师的文化教学与传播能力 / 45
- 3.2.1 国际汉语教师应具备的能力 / 46
- 3.2.2 汉语教师的中华文化素养 / 49
- 3.2.3 汉语教师的跨文化交际能力 / 51
- 3.2.4 汉语教师的文化传播能力 / 54
- 3.2.5 文化教学中汉语教师主体作用的发挥 / 58

### 3.3 地方性院校汉语教师的培养 / 63
- 3.3.1 构建模块化专业课程体系 / 64
- 3.3.2 紧密结合地方文化和校本特色 / 67
- 3.3.3 优化实践教学体系 / 69

## 4 文化教学内容研究 / 71

### 4.1 建立健全文化教学内容体系 / 71
- 4.1.1 文化教学内容层次划分 / 72
- 4.1.2 构建文化教学内容体系应遵循的原则 / 80
- 4.1.3 文化教学内容体系的构建 / 88

**4.2 语言交际中的文化 / 91**

    4.2.1 语言要素中的文化 / 91

    4.2.2 语用中的文化因素 / 100

**4.3 地域文化融入文化教学 / 106**

    4.3.1 地域文化的含义及其与中华文化的关系 / 106

    4.3.2 地域文化融入文化教学的意义 / 107

    4.3.3 地域文化融入文化教学的原则 / 109

    4.3.4 三晋文化融入中华文化教学 / 111

## 5 文化教学对象研究 / 114

**5.1 传播学视域下文化教学与传播对象分析 / 114**

    5.1.1 文化传播受众的类型 / 114

    5.1.2 受众多样性的影响因素分析 / 117

    5.1.3 构建以学习者为中心的文化教学模式 / 122

**5.2 以学习者为中心的文化教学模式个案研究 / 125**

    5.2.1 保加利亚中学生汉语学习风格调查 / 125

    5.2.2 山西中医药大学医学留学生汉语学习观念研究 / 136

## 6 文化教学方法研究 / 145

**6.1 文化教学的途径和方法 / 145**

    6.1.1 语言课中的文化渗透 / 146

    6.1.2 课堂中的文化活动 / 151

    6.1.3 课堂外的文化实践 / 158

6.2 现代教育技术在文化教学中的应用 / 160

  6.2.1 音视频资源 / 161

  6.2.2 新媒体 / 166

  6.2.3 慕课 / 169

7 结束语 / 176

参考文献 / 178

附录 / 188

  附录A 汉语国际教育专业人才培养方案（2018版）/ 188

  附录B 汉语学习风格调查问卷 / 200

  附录C 汉语学习风格调查问卷（保加利亚语版）/ 203

  附录D 汉语学习观念量表（英文版）/ 207

后记 / 211

# 1 绪论

## 1.1 研究背景与研究意义

文化兴则国家兴，文化强则民族强。当今世界正经历百年未有之大变局，处于巨变之中的世界政治经济格局对中华文化"走出去"提出了新要求。如何讲述和平发展的中国故事、传播开放合作的中国声音、阐释全球治理的中国主张、扩大中华文化的国际影响，成为推动中华文化走出去面临的重要课题。从文化交流方面看，民族文化交流的先导是语言，语言是文化最为重要的组成部分，同时也是文化最为重要的载体和传播工具。国际中文教育（international chinese language education），即"面向中文作为第二语言的学习者的教育"[①]，它不单单在进行语言文字的教学，也在进行文化的教学；国际中文教育中的文化教学，是汉语学习者了解中华文化的窗口，也是中华文化对外传播的重要平台。

### 1.1.1 研究背景

#### 1.1.1.1 中外文化交流历史源远流长

中国是人类文明的发祥地之一，中华文化历史悠久，中国对外文化交流的历史轨迹同样悠远而漫长，纵观历史，中西文化的冲突与融合、输入与输出始终都是中外文化交流的主旋律。汉代的张骞及其后来人所开辟的丝绸之路，成为千古称道的中西文化之间的桥梁，因其不仅是东西商业贸易之路，而且是中国和亚欧各国间政治往来、文化交流的通道。转至唐

---

① 世界汉语教学学会. 国际中文教师专业能力标准：T/ISCLT 001-2022 [M]. 北京：北京大学出版社，2022：1.

宋，中华文化更是兼容并蓄、开放包容，呈现出海纳百川、气象恢宏的气势："游方"与"留学"盛极一时，玄奘西行与鉴真东渡，分别向西与向东传播了中国的语言与文化，其影响在空间上的广博与在时间上的久远至今都是难以估量的；众多的外交使节、商人和僧侣，在长安游学、经商和传道，学习唐朝先进的文化艺术与政治制度，朝鲜半岛的崔致远、日本的吉备真备，都为中华文化在异国的传播做出了非常大的贡献。元朝时期，描述富饶神秘的中国的《马可·波罗游记》，激起了欧洲人对东方的强烈向往，对之后新航路的开辟产生了巨大影响。明代郑和七次下西洋，传播了中国"王者无外""怀远以德"的对外观念，开拓了海外贸易，加强了中外交流。可以说，明代中叶之前，由于中华民族创造了辉煌的中华文明，中华文化的传播，主要是以"自然溢出"的形式进行，即中国"高势文化"向西方"低势文化"的输出。

明中期以后，世界格局发生了巨大变化，世界开始走向"一体化"，中国和欧洲之间的交流改变了以往主要以物质文化为主的交往局面，在思想文化层面开始进行直接对话，在亚欧大陆两端之间一度呈现"西学东渐"和"中学西传"双向交流的文化景观。随着西方文艺复兴和资本主义开始萌芽，大批西方传教士涌入中国，名为传教，实为传播近代西方思想观念与学术成果。在这个时期，中国人对西方的态度发生了根本性的变化，由最初的排斥到逐渐接受，甚至后来追求"全盘西化"，兴起了"向西方学习"的热潮。然而事实证明，由于中西文化在价值根基、伦理道德、政治观念、经济生活等方面存在的巨大差异，照搬西方是绝不现实的。

在中西文化交流的过程中，中国以外的学者也对有关中国的方方面面进行了研究，我们称之为"汉学"。"汉学（Sinology）"最初主要是指对中国语言、文学、历史、宗教、哲学和考古等传统人文学科的研究，到了现代，除上述研究对象外，研究领域有所扩展，开始涉及中国近现代和当代的政治、经济、社会等问题。可以看到，近年来随着中国的发展和世界格局的变化，世界对中国的关注，已经不仅仅局限在历史中国、古典中国之研究，而转变为以现实为中心、以实用为原则的现代汉学——"中国学（Chinese Studies）"之研究，研究领域日益广阔，研究视角不断丰富。新的世界格局和形势下，随着中国经济实力突飞猛进地发展，世界开始关注当代中国和当代中国人的所思所想。要想真正了解和认识中国的文化，必然要关注于当下，关注于眼前，关注于民生，关注于中国人民实实在在的生活和感受，而不再只是从故纸堆里、从片面的政治化报道里、从道听途说的传闻中去了解。

新中国的国际中文教育事业正是在这样的历史背景之下产生与发展起来的。从1950年7月清华大学成立第一个对外汉语教学机构"东欧交换生中国语文专修班"算起，至今已有七十多年。2019年，全球孔子学院大会更名为"国际中文教育大会"，其主题为"新时代国际中文教育的创新与发展"。从"对外汉语教学"到"汉语国际教育"，再到"国际中文教育"，名称的更迭体现的是汉语国际推广事业在国际国内新形势下理念的革新和发展方向的变革。它表明，国际中文教育事业不仅要把留学生"引进来"，还要以汉语教师为媒介、承载更丰富的中华文化、用更先进的手段去传播、以一种更加积极主动的姿态"走出去"，让国际上更多的人学习汉语、了解中华文化，消除对中国的偏见、了解中国、理解中国甚至喜爱中国。

1.1.1.2 中华文化"走出去"是文化全球化的历史必然

今天，随着综合国力的显著增强，中国正步入世界舞台的中心，特别是近年来提出的"一带一路"倡议、人类命运共同体构想等，进一步提高了中国的国际影响力和感召力。文化是一个国家、一个民族的灵魂。一个在经济上强大的国家必须同时在文化上强大。在历经百年耻辱之后重新崛起的中国，需要在世界，尤其在西方重塑自己的文化形象。中华文化作为人类四大古文明中唯一延续到今天的文明，有着它独有的魅力，它同世界其他优秀文化一样，是人类文化宝库中的瑰宝。今天的中国虽然是发展中国家，但其成功的历程和经验同样有着世界性的意义。把中国介绍给世界，这是中国学术界、知识界新的历史使命[①]。

文化是民族的血脉，是人民的精神家园。当今的世界大国，首先是一个政治、经济、科技、军事、文化全面强大的国家。文化外交已经和政治外交、经济外交一起成为我国总体外交的组成部分。近两年来，中国在新的国际国内条件下把文化外交的作用提升到了非常重要和不可替代的地位，文化外交与政治外交、经济外交一起被视为中国外交的三大支柱，是国家总体外交战略的一个重要组成部分。习近平总书记在主持第十八届中

---

① 张西平. 西方汉学十六讲[M]. 北京：外语教学与研究出版社，2011：3.

央政治局第十一次集体学习时指出："文化软实力集中体现了一个国家基于文化而具有的凝聚力和生命力，以及由此产生的吸引力和影响力。古往今来，任何一个大国的发展进程，既是经济总量、军事力量等硬实力提高的进程，也是价值观念、思想文化等软实力提高的进程。""提高国家文化软实力，不仅关系我国在世界文化格局中的定位，而且关系我国国际地位和国际影响力，关系'两个一百年'奋斗目标和中华民族伟大复兴中国梦的实现。""我国要提高国家文化软实力，就必须使当代中国价值观念走向世界。要加强提炼和阐释，拓展对外传播平台和载体，把当代中国价值观念贯穿于国际交流和传播方方面面。"①

然而当前我们面对的现实是，中国硬实力发展取得了举世瞩目的成就，但与之相对应的文化软实力还比较弱，难以匹配中国的国际大国地位。同时，随着我国社会深刻变革和对外开放不断扩大，各种思想文化交流、交融、交锋日益频繁，一些错误思潮暗流涌动、此起彼伏，中华文化面临种种挑战。"历史虚无主义""新自由主义""民粹主义""中国威胁论""中国责任论""中国崩溃论"等论调不绝于耳，这一系列论调的背后，表现出西方国家对中国崛起的不安，其中也夹杂着文化差异带来的"误读"。

比如，孔子学院是国际中文教育的主要平台。《孔子学院章程》开宗明义地指出了孔子学院的办院宗旨："孔子学院致力于适应世界各国（地区）人民对汉语学习的需要，增进世界各国（地区）人民对中国语言文化的了解，加强中国与世界各国（地区）教育文化交流合作，发展中国与外国的友好关系，促进世界多元文化发展，构建和谐世界。"孔子学院自建立以来，在世界各国快速扩张，但规模变大的同时也面临着一些挑战与困境。近年来，各国不断冒出针对孔子学院的信任危机，孔子学院的机构属性被过度解读，带有政治性色彩偏见，导致其存在的合法性受到质疑，面临认同危机。一些西方国家利用各种传媒手段，大肆鼓吹"中国威胁论""中国文化入侵论""中国文化渗透论"等，严重诋毁了中国的国家形象。

再如，2020年暴发的波及全球的新型冠状病毒感染疫情，被一些不怀好意的国际势力利用，大做文章，他们肆意抹黑中国，严重影响了中国的国际形象。因此，通过发展国际中文教育事业，通过有效的文化教学，推

---

① 中共中央文献研究室. 习近平关于社会主义文化建设论述摘编[M]. 北京：中央文献出版社，2017：198-200.

动中华文化对外传播转型，不仅可以降低文化传播的噪音、消除国际社会的误解，而且可以向国际社会传播中国价值、避免或减少战略误判，为中国和平发展营造良好的外部环境①。

习近平总书记在2016年2月党的新闻舆论工作座谈会上指出，"我国综合国力和国际地位不断提升，国际社会对我国的关注前所未有，但中国在世界上的形象很大程度上仍是'他塑'而非'自塑'，我们在国际上有时还处于有理说不出、说了传不开的境地，存在着信息流进流出的'逆差'、中国真实形象和西方主观印象的'反差'、软实力和硬实力的'落差'。要下大气力加强国际传播能力建设，加快提升中国话语的国际影响力，让全世界都能听到并听清中国声音。"② 在当今纷繁复杂的国际社会情境下，牢牢把握我国在国际上的话语权，是中华文化对外传播的重要基础。

#### 1.1.1.3 现代传播技术与文化传播形态的大变革

人类文化传播媒介通常划分为口语传播、文字传播、电子传播三个时代。"元宇宙"继承了电子传播时代的特点，跨越时间、空间，给人以多方面、全方位的感官体验，必将催生出更多的新媒体平台，建立更多的新社会关系，文化传播也将进入一个崭新的时代。在发展国际中文事业，进行语言文化教学时，我们完全可以利用元宇宙技术，优化传播形式，实现线上线下的联动，让文化自己说话，在展现视听化内容的基础上呈现多元文化的魅力，甚至结合元宇宙技术构建具有中国特色的"元宇宙文化环境"，尤其是要融入"和而不同""协和万邦""天人合一""自强不息"等中华优秀传统文化思想，增强中华文化的影响力和创造力③。

同时，随着现代信息技术的迅猛发展，文化对外传播的方式和渠道日益多元化。以音频、短视频、长视频、直播等为代表的新兴媒体平台正不断涌现，其低门槛、普泛化、便捷性、时效性和交互性等特点，可以突破语言甚至文化上的障碍，为中华文化提供了视觉化呈现的绝佳平台，为"讲好中国故事，传播好中国声音"提供了新的可能，也为文化教学手段、

---

① 阳雨秋. 中国文化对外传播的转型方向与实现路径［J］. 理论导刊，2020（9）：112-117.
② 中共中央文献研究室. 习近平关于社会主义文化建设论述摘编［M］. 北京：中央文献出版社，2017：198-200.
③ 董晓晨，吕丹. 元宇宙视角下媒介变革对多元文化传播的影响［J］. 中国广播电视学刊，2022（6）：30-32.

平台和渠道的创新提供了条件。

#### 1.1.1.4　国际中文教育是一项空前巨大的文化事业

他山之石可以攻玉。从国际上看，从德国的歌德学院（Goethe Institut）到西班牙的塞万提斯学院（Instituto Cervantes），从法国的法语联盟（Alliance Francaise）到英国文化教育协会（British Council），世界主要国家都十分重视本国语言的国际推广，把语言输出作为国家战略，借以提高本国语言的国际地位，传播自己的文化和价值观，使本国的文化在世界多元文化格局中占据重要地位。汉语国际推广是中国参与构建世界文化大格局的客观需要，是中华民族伟大复兴事业的重要组成部分①。

党中央、国务院高度重视教育对外开放。习近平总书记指出："推进教育现代化，要坚持对外开放不动摇，加强同世界各国的互容、互鉴、互通。"党的十八大以来，习近平总书记在一系列国际国内重大场合宣示扩大教育对外开放，多次作出重要指示批示，饱含深情地给海外学子、留学归国人员、在华外国留学生、在华外国中小学生回信，为教育对外开放指明了方向，提供了根本遵循。中办、国办印发关于教育对外开放、中外人文交流的指导意见，国际合作与交流在我国教育事业中的地位和作用进一步凸显。十年来，我们坚决落实党中央、国务院决策部署，更加注重开放的系统性整体性协同性，召开全国教育外事工作会议，印发《教育部等八部门关于加快和扩大新时代教育对外开放的意见》，推动中国教育以更加开放和自信主动的姿态走向世界舞台。

中国政府也加大投入，积极调动海内外各方力量，努力加快汉语和中华文化走向世界的步伐。《国家中长期语言文字事业改革和发展规划纲要（2012—2020年）》首次提出要"增强国家语言实力"，并将语言文字提升为国家的"战略性文化资源"，指出要"进一步扩大语言文字工作的对外开放程度"，要"通过多种途径加强语言文字的对外交流和传播，扩大中华语言文字的国际影响力，拓展中华文化传播的广度和深度"。2015年10月，习近平主席访英期间，出席了英国孔子学院和孔子课堂年会开幕式并发表了重要讲话，指出"孔子学院是世界认识中国的一个重要平台""孔子学院和孔子课堂为世界各国民众学习汉语，了解中华文化发挥了积极作用，也为推进中国同世界各国人文交流、促进多元多彩的世界文明发

---

①　王雪松. 面向第二语言教学的中华文化与跨文化传播研究［M］. 北京：北京师范大学出版社，2014：218.

展作出了重要贡献"。2018年教师节，习近平总书记在全国教育大会上指出，要"扩大教育开放，提升我国教育世界影响力"；要"增强教育服务国家外交的能力，通过教育交流合作，继续办好全球孔子学院、孔子课堂，让全球几千万汉语学习者、几十万来华留学生成为中国的好朋友"①。

### 1.1.2 研究意义

文化教学是文化传播的重要方式，国际中文教育中的文化教学就是针对国际学生传播中华文化的过程。大力发展国际中文教育事业，关注文化教学与传播，对促进语言教学、提升国家软实力、树立良好的国际形象，有非常重要的意义。

#### 1.1.2.1 提升文化软实力，增强中华文化的国际影响力

1993年，美国哈佛大学奥林战略研究所所长亨廷顿发表了一篇引起全世界关注的论文《文明的冲突》。这篇文章认为以往的君主的权利之争，民族国家之争和意识形态冲突都已过去，将来主宰全球政治的是文化与文化的冲突，而文化与文化之间的断层线，会是未来的主战场。作者把文化差异看成是人类最基本的差异，认为文化的特性和差异缺少可变性，与政治和经济相比，更不容易协调和消解②。以亨廷顿论文为起点的文化问题大辩论，激发了各国家各民族对文化民族性的关注，文化问题已成为21世纪世界格局中众多问题中的焦点之一。

硬实力和软实力的有机统一构成国家的综合实力，而文化构成软实力的核心。我国已成为世界第二大经济体，发展成就举世瞩目，综合国力大幅提升。但目前中华文化的国际影响力与我国的综合国力和国际地位还很不相称，文化软实力是一个较为明显的短板。从中共十七大开始，提升国家文化软实力就被列为国家战略，2011年中共十七届六中全会进一步明确要建设社会主义文化强国。中共十八大以来，习近平总书记在多次讲话中强调文化建设的重要性，强调不断提升国家文化软实力。习近平总书记2013年12月在十八届中央政治局第十二次集体学习时讲话指出："文化软实力集中体现了一个国家基于文化而具有的凝聚力和生命力，以及由此产生的吸引力和影响力。古往今来，任何一个大国的发展进程，既是经济总量、军事力量等硬实力提高的进程，也是价值观念、思想文化等软实力提

---

① 习近平. 习近平谈治国理政：第三卷[M]. 北京：外文出版社，2020：351.
② 张公瑾. 文化语言学发凡[M]. 昆明：云南大学出版社，1998：10.

高的进程。提高国家文化软实力，不仅关系我国在世界文化格局中的定位，而且关系我国国际地位和国际影响力，关系'两个一百年'奋斗目标和中华民族伟大复兴中国梦的实现。""远人不服，则修文德以来之"，中华民族早就懂得"观乎人文，以化成天下"的力量。中华文化是我们提高国家文化软实力最深厚的源泉，是我们提高国家文化软实力的重要途径①。没有文化软实力，或文化软实力不强，硬实力再强大也是不可持续的。国家的文化和意识形态具有吸引力，往往能够发挥出比经济或军事手段更加显著的效果。

而文化软实力的竞争在很大程度上与语言实力的竞争有关。崔希亮在给《汉语国际传播研究理论与方法》一书所写的序言中指出，国家的语言实力包括一个国家在国际上的话语权、国家语言安全实力和语言传播能力②。中国正从世界大国发展为世界强国，汉语的国际传播既是国际社会了解中国、与中国交流的需要，也是中国国际化进程中的必然趋势。吴应辉（2013）指出，一方面，语言国际传播直接形成了国家软实力，语言传播是文化传播的基础，语言国际传播的好坏与文化国际传播的效果存在着正相关性；另一方面，语言国际传播还能促进国家软实力其他要素的国际影响力，一种语言国际传播的深度和广度往往影响人们对语言输出国各方要素的理解程度和认可程度③。语言文化的教学与传播，能更好地向国际社会展现中国精神和中国价值，让世界各国人民更多地了解中国的历史与现状、梦想与奋斗，可以感染他国民众，增进友好情谊，从而增强中华文化的国际影响力，彰显中华文化对于现代世界的伟大意义。

#### 1.1.2.2 塑造良好的国际形象，缩短文化距离

文化是国家形象的重要内容和载体。"国家形象"一词是美国经济学家肯尼思·博尔丁在《国家形象和国际体系》一文中最先提出的，他认为，"国家形象是一个国家对于自己的认知以及国际体系中其他行为体对它的认知的结合。"④从塑造主体来看，国家形象的塑造主要有"自塑"和"他塑"两个途径。"他塑"是他国及其民众通过大众传媒等途径获取信息

---

① 中共中央文献研究室. 习近平关于社会主义文化建设论述摘编 [M]. 北京：中央文献出版社, 2017：201.
② 吴应辉. 汉语国际传播研究理论与方法 [M]. 北京：中央民族大学出版社, 2013：3.
③ 同②.
④ 李智. 中国国家形象：全球传播时代建构主义的解读 [M]. 北京：新华出版社, 2011：12.

而体现出来的对该国整体形象的评价。近代以来，中国的国家形象经历了一个长期被"污名化"的过程。从"东亚病夫"到"Chink（中国佬）"，从"中国威胁论"到"中国文化渗透论"，长期以来，中国的国际形象构建在西方文化模式和规则主导的国际舆论场上受到某些西方国家的刻意压制，导致我国国际形象在一定程度上处于"他塑"的窘境之中。改变这种状况的一个重要途径，就是加强"自塑"能力，即我们国家及民众主动、积极、全方位地进行国家形象的塑造，提高我国的对外文化传播能力，更好地将中华文化传播出去，将真实、立体、全面的中国展现给全世界。一国文化被国际社会认可和接受的程度是衡量其国家形象的重要标志。在文化教学中将中华文化中的和谐价值观传播出去，让国际社会普遍了解我国的社会主义核心价值观、了解我国"和而不同"的传统，向国际社会展示担当负责、开放自信、谦逊谦和、可爱可敬的当代中国形象，有助于世界人民摘下滤镜，逐渐消除对中国的某些误解、偏见和疑虑，客观理性地评价中国道路、中国精神、中国力量，缩短中国与世界各国在空间上、时间上及心理上的"文化距离"，帮助中国在国际上赢得更多的理解和认同。

1.1.2.3 增强文化认同，坚定人民文化自信

文化认同有内部文化认同和外部文化认同之分。内部文化认同主要是指人们对自身文化的认知、理解和支持，是一种文化自觉。内部文化认同并不完全发生在内部，也形成于不同文化的交往之中。因交往而有比较，因比较而有一种文化自觉，因文化自觉而有一种文化自信。文化自信是文化认同的最高境界。外部文化认同是指文化在走出去的过程中，得到不同文化的了解、理解和认同。外部文化认同是跨文化传播的根本问题。文化软实力不是针对自己而言的，而是相对于他者而言的。因而，只有得到外部的文化认同，文化才能成为一种真正的"软实力"。中华文化要想获得更多的"文化认同"，就必须使自己成为一种"世界的文化"，即面向世界的文化。只有这样，中华文化才能在人类文明发展中紧跟潮流，进而引领潮流[①]。

我们在进行文化教学和传播的同时，也是在用新的视角对本民族的文化做一个全新的审视。增强文化教学意识、提高文化教学能力、提升对外文化传播能力的过程，也是对本国文化深入了解和重新认识的过程。本民

---

① 张三元. 大道不孤：中国价值的跨文化传播[M]. 武汉：湖北教育出版社，2022：119-120.

族的人往往对本民族的文化，特别是深层次的价值观习焉不察，对外文化教学主体首先要深入学习和研究中华文化，以便选择适当的中华文化内容和恰当的方式方法进行文化教学。在文化教学和传播过程中，包括国际学生在内的受众对中国的了解更加深入，中华文化的国际影响力得到增强，中国的国际形象得到改善，这反过来会激发我国民众的民族自豪感、国家归属感与文化自信心。而对中华文化的深度认可，又会促使我国民众更加积极主动地学习和宣传中华文化，从而形成文化传播与文化自信的良性互动。

**1.1.2.4 发挥语言的载体作用，促进中华文化与世界文化的双向互动**

我们常说"越是民族的，越是世界的"，世界文化是由各国的民族文化共同构成的，文化多样性是人类社会可持续发展的基本前提和重要源泉。中华文化与世界文化互为前提、互为基础，紧密联系、不可分割，具有内在的统一性。中华文化不能离开世界文化，它要不断从世界优秀文化的土壤中吸取养分以不断丰富自身；同时，中华文化又构成世界文化的基础，世界文化的建设发展不能没有中华文化的参与，没有中华文化参与的世界文化不是真正的世界文化。"世界那么大，问题那么多，国际社会期待听到中国声音、看到中国方案，中国不能缺席"[①]。中华优秀传统文化是人类文明发展的伟大成果，中华文明之所以绵延五千年不曾中断而流传至今且仍具有强大的生命力，正是在于其价值传统符合社会进步和人类发展规律，代表了人类文明发展的趋势和方向。中国价值主张"和而不同""和实生物"，承认差异、尊重差异，既有民族性，又有普遍性，它与西方的"普世价值"完全不同，"普世价值"是要让西方价值观一统天下，而中国价值寻求的是不同价值观的"最大公约数"。中华优秀传统文化蕴含着丰富而独具特色的价值观、人生观、历史观和世界观，具有鲜明的民族特色，也具有普遍性的特点，因而具有永不褪色的时代价值，这些宝贵的财富，是中华民族奉献给整个人类的中国精神、中国智慧和中国力量。正如费孝通先生所言，"美人之美，美美与共"。重视国际中文教育中的文化教学与传播，不仅有利于我们对中华民族文化的传承和创新，而且有助于世界文化的共同繁荣。

**1.1.2.5 促进语言教学，提高学习者跨文化交际能力**

2022年10月28日，习近平总书记在考察安阳市殷墟遗址时指出，

---

① 习近平. 二〇一六年新年贺词[N]. 人民日报，2016-01-01 (01).

"中国的汉文字非常了不起，中华民族的形成和发展离不开汉文字的维系。"语言是文化的载体，同时也是文化的一个重要组成部分。外语学习课程的真正内容不是这种语言的语法与词汇，而是这种语言所表现的文化，文化是语言学习最重要的语境之一。语言的理解和使用离不开文化因素，这是国际中文教育界对文化教学的共识。文化因素体现在汉语的语汇系统、语义系统、语法系统和语用系统中，它们对语言的理解和运用有着重要的甚至是不可或缺的规约作用。因此，在第二语言教学过程中，如果不同时揭示语言中所包含的这类文化因素，就无法理解这种语言，更无法正确地使用这种语言进行交际。国际学生只有了解中文背后所承载的文化内涵，掌握有效的交际知识，具备跨文化意识和跨文化交际能力，才能输出符合文化习惯的中文，得体地与中文母语者交流。

文化教学在国际中文教育中是必不可少而不是可有可无，这是由第二语言教学所具有的跨文化性决定的。国际中文教育本质上属于跨文化教学，一是由于来自不同文化背景的教师和学习者的教学互动本身就是一种跨文化交际，二是因为其教学内容——汉语及中华文化对于学习者来说都属于异文化，学习者学习目的语的过程实质上就是跨越自己的母文化学习异文化的过程，教师教授目的语的过程也是教授给学习者异文化的过程。因此，帮助学生了解和掌握汉语所赖以生存的文化，揭示跨文化交际的特征，特别是跨文化交际中的文化差异和文化冲突，进而提高学习者对文化差异的敏感性，增强他们的跨文化意识，提高跨文化交际能力和对中华文化的适应能力，是汉语交际能力的重要组成部分及其体现。

促进中外文化深入交流，让世界了解真正的中国，推动世界各国的合作发展，这是时代赋予国际中文教育的特殊使命，它已经不再是以语言教学为主的一种课程，也不再是单纯的一个学科的事情。在中国走向世界，中华文化走出去的国家重大发展战略中，它已经成为一个不可替代的战略通道和平台。一方面，我们的汉语教师要承担起语言教学的任务，帮助学习者获得语言知识和语言交际能力，同时还要进行文化的教学，肩负起中华文化传播者的重任，将不带西方滤镜的真实的中国形象、中国价值取向、中国成就与现状传递给学生，培养他们运用所学语言和文化进行跨文化交际的能力，培养他们对中华文化理解、包容的心态，让他们成为推介中华文化走向世界的一扇窗口。正如陆俭明先生所言，"中华文化的有效传播，很重要的一个方面，是靠学好并掌握了汉语，特别是学好并掌握了汉语书面语的外国学者，由他们来向自己的国人介绍中华文化，这是中华文化走向世界最有效的途径之一。"① 以遍布全球的汉语和中华文化的学习者为媒介，能够有效地深化世界各国对中国的认识，同时有助于更好地塑造和提升中国良好的国家形象，有助于中国在国际舞台上争取更多的话语权。与此同时，中国国家形象的提升，将吸引更多留学生学习汉语，了解中华文化，从而促进汉语国际传播事业继续向纵深发展，从而使两者形成双向互动的良性循环。

## 1.2 研究内容与研究方法

### 1.2.1 研究内容

有效的文化教学，第一要求汉语教师具备良好的中华文化素养、对外国文化有足够的了解、掌握必备的跨文化知识、具有较强的跨文化交际意识和跨文化交际能力、具有较好的文化教学意识；第二要找准切口，针对不同文化背景的教学对象选择学习者容易接受又不流于表层的文化内容；第三要了解汉语学习者的特点，并根据不同的教学环境选择恰当的方法进行中华文化教学。因此，本书将围绕以下五个方面探讨国际中文教育中的文化教学问题：

第一，文化教学的理论基础。本书第二章介绍与文化教学相关的概念与理论基础，包括文化、语言与文化的关系、文化与传播的关系，以及文化教学的目标、性质、功能与特点等，同时介绍马克思主义经典作家的相关理论作为全书的理论指导。

第二，文化教学主体研究。要提升对外文化传播能力，首先必须扩展传播主体，明晰传播职责，打造由政府、非政府组织、企业和个人共同组成的"政企民"有机综合体，形成以政府为主导、多元传播主体协作互补的立体式传播格局，更好地保障我国对外文化传播供给。同时，还要发挥境外传播力量的优势，让更多传播对象国的外籍人士以及华侨华人为中国发声。在国际中文教育领域，孔子学院已经成为中华文化走出去的一个重

---

① 陆俭明. 汉语国际教育与中华文化国际传播 [J]. 同济大学学报（社会科学版），2015，26 (2)：79-84.

要平台，而作为中华文化传播主体的汉语教师具有多重角色，既要做好汉语语言教学，又肩负着传播中华文化的重任，因此，具有良好的中华文化素养、对外国文化有足够的了解、掌握必备的跨文化知识、具有较强的跨文化交际意识和跨文化交际能力、并能选择恰当的渠道进行中华文化的有效传播，是我们对汉语教师的素质要求。首先，明确构建多元主体协作的立体传播格局中各个主体应发挥的作用，其次，探讨国际中文教育中的教学平台孔子学院面临的机遇与挑战以及教学主体汉语教师跨文化意识、文化教学和传播能力的培养，并结合典型案例对汉语国际教育专业的人才培养情况进行分析。

第三，文化教学内容研究。内容是文化传播的核心要素。本书第四章首先根据前人对文化的分类标准对文化教学内容进行了层次划分，即物态文化层、制度文化层、行为文化层和心态文化层四个层次，同时分析了当前文化教学在内容选择上存在的问题，如厚古薄今、缺乏系统性与创新性、缺乏文化自觉与自信等，并针对上述问题提出构建文化教学内容体系应遵循的原则。国际中文教学中，无论是语言交际还是非语言交际都包含着文化因素，语言学习离不开文化的学习，因此我们还将从第二语言的教学角度讨论语言交际和非语言交际中所蕴含的文化因素并提出相应的文化教学建议。

第四，文化教学对象研究。文化教学过程是否顺利，文化传播效果是否良好，很大程度上取决于教学对象的特点和需求。在国际中文教育领域，将汉语作为第二语言学习者的国别、文化背景、年龄、性别、学习风格、学习观念等个体因素各有差异，对文化教学也会产生不同的影响。因此，要树立和而不同的观念，正确认识各个国家文化背景的差异，在此基础上深化受众分析，树立在地化的文化教学理念。本书将选取非目的语环境中的学习者保加利亚中学生和目的语环境中的学习者山西中医药大学的医学留学生两个较为典型的群体进行探讨。

第五，文化教学方法研究。针对国际学生的文化教学，要转变文化教学观念，创新教学手段，发挥多元主体作用，还要扩展教育交流渠道，培养国际化人才，打造精品文化项目。国际中文教育领域中的文化传播渠道主要有课堂教学、课外文化体验活动、其他文化资源、线上中华文化推广等，在文化教学中，一是从课堂文化教学入手，分析如何利用文化资源在课堂中引导学生将表层文化与深层文化观念联系起来；二是从课外文化活动出发，通过具体的案例分析如何设计不同类型的活动，让学生以线上感受、线下体验的方式感受中华文化。

### 1.2.2 研究方法

#### 1.2.2.1 文献资料研究法

文献资料研究法是通过对文献资料进行收集、整理与分析以获取信息并得出一定结论的方法。本书在国际中文教育的视域下探讨中华文化的传播问题，笔者首先对这一领域的相关资料进行收集、整理和分析，并在总结前人研究成果的基础上，提出自己的想法和观点。

#### 1.2.2.2 案例分析法

笔者曾以汉语教师志愿者的身份在保加利亚孔子学院下属的中学执教一年，亲身经历了不少文化传播、跨文化交际类的真实事件；同时在为汉语国际教育专业的本科生教授相关专业课程的过程中，积累了大量典型案例，通过对这些案例进行思考和分析，从而提出解决问题的方法。

#### 1.2.2.3 问卷调查法和访谈调查法

问卷调查法是用书面形式间接收集研究材料并获取信息的一种调查手段。通过调查者填写的内容，了解他们对有关问题的看法和意见。本书通过问卷调查，了解汉语学习者的学习观念和学习风格，并通过调查中围绕研究主题展开的对研究对象有目的、有计划的访谈，以此了解调查对象的行为或态度。笔者将访谈调查与问卷调查相结合，针对问卷调查中的某些问题展开研究。

#### 1.2.2.4 个案研究法

个案研究是指对某个人或某件事等限定系统进行集中、深入、全面的研究。本书主要通过个案研究法分析中华文化传播及国际中文教育中的人才培养问题。

综上所述，本书运用多种研究方法，通过研究综述、分项研究和讨论等对国际中文教育中的文化教学与传播进行整合性研究。

# 2 文化教学的理论基础

## 2.1 文化与文化传播

### 2.1.1 文化

#### 2.1.1.1 文化的含义

"文化"一词古已有之。汉代刘向《说苑·指武》:"圣人之治天下也,先文德而后武力。凡武之兴,为不服也;文化不改,然后加诛。"《文选》李善注:"言以文化辑合与内,用武德加于外远也。"这里的文化的含义与现代的理解不一样,指与"武力"相对的"文德教化"。后来"文化"一词被日语借入,被日语用来作为英语 culture 的对译词,再后来文化作为日语借词被汉语吸收,于是文化就有了英语 culture 的含义。从这个意义上讲,现代汉语的"文化"与古代汉语的"文化"并不存在直接的关系,倒是同日语的"文化"以及英语的 culture 存在直接的词源关系。

生活中我们经常会听到文化这个词,如"企业文化""饮食文化""酒文化""茶文化"等,但对于什么是文化,人们的理解并不一样,甚至有学者将文化定义为"当代学界的斯芬克斯之谜"。其实,定义与定义的目的有着密切的关联。比如,对"稻谷"这个对象,对于植物学家来说,是一种禾本科单子叶植物;对于农学家来说,是一种草本类稻属的粮食作物之一;对于很多民众来说,则是一种可以用来做成米饭的主食。季羡林先生曾说:"据说现在全世界给文化下的定义有五百多个,这说明没法下定义,……现在好多人写文章还在非常努力地下定义,这个不过是在五百个定义外再添一个定义,五百零一、五百零二,一点问题不解决,所以我个人理解的文化就是非常广义的,就是精神方面,物质方面,对人民有好处的,就叫做文化。"任何事物本身都是一个永恒变化的过程,文化也不例外,随着时代的变化,人们对文化的认知也在不断深化。同时,由于"文化"一词使用的频率很高,使用的范围很广,因此它的内涵和外延都变得十分丰富,界定它的意义也就变得比较困难。

一般认为,"文化"可以有广义和狭义两种理解。狭义的理解着眼于精神方面,但精神或意识并不能脱离人类的物质生产实践而独立存在,因此,本书所指"文化"是对其广义上的理解,比较有代表性的说法是张岱年、程宜山两位学者在2006年的阐释:"文化是人类在处理人和世界关系中所采取的精神活动与实践活动的方式及其创造出来的物质和精神成果的总和。"

#### 2.1.1.2 "民族文化"和"世界文化"

了解"民族文化"和"世界文化"这两个概念,对我们进一步理解本书的研究课题有非常大的启发。张公瑾先生从民族差异的角度,把文化看成是各个民族对特定环境的适应能力及其适应成果的积累,这一观点有助于我们认识和理解世界文化和中华文化的多元性及其普遍价值。在此基础上,他认为"民族文化"是指具体某一民族所拥有的文化总体。民族文化与"文化"相对而言,是文化的具体存在形式。每一个民族的文化都有自己独有的特征,显示出与另一民族的文化明显的差异[①]。我们国家经历过数千年风雨沧桑,仍保持民族文化的多样风采,这就是所谓中华民族文化的多元一体格局。

世界文化是由民族文化构成的。任何民族所特有的文化,相对于这个民族所处的生态环境,所达到的发展水平和所拥有的价值观念而言,都有其存在的合理性。从赫斯科维兹的"文化相对论"到汤因比的"文化进化论",再到季羡林先生的"文化循环论",可以肯定的是,今后的世界文化只能是一个多元互补的格局,各民族都从其他民族学习对自己有用的东西,这将给每个民族带来好处。而东方文化的传播,特别是中华文化的传播,必将为世界文化的发展带来巨大的贡献。

#### 2.1.1.3 文化的分类

对文化有多种分类方法,如物质文化与精神文化"两分说",物质、制度、精神"三层次说",张岱年、方克立、程裕祯等学者采用的物态文

---

① 张公瑾. 文化语言学发凡[M]. 昆明:云南大学出版社,1998:24.

化层、制度文化层、行为文化层和心态文化层"四层次说"。具体来说，"物态文化层"是人的物质生产活动及其产品的总和；"制度文化层"是指人们在社会实践中建立的规范自身行为和调节相互关系的准则；"行为文化层"是指人们在长期社会交往中约定俗成的习惯和风俗；"心态文化层"是人们的社会心理和社会意识形态，包括价值观念、审美情趣、思维方式及由此产生的文学艺术作品，它是文化的核心[①]。本书后文中对文化传播内容体系的阐释正是基于这里的四个层次展开的。

#### 2.1.1.4 文化的特性[②]

关于文化的特性，学者们提出过多种表述，在这里我们结合国际中文教育跨文化传播的特点，参考戴昭铭及祖晓梅的观点，将文化的特性归纳如下：

第一，超自然性。文化是人类独创的，文化性是人类的根本属性。因此，人类生活和行为的一切方面无不带上或终将带上文化的印记。比如"吃"这个生物为了个体生存的需要而进行的自然行为，一经在人类身上表现出来，就带上了人性，具有了文化性，于是才有了饮食文化、酒文化、茶文化等文化现象。再如，打喷嚏是一种生理现象，但在听到别人打喷嚏后，英语国家的人会说"god bless you"（上帝保佑你），目的是祝愿对方身体安好，也就是说，人们在生理现象的外面裹上了一层文化的外衣。

第二，符号性。任何文化都表现为一些象征符号或符号系统，也表现为人在创造和使用这些符号过程中的思维和行为的方式。作为文化的载体和重要组成部分，人类最重要的交际工具——语言，其性质就是由能指和所指结合而成的符号系统。再如，在中国古代，服装的颜色和样式是特定身份的象征符号，到了现代，虽然由于平等思想的普及、等级观念的淡薄，服装颜色的等级象征意义不复存在，但我们还是能从一个人的着装上判断出这个人的年龄、性别、身份、地位、从事的行业及审美追求，甚至了解到其所在民族的风俗习惯、价值追求等，这就是服饰文化的符号性。

第三，整合性。文化是一个由多方面要素综合而成的复杂的整体，是一定的文化群体创造的一整套生活、思想、行为的模式。整个民族文化长久形成的"文化内核"渗透在该民族的文化细胞之中，发挥着整合文化的潜在作用，使整个文化产生一种保守性、内聚性、排异性和对外来文化要

---

① 程裕祯. 中国文化要略[M]. 北京：外语教学与研究出版社，2011：3.
② 戴昭铭. 文化语言学导论[M]. 北京：语文出版社，1996：6-9.

素的同化力。如尽管在历史上与多个民族有交流与融合，但中华文化中"天人合一"的世界观、"和而不同"的处世观、集体主义价值观等精神内核一直发挥着"整合"作用，从而使中华文化成为迥异于欧美文化的独特模式。

第四，可变性。文化一旦形成就具有一定的稳定性，但同时又是不断变化的。一方面，当物质生产生活条件发生变化，作为观念形态的文化必然会发生变化，这是文化变迁的内部推动力；另一方面，文化传播、文化碰撞等外部力量也导致文化的变化。以打招呼为例，旧时人们见面会作揖，以后又有鞠躬礼，现在常用点头、握手、微笑等方式。再如，受到物质生活水平的提高和西方一些价值观念的影响，中国的年轻人对金钱、消费、竞争、恋爱、婚姻等问题的看法都发生了很大的变化，中国传统的价值观念受到很大的挑战。

第五，民族性。各民族不同的历史发展过程、生活环境和生活方式，形成了民族间的文化差异。仍以"吃"为例，不同民族人们的饮食习惯和口味有很大的差异，一个民族所厌恶的食物可能是另一个民族的佳肴。如中国人一般都不喜欢吃奶酪，而奶酪却是欧洲人的日常食品，有些奶酪如"blue cheese"还带有一种发臭的气味，中国人吃不下去，而欧洲人却视为珍品；相反，大多数外国人来到中国，也无法适应猪肝、鸭血、毛肚、鸡爪、兔头……还有臭豆腐、螺蛳粉等中国人眼中的美味。

第六，传承性。文化是社会遗产，不是生理的遗传。在没有文字的社会，人们通过口耳相传的方式将自己的经验、知识、信仰、观念等一代代地传下去。在有文字的社会，人们通过各种著作、法规、经典、文学艺术等将文化相传。由于文化代代相传，任何一个社会的文化都包含了以往文化的积淀。同时，每一个人都是他所在的民族和社会文化的缩影，这也是为什么我们常说，当一个人走出国门时，他的一言一行就代表了整个国家和民族。

第七，社会性。文化是后天习得的。一个人身上所体现出的文化特质是由他所成长的环境决定的。美国有一种说法叫"香蕉人（ABC）"，即"American-born Chinese"，指在美国成长的华裔。他们虽然是华人，但自小就受美国文化、美国教育的熏陶，其思维方式、价值观也是完全美国化的，与移民来美的上辈不同。这些都是文化后天习得的结果。

### 2.1.1.5 文化与语言的关系

文化是语言存在的人文生态环境，要真正了解语言，就必须了解它所赖以生存的文化,而要想理解一个民族的社会和文化,语言是最有效的途径之一。

首先,语言是文化的主要载体。

立足于语言,从语言的角度来审视文化,我们认为语言是用于记录文化的符号体系,无论是物质文化、制度文化还是行为文化、心理文化,都会反映在语言文字之中。试想,如果人类社会没有语言,人类便不可能有信息的传播、思想的交流,人类社会的一切活动,包括政治、经济、科学、教育、文化等都会中止。正如韩民青在《文化论》中写道:"语言在文化中的作用,不论是以何种形式出现,都有三种作用,即生成、贮存、流传。……如果说人生活在一个文化世界里,那么从形式上看,文化就是一个语言的汪洋大海。人是语言大海中的生灵,离开这大海就会失去人的本性——回到动物行列之中。"[1] 在一定意义上可以说,"民族语言就是民族文化的模式体现,是民族文化的天然'图腾'。习得一种语言就意味着习得一种文化,要想了解一种文化就必须学习表现这种文化的语言。"[2]而当一个人在学习某一种语言的时候,也就是在学习相应的文化。

其次,语言是一种文化样式。

立足于文化,从文化的角度来审视语言,语言本身就是在文化环境影响下产生的一种特殊的文化现象,语言是一种文化样式,是文化重要的组成部分,二者不可分割。人类的文化创造活动产生了语言;语言的分化和统一通常与社会文化的分化和统一在步调和范围上相一致,语言的传播通常是文化远征的结果;语言的产生与发展使文化得以传承;语言结构系统的演变和功能系统的改善也都可以从人类文化的进步中找到根源[3]。例如,汉民族长期的封建等级制度产生了根深蒂固的尊卑分明、贵贱有序的观念,因此,"天地""日月""国家""君臣""父子""男女""长幼"等联合词都是"先尊后卑"次序的体现,前一成分指"尊者""主导者",后一成分指"卑者""服从者"。语言和文化存在着镜像关系,语言像一面镜子,能清晰地反映出一个民族历史文化中的各种事物、观念、习俗。

由此,我们认为,在国际中文教育中,汉语是中华民族文化的结晶,是汉民族历史文化精神的体现,面对国际学生的汉语教学和文化教学,不

---

[1] 韩民青. 文化论 [M]. 南宁:广西人民出版社,1989:6.
[2] 戴昭铭. 文化语言学导论 [M]. 北京:语文出版社,1996:25.
[3] 戴昭铭. 文化语言学导论 [M]. 北京:语文出版社,1996:18.

仅会帮助学生加深对汉语言本身的理解，还是传播中华文化的最优途径之一。

### 2.1.2 文化传播

从传播学的角度来讲，国际中文教育中的文化教学，其实质就是一种跨文化传播，文化教学的过程，也是中华文化对外传播的过程，因此，我们有必要对"传播"有基本的了解。

#### 2.1.2.1 传播的含义

传播的实质就是通过符号和媒介交流信息的一种社会互动过程。在这个过程中，人们使用大量的符号交换信息，不断产生着共享意义，同时运用意义来阐释世界和周围的事物①。语言是传播最主要的方式。

#### 2.1.2.2 传播的要素

传播由信息、编码与译码、媒介和反馈四个方面的要素构成，所有的人类传播活动都离不开这些要素。

（1）信息（message）。这是传播的内容，信息总是以一定的载体形式表现出来。一个人在路上遇到熟人，向对方挥手并问好，正是通过语言与非语言的行为向对方传递友善的信息。

（2）编码（encoding）与译码（decoding）。编码与译码传播是通过信息编码和译码来赋予意义的过程。编码是通过语言、非语言符号等手段把思想、感情、意向等编成别人可以理解的传播符码，编码必须以接收者能够理解为前提，否则信息难以传递。译码则是将从外界接收到的传播符码进行破译、解读、赋予意义或进行评价的过程。

（3）媒介（media）。信息的传递必须通过媒介，这种交际的媒介也被称为渠道。在跨文化人际传播中，传播媒介往往就是人本身。随着科学技术的发展，人类传播信息的媒介日益增多，效率也越来越高，一种信息常可以通过多种媒介加以传递。

（4）反馈（feedback）。反馈信息产生的结果返回到信息发出者的过程，就是传播的反馈。反馈通常是检验传播效果的重要尺度。

在传播的过程中，还要特别注意环境的影响。信息和环境密切相关，环境作为传播的一个组成部分，意味着信息是在一定环境下发出的，这种

---

① 孙英春. 跨文化传播学 [M]. 北京：北京大学出版社，2015：20.

环境可以是社会环境、自然环境、身体状况或心理状况,信息的意义和被理解也离不开这些环境因素。跨文化传播研究尤其关注的,就是环境对信息的影响,因为在一种文化环境中形成和发出的信息的意义,往往与其他文化环境中的接收者领会的意义大相径庭,其原因在于信息传递过程中所产生的"噪音(noise)"。噪音是指可能阻碍交际进行的因素。噪音包括物理的噪音、生理的噪音、心理的噪音。在跨文化传播中,人的心理噪音表现得更为突出。不同的信仰、态度、思维习惯和交际方式都可能成为彼此了解的障碍。如何从信息接收者的角度选择恰当的传播内容和传播手段,尽量降低噪音对文化传播的影响,这是我们在研究中华文化传播过程中特别需要关注的。

#### 2.1.2.3 语言与传播的关系

语言作为人类最基本的符号系统,是人类最重要的交际工具。而在借助大众媒体进行的传播活动中,语言符号更是须臾不可缺少。信息在传递的过程中,先由传播主体"编码",将无形的信息转换成具有一定外在形式的语言符号,然后受众再对语言符号进行"解码",从中获取信息。但如果传播主体和受众处于不同的文化背景、使用不同的语言符号,就要进行信息的"二次编码",即将一种语言转换成另一种语言。由于文化背景的不同,各种语言在语构、语义、语用方面都存在较大差异,在转换的过程中,如果编码出现偏差,必然影响到受众的解码,而涉及一个国家或民族的文化品质和整体形象的跨文化国际传播,一旦出现问题其后果是非常严重的。由此可见,跨文化传播客观上对传播手段和媒体语言提出了更高的要求。

#### 2.1.2.4 文化传播

"文化传播"(cultural communication)是人们在社会交往过程中产生于社区、群体及所有人与人关系之间的一种文化互动现象,它是以文化信息为媒介内容的传播。同时我们还要区分两个相关概念:国际传播和跨文化传播。所谓跨文化传播(intercultural communication),就是不同文化之间以及处于不同文化背景的社会成员之间的交往与互动,涉及不同文化背景的社会成员之间发生的信息传播与人际交往活动,以及各种文化要素在全球社会中流动、共享、渗透和迁移的过程[①]。而国际传播(international

---

[①] 孙英春.跨文化传播学[M].北京:北京大学出版社,2015:4.

communication）是"通过政府、组织、个人进行的跨越国界的传递信息过程。"[①] 这两者的区别在于，国际传播是伴随着国家的出现而出现的，强调的是国与国之间越过地理的国境线的信息交流过程，其传播手段侧重于大众传媒如报刊、书籍、广播、电视电影、网络的使用；跨文化传播的范围则要更广，且侧重于研究人际传播，即两个来自不同文化背景人士的面对面交流。文化教学中的文化传播侧重于教师与学习者的互动，因此主要属于跨文化传播的范畴。

孙英春在综合考察相关研究后将文化与传播的关系概括为以下三方面。

第一，文化是世代相传的，传播使文化成为连续的过程。一切文化都是在传播的过程中生成、发展和变迁的，传播是形成、保存和发展人类文化的必由之路。如果没有传播，任何文化都不会有生机和活力，最后都将终结和消亡。文化依赖于传播的建构活动，文化的形成和发展始终受到传播的天然影响。在传播的过程中，文化中的经验、知识、技术、思想等也会得到不断地补充、发展和丰富，并进行新的文化的创造和积累。

第二，文化是传播的语境（context），没有文化的传播和没有传播的文化都是不存在的。一方面，传播产生于人类生存和发展的需要，深度卷入人们的日常生活之中，成为人类的主要生存方式；另一方面，文化不是"静态的"而是"动态的"，文化从一产生就有一种向外扩张和传播的冲动，文化的传播与流变是文化生存和发展的必然需求。正如跨文化传播学的鼻祖爱德华·霍尔所言，人类的任何传播都离不开文化，没有传播就没有文化。文化与传播之间兼容互渗的关系表明，文化是传播的结果，一切文化都是你中有我，我中有你，没有任何一种文化是独立单纯的。

第三，传播促进了文化的变迁和整合，传播是文化延续的整合机制。文化变迁是指世界上任何一种文化都处在动态的发展和变化之中，都不同程度地经历着产生、发展、变化、衰退和再生的过程，传播则是文化变迁最普遍也是最根本的原因。中华文化就是不同文化要素和谐适应的过程和结果。中华文化虽然一直保留着自己的精神内核，但千百年来也一直与其他文化进行着交流与融合，不断从佛教文化、西方价值观等方面吸取养分，才有了今天丰富多彩的呈现。中华文化历经几千年而仍然生机盎然的

---

① 关世杰. 国际传播学 [M]. 北京：北京大学出版社，2004：2.

一个根本性原因,就是多元文化的交融、冲突为其延续和发展提供了强大的动力。

#### 2.1.2.5 文化教学与文化传播的关系

张英(2014)指出,目前学术界在文化方面存在的很大的一个问题是常常把"文化教学"与"文化传播"合二为一加以使用,也就是把作为第二语言的汉语言文化教学与作为国家文化发展战略、提高国家软实力的文化传播混为一谈,这种状况既影响了国际汉语教育中的文化教学的效率和质量,也影响了中华文化传播的速度和有效性。她认为:"一般意义上的文化与对外汉语文化不属于一个概念,对外汉语文化的概念范围要远远小于文化的范围。作为第二语言教学,文化教学绝不是传统的语言教学窠臼的产物,而是与对外汉语教学的性质和目的息息相关。"[①] 张英认为,文化教学属于国际汉语教育深入发展中的学科建设问题,而文化传播本质上属于国家的文化发展战略而非学科问题,由于任务和目标的差异,无论在教学和传播内容方面,还是在教学和传播的方式、途径乃至策略方面,二者都是有区别的。文化教学与文化传播虽然任务和性质不同,但是它们在孔子学院和国际中文教育这个平台实现交汇。虽然文化教学的目标是培养学习者的跨文化交际能力,传播文化不是汉语教学的学科任务,但是在培养学习者跨文化交际能力过程中,文化教学本身也是文化传播的一种途径或方式。相反,文化传播的过程,也会对学习者理解目的语言、提高跨文化交际能力起一定作用。

### 2.1.3 文化传播的理论资源

汉语国际推广绝不只是推广和传播语言的问题,更重要的应当是以汉语为载体,以教学为媒介,以中华文化为主要内容,把汉语与中华文化一起推向世界[②]。推进中华文化的对外传播,是社会主义意识形态建设的重要组成部分,是提高我国软实力、塑造良好国家形象的题中之义,需要我们深入研究马克思主义经典作家的相关思想,并用其指导文化教学和传播的实践。

---

[①] 张英. 对外汉语文化因素与文化知识教学研究 [J]. 汉语学习,2006 (6):59-65.
[②] 王雪松. 面向第二语言教学的中华文化与跨文化传播研究 [M]. 北京:北京师范大学出版社,2014:217.

### 2.1.3.1 列宁对外宣传思想

伟大的无产阶级革命家、政治家、思想家，苏维埃社会主义共和国联盟的缔造者列宁，面对新生的苏维埃政权内交外困的局面和国内外复杂的舆论环境，从多个角度阐述了其对外宣传思想。

一是重视理论"灌输"作用。列宁灌输理论强调采取一定的措施对工人阶级以及人民群众进行正确的理论教育，从而推动实践的开展。灌输理论原来主要是针对用马克思主义理论武装工人阶级而言，但其对后来的世界殖民地半殖民地地区的民族解放运动也产生了巨大影响。在当代，灌输理论对我国的思想政治建设、文化的对外传播仍有较大的影响。在一定的时期，列宁灌输理论在我国受到推崇，然而随着时代的发展，许多人对列宁灌输理论提出了质疑，认为它已经不符合时代的要求，且"灌输"一词是强制性的表现，会使灌输客体产生一种天然的排斥心理，理应受到抛弃。其实这些人并没有认识到灌输理论所蕴含的内在精神是科学的，只要我们结合时代的发展，更新灌输的内容，丰富创新灌输方法，用民众乐于接受的形式对中华文化进行"包装"，调动灌输客体的参与度，就能真正做到内化于心，外化于行。二是强调对外宣传用事实说话并强调对外宣传的针对性。列宁要求将党的重要文件及时准确地翻译成外文，以便让外国读者准确了解俄国，避免俄国的情况被西方媒体歪曲报道；注重充分利用西方新闻记者的力量，打破西方的宣传垄断；同时强调要根据不同接受者的习惯和特点来开展宣传工作。这对我们针对学习者的特点选择恰当的文化传播内容和手段有重要的指导意义。

### 2.1.3.2 毛泽东对外宣传思想

毛泽东不仅是伟大的思想家，也是中国共产党宣传事业的主要开拓者之一。在长期革命和建设实践中，毛泽东曾经就做好党的对外宣传工作做出过一系列重要批示、提出了一系列重要观点和论述，形成了比较系统的对外宣传思想。这些对外宣传思想立足于中国，着眼于世界，在实践的检验中历久弥新，对当代中华文化的传播依然具有重要的现实指导意义。

（1）确立了宣传工作的地位和作用。

对外宣传是塑造党和国家形象的先导。毛泽东历来高度重视宣传工作，把"笔杆子"看作是与"枪杆子"一样重要的革命武器，对中国革命的胜利具有同等重要的意义。中国国际话语权的提升、国际地位的提高，一方面要靠硬实力，一方面也要通过宣传手段将真实的中国介绍给世界，否则，"酒香也怕巷子深"。

（2）明确了宣传工作的基本原则。

一是坚持党性原则。随着全球化和新媒体技术的不断发展，全球各种文化产品纷至沓来，在文化交流的同时，也在借机向中国推销其意识形态和社会体制，以实现其特定的政治目的。无论舆论环境发生何种改变，党性原则都必须毫不动摇地坚持，必须始终坚定正确的政治方向，牢牢把握舆论主动权。

二是坚持实事求是原则。在对外宣传时，要坚持用事实说话，将观点寓于客观事实的介绍中，不讲空话、套话，不要夸大和自吹自擂，力求全面客观、实事求是。同时，运用宣传对象易于接受的表达语言，让他们比较全面、正确地了解中国。

三是坚持内外有别原则。对外宣传和对内宣传最大的不同在于宣传对象和宣传目的不同，对外宣传是通过对外展示自己，让海外受众和侨胞准确地了解自己，用中国的革命和建设实践触动和争取外国人，但不需要直接给予指导和意见。国外受众具有不同的民族感情、文化习惯、思维方式和价值观念，与国内受众相比，对同一信息有不同甚至完全相悖的理解，这就要求宣传者根据宣传目的和宣传对象的特殊性，采取不同的宣传方法和宣传内容，做到宣传"内外有别"。"内外有别"的原则要求对外宣传要从国外的实际出发，依据宣传对象的特殊性，有的放矢地开展对外宣传实践活动。把握好对外宣传的特点，运用正确的宣传策略和方法，使对外宣传符合宣传对象的实际和思维习惯，从而获得相应的宣传效果。毛泽东一贯反对在对外宣传中强加于人，他指出："对外宣传要坚决地，有步骤地进行改革，应注意自己的宣传，不应自我吹嘘，不应说得不适当，使人看起来好像有强加于人的印象。"此外，对外宣传也要注重"外外有别"原则。全球受众的差异很大，没有哪个宣传模式能放之四海而皆准。要多做调查研究，注意观察受众特点，到什么山头唱什么歌，这样才能有的放矢地表达自己，进而获取受众的理解和支持。

（3）明确了宣传工作的主要方法。

毛泽东专门就对外宣传工作做出一系列重要批示，提出"不要强加于人""国家不同，做法也不一样"，要避免"以我为核心"的错误思想等。他还提出在对外宣传中，要尽可能掩盖自己意图，减少"宣传腔"，不要给人指手画脚。同时还非常重视对外传播中与受众的主动接触，全方位、多层次的思想交流才能促进理解、建立关系。"借他人之口为我说话"比"自己为自己说话"更有说服力。毛泽东会抽出大量时间与国外的记者、政要、团体等会谈交流，向他们讲述中国革命的各种经验和教训，使国外友人增加了对我党的了解，促进了友谊。也正是借由这些人士的二次传播，中国革命的故事传播才能更远更广。对外传播若想取得成功，必须与受众建立起积极而持久的关系。如今外部世界对中国发展有疑虑和质疑声，在很大程度上是因为他们对中国依然不太了解，而增进了解的最佳做法就是双向沟通，直接互动，全面接触。

毛泽东不仅继承和发扬了中国传统文化中的对外宣传思想，也丰富和发展了马克思主义的宣传理论，将历史和现实进行了有效结合，并形成了独具特色的对外宣传思想，为中国对外宣传提供了理论支撑和实践指导。

#### 2.1.3.3　新时期的对外宣传工作

1978年党的十一届三中全会后，中国进入新的历史时期，随着改革开放事业的不断深入，党中央在长期实践中不断总结经验，先后发布一系列重要文件，指导部署对外宣传工作，中国的对外宣传工作不断开创新局面，逐步形成了具有中国特色的对外宣传思想。步入新时代，习近平总书记把握时代大局，就对外宣传工作提出了许多新观点新论述，涵盖了对外宣传的战略地位、职责任务、具体内容和策略方法等方面，指导新历史方位下中国对外宣传工作的开展。

（1）确立了对外宣传工作的战略地位。

改革开放以后，我国明确了对外宣传工作是关系到树立社会主义中国在国际上的形象、争取人心、保证对外开放政策顺利实施的重要工作。党的十八大以来，以习近平同志为核心的党中央，高度重视对外宣传工作和对外传播能力建设，将其视为国家文化软实力提升的重要环节。习近平总书记指出，随着我国经济社会发展和国际地位提高，国际社会对中国发展道路和发展模式的理性认识逐步加深，同时对我们的误解也还不少，"中国威胁论""中国崩溃论"等论调不绝于耳。国际舆论格局是西强我弱，西方主要媒体左右着世界舆论，我们往往有理说不出，或者说了传不开。因此，要精心做好对外宣传工作，着力推进国际传播能力建设，创新对外宣传方式，加强话语体系建设，着力打造融通中外的新概念新范畴新表述，讲好中国故事，传播好中国声音，增强在国际上的话语权。

（2）明确了对外宣传工作的基本任务。

一是提升中国的国际话语权。新时代对外宣传工作的职责任务总的来说就是要通过积极加强同国际社会的沟通与联系，主动发声引导国际社会理性客观地认识当代中国，下大气力加强国际传播能力建设，形成同我国综合国力和国际地位相匹配的国际话语权，发挥好新兴媒体作用，增强对外话语的创造力、感召力、公信力，为我国改革发展稳定营造有利的外部舆论环境。

二是传播中华文化，宣传社会主义核心价值观。习近平总书记多次指示对外宣传工作要做到"四个讲清楚"，对外宣传中华文化的重要内容就是宣传社会主义核心价值观，包括具体阐述清楚中国治国理政方针政策和"中国梦"远景目标等内容，引导人们更加全面客观地认识当代中国、看待外部世界。

三是注重塑造我国的国家形象，重点展示中国的东方大国形象、负责任大国形象和社会主义大国形象，展示真实、立体、全面的中国。对那些妖魔化、污名化中国和中国人民的言论，要及时予以揭露和驳斥。

四是必须加强顶层设计和研究布局，构建具有鲜明中国特色的战略传播体系，着力提高国际传播影响力、中华文化感召力、中国形象亲和力、中国话语说服力、国际舆论引导力。

（3）明确了对外宣传工作的方法。

进入新时代，习近平总书记还阐述了对外宣传工作的策略方法。

一是要"主动发声"，一方面要"让人家了解我们希望人家了解的东西，让正确的声音先入为主"；另一方面，当别有用心的人散布政治谣言和奇谈怪论时，要坚定信念，"不能默不作声，要及时反驳，让正确声音盖过它们""要讲究舆论斗争的策略和艺术，提升重大问题对外发声能力"。

二是要加强统筹协调，整合各类资源。要动员各方面一起做思想舆论工作，推动内宣外宣一体发展。要完善人文交流机制，创新人文交流方式，发挥各地区各部门各方面作用，综合运用大众传播、群体传播、人际传播等多种方式展示中华文化魅力。要用好新闻发布机制，用好高端智库交流渠道，用好重大活动和重要展览赛事平台，用好中华传统节日载体，用好海外文化阵地，用好多种文化形式，"要创新体制机制，把我们的制度优势、组织优势、人力优势转化为传播优势。"

三是要创新对外话语表达方式。要研究国外不同受众的习惯和特点，采用融通中外的概念、范畴、表述，把我们想讲的和国外受众想听的结合起来，把"陈情"和"说理"结合起来，把"自己讲"和"别人讲"结合起来，使故事更多地为国际社会和海外受众所认同。要"善于用外国民众容易接受的方式，让他们更好了解和体验中华文化。"[1]

四是要讲好中国故事，传播好中国声音。习近平总书记曾指出，"讲故事，是国际传播的最佳方式。要讲好中国特色社会主义的故事，讲好中国梦的故事，讲好中国人的故事，讲好中华优秀文化的故事，讲好中国和平发展的故事。讲故事就是讲事实、讲形象、讲情感、讲道理，讲事实才能说服人，讲形象才能打动人，讲情感才能感染人，讲道理才能影响人。要组织各种精彩、精炼的故事载体，把中国道路、中国理论、中国制度、中国精神、中国力量寓于其中，使人想听爱听听有所思，听有所得。"[2] 他强调，中国梦的宣传和阐释，"不要空喊口号，不能庸俗化""要大音希声、大象无形，坚持不懈、久久为功""我们的观念和主张要经常说、反复说，不能长在深山无人知"。

习近平总书记在党的二十大报告中指出，要推进文化自信自强，建设社会主义文化强国，铸就社会主义文化新辉煌。要增强中华文明传播力影响力，坚守中华文化立场，讲好中国故事、传播好中国声音，展现可信、可爱、可敬的中国形象，推动中华文化更好走向世界，不断提升国家文化软实力和中华文化影响力。

综上所述，中国特色社会主义对外宣传思想一脉相承，每一代领导人都是在吸收借鉴前人对外宣传思想精华的基础上，结合时代环境变化加以创新发展。

---

[1] 中共中央文献研究室. 习近平关于社会主义文化建设论述摘编 [M]. 北京：中央文献出版社，2017：213.

[2] 中共中央文献研究室. 习近平关于社会主义文化建设论述摘编 [M]. 北京：中央文献出版社，2017：212.

## 2.2 文化教学

### 2.2.1 文化教学相关概念

早期关于文化的定义和分类最有影响的是张占一先生的研究。他从功能角度把语言教学中的文化背景划分成"知识文化"（cultural knowledge information）和"交际文化"（cultural communication information），知识文化指的是不同文化背景的人进行交际时，对某个语言点的理解和使用不会对交际产生直接影响的文化背景知识；交际文化指的是交际中由于缺乏有关文化背景知识而发生误解从而直接影响交际效果的文化[①]。吕必松先生在肯定这种划分的基础上，对"交际文化"做了新的界定，即"隐含在语言系统中的反映一个民族的价值观念、是非标准、社会习俗、心理状态、思维方式、审美情趣等文化因素"，这种文化因素是隐含着的，所以本族人往往习焉不察，只有通过语言和文化的对比研究才能发现其特征并揭示出文化差异规律[②]。

"知识文化"和"交际文化"的概念提出后，文化教学研究一直围绕着语言中文化因素的定性、定位与定量问题，以及如何在教学中揭示和导入语言中的文化因素而展开。但交际文化论也存在以下问题：一是界定过窄，把汉语教学中的"文化"等同于语言中的交际文化因素，限制了汉语文化研究的范围和视野；二是定位不准确，把汉语教学中的文化看成是语言的下位概念，将研究重点放在了"文化词语"和语用文化上，把培养学生的交际文化能力等同于掌握语言的交际文化知识，因而忽视了对留学生在跨文化交际中因观念文化的差异而造成的跨文化理解和沟通障碍；三是没有以学生为主体，没能把不同文化背景的留学生作为跨文化交际的主体加以研究，而只是围绕着语言要素做文章，因此留学生在实际学习中遇到的问题如文化学习中的障碍，由文化差异造成的不理解、刻板印象和偏见常常被忽略[③]。

---

[①] 张占一. 汉语个别教学及其教材 [J]. 语言教学与研究, 1984 (3): 57-67.
[②] 毕继万. 跨文化交际理论研究与应用 [M]. 北京: 北京语言大学出版社, 2014: 4.
[③] 亓华. 汉语国际推广与文化观念的转型 [J]. 北京师范大学学报（社会科学版）, 2007 (7): 118-125.

另外，陈光磊等学者提出"语构文化""语义文化"和"语用文化"。"语构文化"指语言中词、词组（短语）、句子以及语段（句群）乃至篇章的构造所体现的文化特点；"语义文化"指一种语言的语义系统所包含的文化内容和所体现的文化精神；"语用文化"指使用语言的文化规约，即语言运用同社会情境和人际关系相连接起来所必须遵循的规则。陈光磊认为，做这样的划分，"更有利于把潜在的、融合于语言之中而为本族人习焉不察的文化内容呈露于语言层面之上，便于在第二语言教学中加以说明，使学习者易于理解和掌握。"①

### 2.2.2 文化教学的定位问题

中国由于自己特殊的社会原因和文化背景，在20世纪80年代掀起了一场文化热，至今势头有增无减。在这种社会思潮的推动下，学者们将语言与文化联系起来，从文化的视角来看语言，把语言看成主要的文化现象，进而产生了语言学的新思潮——文化语言学②。文化语言学的兴起，"交际文化"概念的产生，"文化热"的流行，使汉语教学界在20世纪80年代末至90年代中期，学者们就语言教学与文化教学的关系问题展开了热烈的讨论，学界普遍认为，文化教学在对外汉语教学中要加强，但是也出现了一些比较偏激的观点，认为汉语教学的性质应是"对外汉语文化教学学科"。

直到1994年年底召开的"对外汉语教学的定性、定位与定量问题座谈会"，才重申了对外汉语教学作为第二语言教学的学科性质，明确了语言教学和文化教学的关系，由此界定了对外汉语文化教学的位置及应该承担的教学任务。一方面，语言教学本身不能脱离文化因素的教学。"汉语国际推广不单纯是一个语言的问题，更是一个文化的问题。"③ "更重要的

---

① 陈光磊.语言教学中的文化导入 [J].语言教学与研究，1992（3）：19-30.
② 文化语言学是由语言学与文化人类学（社会人类学）交叉融合形成的一门学科，其交叉领域为"语言、思维、文化及其关系"，这是当今语言研究中最具动力和潜势的一个探索点。文化语言学是一门大跨度的综合性学科，其研究领域包括理论语言学、应用语言学、社会语言学、心理语言学以及语言哲学和语言思想史。当代最活跃的几个语言学分支，诸如语用学、话语分析、跨文化交际理论、翻译理论以及第二语习得理论等，都可以从中获得本体论和方法论资源。换言之，开展文化语言学研究，不仅可以直接介入语言、思维和文化这一领域，而且还可以高屋建瓴地带动、推进和融合当代语言学分支的研究。语言学家对语言与文化关系的思考，使语言学研究不止于语言形式，而且也通过语言来研究一个民族文化的过去和将来。语言之中蕴含着文化，而文化的丰富和发展也得益于语言。
③ 朱瑞平.汉语国际推广中的文化问题 [J].语言文字应用，2006（12）：111-116.

应当是以汉语为载体,以教学为媒介,以中华文化为主要内容,把汉语与中华文化一起推向世界。"① 一方面,学者们认为,我们决不能因为"文化热"的兴起而忘记语言教学的特点和规律;另一方面,虽然文化教学在第二语言教学中是必不可少而不是可有可无的,但是根本上说文化教学在第二语言教学中是属于第二位的,是为语言教学服务的。

此外,不同汉语学习阶段的学生,文化教学的定位也会有所区别。周思源(1992)认为,在汉语学习的初级阶段,除用母语或媒介语为学生介绍一些目的语文化外,文化定位基本上表现为"文化因素"或"文化背景知识",文化只是作为一些零星的"因素"存在于语言材料之中;但汉语学习越往中高层次,其所接触的文化就越不限于"因素"的成分,其主要原因在于中高级汉语教材基本上都是文学作品原文,这些体现真实语言环境的原文几乎都表现为某一类文化,只有具备足够的文化储备,才能真正了解原文的深层内涵,顺带为今后掌握更高层次的语言能力充实了文化方面的基础。因此,汉语学习不仅不能停留在掌握语言形式上,也不能局限于眼前语言材料中的"文化因素",而是应同步扩大文化储备,在文化养料丰富的材料(包括各种汉语与文化课文)中学习高层次语言技能②。因此,对外汉语教学"宜建立一种比较宽泛的文化观念,以适应对文化的多方面需求,而不宜将它搞得太窄,太死。这种比较宽泛的文化观念的基本原则:从不同学习阶段、不同语言水平和不同文化需求的学生实际出发,确定语言教学中不断变化着的文化坐标。"③ 文化教学在第二语言教学中是重要的、必需的,但要考虑到学习者的需求和具体的培养目标,不是无限制的、无原则的。

综上,我们认为,国际中文教育中的文化教学的定位,绝不只是作为语言下位概念的"交际文化因素"的教学,而应当是满足不同水平层次学习者提高语言文化素质需求的,包括物质文化和精神文化在内的中华文化和跨文化能力与意识的培养。

### 2.2.3 文化教学的定量问题

不同的教学阶段,学生语言水平不同、接受能力不同、教学方法和侧

---

① 亓华. 汉语国际推广与文化观念的转型[J]. 北京师范大学学报(社会科学版), 2007(7): 118-125.
② 周思源. 论对外汉语教学的文化观念[J]. 语言教学与研究, 1992(3): 40-48.
③ 同②.

重点不同，语言和文化的比重也要有所区别。这就需要在不同的教学阶段，给语言教学和文化教学确定一个合理的"量"。

张英认为，由于每个民族的语言都融入了该民族独特的历史和文化，形成了相当数量反映该民族社会生活、价值观念、道德传统、宗教信仰、思维方式的文化语言，如果不能准确地掌握此类语言，交际就会遇到障碍。因此，对于目的语学习者来说，交际能力是同掌握目的语中文化语言的程度成正比的。交际面越宽，交流层次越高，文化语言在交际交流中所占的比重就越大。与此相适应，随着汉语教学阶段的上升，汉语文化教学的比重也就逐渐增加。具体来说，语言教学与文化教学的比重，在初级约为5∶1，中级阶段约为4∶1，高级阶段则要上升到3∶1①。

### 2.2.4 文化教学的目标

关于文化教学的目标问题，张英认为，国际汉语教育中的文化教学，本质上是二语教学的有机组成部分，二语教学的目标是培养学习者的跨文化交际能力，而跨文化交际能力最基本的构成是语言技能和文化理解。具体到文化教学内容，从文化存在形态的角度可以分为两类，一类是隐含在语言系统中（包括语言各要素）的文化，如"嫁""娶"中隐含的中国传统婚姻习俗或制度等；另一类是中华文化系统中与跨文化交际相关的知识，如交际规约、思维方式、行为方式、价值观念、文化心理，等等②。刘继红（2020）将第二语言文化教学的目标概括为：通过学习和课外实践，汉语学习者能较为全面地了解中国社会与文化，能以平等、客观的态度对待不同文化，不断提高自身的跨文化交际意识，通过对母语文化与目的语文化的比较和分析，加深对两种文化的理解与认识，最终实现成功的跨文化交际③。

我们还可以参考美国"5C标准"中的文化概念。1999年，美国外语教学委员会颁布了《21世纪外语学习标准》(*Standards for Foreign Language: Learning in the 21st Century*)。《21世纪外语学习标准》明确提出外语教育应当实现五个目标：运用外语交际（communication）、获取知识并体验多

---

① 张英. 论对外汉语文化教学[J]. 汉语学习, 1994 (5): 46-50.
② 张英. 文化教学与文化推广：国际汉语教育可持续发展中的短板[J]. 世界汉语教学学会通讯, 2014 (3): 42-45.
③ 刘继红. 汉语国际教育视域下的跨文化传播[M]. 上海：中西书局, 2020: 28.

元文化（cultures）、贯穿其他学科获取信息（connections）、比较并洞察语言与文化特征（comparison）和参加国内外多元社区（communities），即"5C 标准"①。其中，《21 世纪外语学习标准》对文化（cultures）的要求为"认识和理解其他文化知识，如了解其他文化与所反映的观念之间的关系；理解其他文化的表现形式与所表达的观念之间的关系等；能获得并且了解目的语文化的知识"。同时，《21 世纪外语学习标准》还将"文化"分为文化观念（cultural perspective）、文化产品（cultural products）与文化习俗（cultural practices）三个方面，其中文化观念是文化的核心部分，体现在文化产品和文化习俗中。基于这种对文化内涵及其关系的理解，《21 世纪外语学习标准》的文化目标包含两项标准：一是学生应理解目的文化习俗和文化观念之间的关系，二是学生应理解目的文化产物与文化观念之间的关系。我们不能简单地将《21 世纪外语学习标准》对文化三个方面的划分与国内一些学者所主张的表层文化、中层文化和深层文化相对应。如果把《21 世纪外语学习标准》的文化目标用一个三角形来表示，文化产品和文化习俗就像三角形底端的左右两个角，三角形的顶端是文化观念。《21 世纪外语学习标准》强调的是这个三角形的作用两条边，即在第二语言教学中，通过了解文化产品、文化习俗，达到理解文化观念的目的，实际上是"从实际社会生活中的文化现象，如社会习俗及文化产品入手，将其与更为深层的文化观念联系起来，从而达到认知目的文化的目标。"② "5C 标准"启示我们，在第二语言文化教学中，教师一方面要通过恰当的方法帮助学生加深对观念价值层面文化的理解，另一方面要有意识地培养学习者解释、分析文化差异的能力，从而加深对目的语的理解。

作为指导汉语作为第二语言教学的重要纲领性文件，《国际汉语教学通用课程大纲》将国际汉语教学的总目标定为：使学习者在学习汉语语言知识与能力的同时，进一步强化学习目的，培养自主学习与合作学习的能力，形成有效的学习策略，最终具备语言综合运用能力。语言综合运用能力由"语言知识""语言技能""策略"和"文化能力"四方面内容构成，这四个方面内容相互渗透，环环相扣。

国际汉语教学课程目标结构关系图见图 2.1。

---

① 刘珣. 对外汉语教育学引论 [M]. 北京：北京语言大学出版社，2000：56-57.
② 罗青松. 美国《21 世纪外语学习标准》评析：兼谈《全美中小学中文学习目标》的作用与影响 [J]. 世界汉语教学，2006（1）：127-135.

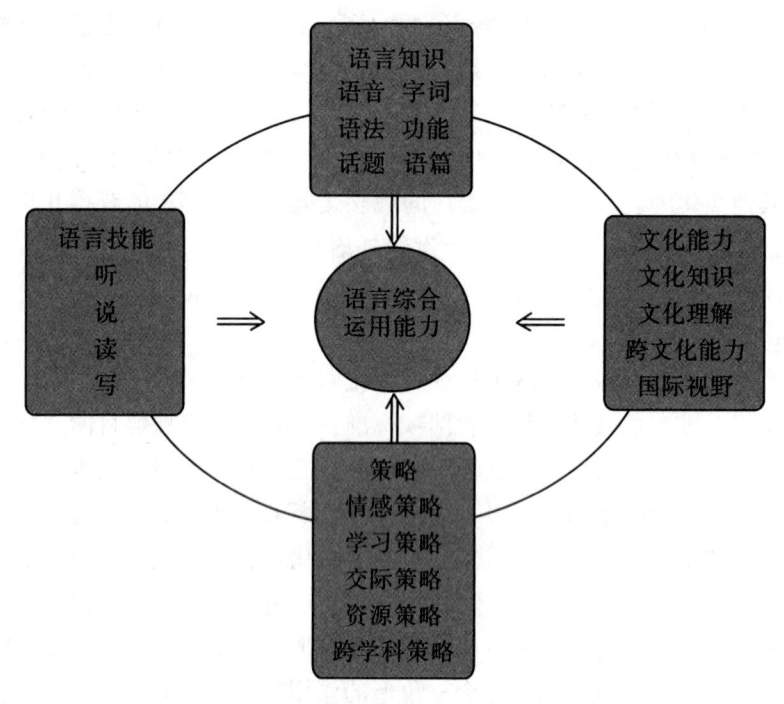

```
        语言知识
     语音   字词
     语法   功能
     话题   语篇
            ↓
语言技能              文化能力
  听      语言综合    文化知识
  说  ⟹  运用能力 ⟸  文化理解
  读                 跨文化能力
  写                 国际视野
            ↑
         策略
       情感策略
       学习策略
       交际策略
       资源策略
       跨学科策略
```

**图 2.1　国际汉语教学课程目标结构关系图**

在"文化能力"部分，《国际汉语教学通用课程大纲》的界定是"语言具有丰富的文化内涵。教师应根据学生的年龄特点和认知能力，逐步扩充文化知识的内容和范围，帮助学生拓宽视野，使学习者理解中华文化在世界多元文化中的地位和作用及其对世界文化的贡献"。《国际汉语教学通用课程大纲》的文化能力部分包括文化知识、文化理解、跨文化能力与国际视野四部分。它是"更得体地运用语言的必备元素"，与其他三方面共同构成"语言综合运用能力"。可见，"文化能力"的培养，既是提高汉语学习者语言能力的重要基础，也是文化教学的主要目标。

2022年1月，由教育部中外语言交流合作中心组编、祖晓梅教授编写的《国际中文教育用中国文化和国情教学参考框架》（以下简称《参考框架》）出版发行。《参考框架》对中华文化和当代国情的教学内容和目标进行了梳理和描述，旨在为海内外大中小学、孔子学院（课堂）和其他中文教学机构在文化课程设置、课堂教学、教材编写、学习者文化能力测评等方面提供参考和依据。《参考框架》的文化教学目标分为总目标和分级目标。总目标包括文化知识、文化理解、跨文化意识、文化态度四个维度，具体内容如下：

①文化知识：了解中华传统文化、当代中国、社会与生活的概况和主要特点。

②文化理解：理解中华文化的多样性和动态性；理解传统文化与当代社会生活的联系，理解文化产物、制度、行为所体现的中华文化内涵和观念。

③跨文化意识：理解中华文化与学习者本国文化的异同；培养对中外文化异同的敏感性。

④文化态度：以尊重、宽容、共情的态度看待和评价中华文化的特点和文化间的差异；超越刻板印象和文化偏见[①]。

分级目标包括：

①初级（小学）阶段：

识别中国标志性的文化产物和惯常行为和习俗；

了解中国标志性的文化产物和行为习俗的基本常识；

关联中国文化和本国文化的相应文化因素。

②中级（中学）阶段：

了解中国社会生活、传统文化和当代国情的基本知识；

理解中国人民生活、文化传统和当代国情的多样性；

比较中华文化与本国文化的主要异同。

③高级（大学及成人）阶段：

理解中国社会生活、传统文化和当代国情的特点和体现的文化内涵；

调查和分析中华文化的动态发展和影响因素；

客观评价中华文化和本国文化的特点和文化间的差异。

基于以上论述，我们认为，虽然国内外对于文化教学的认识是多样化的，但在文化教学目标方面达成了共识，也就是学生既要从认知上了解目的语国家的社会文化知识，又要具备跨文化交际能力和多元文化意识。同时，我们制订文化教学目标还应该考虑学习者的认知水平、文化内容的难易程度以及教学条件等多方面因素。我们的文化教学目标，不是强迫学生去热爱中国人和中华文化，更不是去同化学生，要求他们放弃自己原有的文化价值去接受另一种文化价值，而是希望他们通过学习，抛弃刻板印象

---

① 教育部中外语言交流合作中心. 国际中文教育用中国文化和国情教学参考框架 [M]. 北京：华语教学出版社，2022：3-4.

与偏见，多一些理解和包容，客观地、设身处地地看待和理解中国社会的文化现象，成为沟通两种文化的使者。

### 2.2.5 文化教学现状

就目前来看，文化教学在国际中文教学实践中还存在两方面的问题。

一是缺乏理论基础支撑。长时间以来，文化学一直不被重视，直到2000年刘珣先生的《对外汉语教育学引论》面世，文化学才被列为汉语教学的学科基础之一。长期的理论基础缺失，导致受其指导的文化教学理论与实践严重滞后，文化教学缺乏系统性，一些基本的理论问题仍没有达成共识，如文化教学与语言教学的关系？文化教学应遵循怎样的大纲？文化教学的内容是什么？文化教学的内容需不需要像语言要素一样有难度和等级的划分？如果有的话，划分的标准和依据是什么？文化教学的最终目的是什么？对于这些问题，学界还没有形成有力度的理论和实践规范。这就导致教师在教授有关文化内容时仅是顺便给学生提一下，或者在遇到节日时才讲一下文化传统，或者只是停留在长城、熊猫、剪纸、孔子等文化符号的介绍上，或者仍然停留在文化讲座、PPT展示、课堂问答等传统活动上，而以学生为中心、体验型强的方式较少使用。

二是在实际的文化教学实践中，因为缺乏科学理论的指导，再加上自身文化储备不足、教学经验缺乏、课堂教学时间有限、文化敏感程度不高、教学环境复杂等原因，汉语教师或是出现这样或那样的认知误区和困惑，或是面对学生提出的问题无法准确解答，或是单纯以讲授、知识灌输的方式进行教学，导致中华文化没有被学生适时准确地理解，学生的求知欲和文化困惑被教师回避，甚至引起文化冲突，影响教学效果和正常的教学秩序。例如，有的老师认为文化并不是考试或标准化测试的内容，没有必要在上面花费太多的时间和精力，殊不知语言本身就包含着文化因素，语言的综合运用能力就包含了文化能力。有的老师花大量时间讲词汇、语法结构和课文，急于赶进度，觉得没有时间讲文化，但实际上文化的教学很多时候并不需要专门去讲，"润物细无声"的效果才最好。有的老师担心讲深层次文化学生听不懂、接受不了，但文化教学并不是做讲座似的给学生灌输文化知识。有的老师担心文化教学引起敏感问题和文化冲突，需要应对学生的不同观点甚至过激的反应，这其实是教师前期准备不够、应变能力还不足的表现。还有的老师认为，既然教学中既要进行语言教学又要涉及文化教学，那么一次课两个课时，教学内容能不能安排成一节课语言教学，一节课文化教学呢？这种想法其实是人为地割裂了语言与文化之间的密切关系。还有的老师，在面对学生提出的文化相关问题时，不能以恰当的立场和方式来回应，引起了学生的质疑和反感情绪，对后续的语言文化教学造成非常不好的影响。

尽管如此，我们相信，随着国际中文教育事业的不断发展与成熟，专家学者们对文化教学的认识将会进一步统一，研究也会不断深入。

# 3 文化教学主体研究

文化教学主体处于文化传播链条的第一个环节，是文化教学活动的发起人，也是文化传播内容的发出者。因此，文化教学主体不仅决定着文化教学手段的选取、文化内容的质量与数量，还决定着文化教学的效果。

## 3.1 中华文化传播主体概述

《中共中央关于全面深化改革若干重大问题的决定》指出："提高文化对外开放水平。坚持政府主导、企业主体、市场运作、社会参与，扩大对外文化交流，加强国际传播能力和对外话语体系建设，推动中华文化走向世界。理顺内宣外宣体制，支持重点媒体面向国内国际发展。培育外向型文化企业，支持文化企业到境外开拓市场。鼓励社会组织、中资机构等参与孔子学院和海外文化中心建设，承担人文交流项目。"可见，要提升对外文化传播能力，必须调动多方力量，扩展传播主体，壮大传播队伍，调动各方面的积极性，明晰传播职责，逐渐实现从以政府为主体向以政府为主导、多元主体协作互补、社会多种力量共同参与的立体传播格局转变。

### 3.1.1 国家官方机构

在我国，官方机构传播力量是对外文化传播的首要责任主体。国家官方机构包括国家政府及相应组织机构和个人，以及专门从事国际信息传播的机构。

首先，政府是文化走向世界的宏观设计者，文化走向世界目标的设计、政策框架的构建、物资财力的投入、文化交流项目的推介等，都离不开政府的推动，可以说，政府决定着文化走向世界的方向、路径和模式，发挥着对外文化传播的引航员的作用①。政府及相应组织机构（包括国家对外传播机构、各省市县涉外机构和部门等）承担着理顺对外文化传播的体制机制，制定并落实对外文化传播的发展战略及具体政策，引导协调民间文化外交活动，维护国家文化安全等职能。例如，中国政府在当今世界局势发生深远变化的国际大背景下，提出"一带一路"倡议，其中包含的开放包容和互惠共赢的理念，顺应了时代发展和人民的选择，符合各国进步的共同愿望，已经得到了国际社会的热烈响应，是连接不同文明、凝聚各方共识、促进共同发展的纽带，为打造人类命运共同体提供了强有力的支撑和动力。此外，政府层面文化传播形式还有：综合性文化交流活动，文化艺术团出访演出，设立海外文化中心，举办展览、文化论坛，打造对外贸易基地等。

其次，代表中国政府组织的个人在塑造国家形象上的作用也至关重要。元首出访在外交层级中处于最高位置，具有极强的象征性。近年来，中国国家主席习近平积极参加各种多边会议，利用多边外交机会与各国领导人进行接触会晤，代表中国发出声音，展现中国作为一个负责任大国的形象；同时到多个国家和地区进行访问，出访期间，除了进行一些传统活动，如接见政府要员、演讲、参观文化古迹等，还进行了更多体现两国合作的活动，如为当地的孔子学院揭牌以表示对国际中文教育事业的支持；会见受访国的汉学家以感谢他们对传播中华文化所做的贡献；在受访国的报纸上发表署名文章，阐述中国的外交政策；关注受访国弱势群体，直接展现中国友好善良的国家形象；其夫人彭丽媛还充分利用音乐家的身份，与受访国普通民众进行接触，充分展示了中国"第一夫人"的魅力和亲和力。这种亲民的外交风格，更容易为受访国普通民众所接受，能够很好地消除受访国民众与中国国家元首之间的距离感，赢得了当地民众的好感和尊重。而睿智、真诚、亲和、别具一格的"习式话风"中呈现出的正面国家形象也使中国在世界上得到更多国家的认可和尊重。再如，近些年外交部发言人的身影在各大媒体平台上频频出现，外交部发言人犀利的外交辞令以及举手投足间的动态受到民众的广泛关注，甚至为外交部发言人冠以"外交天团"等称号。国内大众对外交部发言人的认同感强化了民众之间、

---

① 张泗考. 跨文化传播视域下中华文化走向世界战略研究［D］. 石家庄：河北师范大学，2016：59.

民众与外交部之间、民众与国家之间的向心力和凝聚力，为我国开展"全民外交"工作提质增效。

此外，在官方机构中还有一些是专门从事国际信息传播的机构。世界上绝大多数国家都建立了对外传播和文化交流机构，有意影响外国受众。例如被称为"西方四大通讯社"的美国美联社、合众国际社、英国路透社、法国法新社，以及莫斯科广播电台、英国新闻处、英国BBC世界新闻台以及我国的中国国际广播电视台、人民日报海外版、中国日报国际版等都属于这一类。

这类由政府主导的文化"走出去"的主体行为有两个特点：一是有较强的宣传目的。在官方机构中有一些是专门从事国际信息传播的机构，如人民日报、新华社、中国日报、中国国际广播电台等。由国家官方宣传机构发出的信息中，很多不是中性的，而是有目的的宣传，即利用语言、文字、声音、形象等符号系统对他国受众的感知和观点施加影响。二是具有强大的文化影响力，即体现"规模效应"。例如我党和国家领导人亲自确定和支持的"文化年""中国文化节"和国际文化高层论坛等文化外宣交流活动，由于决策层次高、时间跨度大、交流领域广、覆盖面积大、内容主题突出、合作程度深，具有极其强大的文化影响力和文化轰动效应。

总之，政府层面的文化走出去相对于其他方式而言，更有利于调动我国的优势文化资源，最大限度地发挥文化聚集效应，更能体现国家文化走向世界的战略意图。

### 3.1.2 非政府组织

中华文化传播是一个综合性的系统工程，既需要通过官方渠道，由政府部门主导进行推动，也需要通过民间渠道，由社会团体、社会组织等非政府组织力量来共同实施。我国影响较大的从事对外交流的非政府组织有中国对外文化交流协会、中国国际文化交流中心等。另外，国家研究机构、跨国大型企业联合项目、学校科研机构、教育机构和地区政府文化研讨等形式多样的学术交流与研究互动行为，也成了"走出去"的一种有效方式。

非政府组织是除官方机构以外的民间社会组织和团体的统称。相对于官方机构和组织的对外文化传播，民间社会组织和团体有其自身的独特优势。首先，因为不带有官方色彩，且具有非营利性、公益性和志愿性等特点，非政府组织不会被国外受众，特别是西方受众质疑和排斥，更容易被接受，在传播中华文化的过程中可以发挥独特的作用。其次，非政府组织通过慈善事业、扶贫项目、环保事业、教育培训等形式开展活动，具有对外联系广泛、组织形式多样的特点，在文化交流过程中对促进经济和社会的发展有重要作用。第三，非政府组织具有更强的灵活性，且因为长期从事同一性质的工作而更具专业性，同时具备了"半官方"和"半民间"的性质，使得它们在开展文化交流活动时更具亲和力，更容易实现交流和理解，甚至很多在政治、军事、经济层面无法解决的问题，却可以在文化层面达成共识。

因此，政府应充分履行文化公共外交职能，引导协调民间文化外交活动，明确相关非政府组织对外文化传播的职责和权利，给予其必要的政策扶持、财政资助和业务指导，支持民间组织、社会团体等非政府组织在对外文化交流中发挥更大的作用。

在此，我们有必要对孔子学院的性质做出说明。2020年之前，孔子学院一直由我国教育部直属事业单位原中国国家汉语国际推广领导小组办公室（简称国家汉办）直接管理，由国家出资运营。然而单一的资金来源和资源供给，越来越无法满足各国旺盛的中文教学需求。近年来许多孔子学院的中外方院长、中文教育专家学者、教育机构和企业等，纷纷呼吁参照法语联盟基金会、希腊文化基金会、俄罗斯世界基金会、日本国际交流基金会等机构的做法，成立基金会运作孔子学院，并达成基本共识。为适应国际中文教育事业发展需求，一方面，我国政府设立了教育部直属事业单位中外语言交流合作中心（简称语言合作中心），它是发展国际中文教育事业的专业公益教育机构，致力于为世界各国民众学习中文、了解中国提供优质的服务，为中外语言交流合作、世界多元文化互学互鉴搭建友好协作的平台。另一方面，孔子学院品牌将由"中国国际中文教育基金会"全面负责运行，该基金会是由27所高校和企业共同发起成立的民间公益组织。这也意味着孔子学院发生了两个方面的变化：一是性质的变化，基金会在民政部注册，属民间公益教育机构；二是模式的变化，基金会将从社会上筹集资金，也将依靠孔子学院的中外方教育机构发挥办学主体作用。将孔子学院转制到国际化、民间化、专业化基金会运行是顺应新时代需求的变革，将为孔子学院提供新的组织结构和模式，保障孔子学院继续拥有充足的资源，更有利于国际中文教育未来在全球的发展。

### 3.1.3 文化企业

文化走出去是文化传播和融合的内在需求，文化走向世界需要借助文化商品所承载的文化符号和文化信息来传播本国的文化价值理念。在对外文化传播中，文化企业作为对外文化贸易的主体，其对外文化营销过程，实际上就是一个对外文化传播过程。

文化企业对外文化传播的方式主要有两种：一是输出文化商品，如图书、音像制品、影视作品、文学作品等各种文化艺术品；二是对外提供文化服务，如设计、展览、表演、咨询、培训等。例如，近年来"网文出海"现象引起社会的广泛关注，不少言情小说、玄幻小说等中国网络文学在国际上广为传播，在国内大受欢迎的《盘龙》《鬼吹灯》系列作品，在日本、韩国、美国先后受到追捧；从代表中国传统文化色彩的古装电视剧《甄嬛传》《琅琊榜》，到展示中国现当代社会的年代剧、现代剧《人世间》《欢乐颂》，都在海外观众中引发了热议；而反映中国精神、展现中国外交自信的《红海行动》《战狼》《流浪地球》等电影，让海外观众看到了异于西方大片的中国价值观，实现了真正的价值交流。

文化企业是推动我国文化走向世界的中坚力量，由于文化企业的专业性，在实施对外文化传播过程中，其传播效益和效果往往高于其他实施主体。一个国家文化企业的规模和实力，决定着该国在全球文化市场格局中的地位。因此，在推动中华文化走向世界的过程中，政府应提高对文化企业的支持力度，充分发挥各层次民营文化企业在各个方面的优势，给予其政策、财力、信息、服务等全方位的支持，帮助其做大做强，将其培育成推动中华文化走向世界的重要力量。而文化企业在拓展海外业务的同时，必须兼具对外文化传播等公益性职责和使命，负责任、有担当地向国外受众展示和推介中华优秀文化，输出体现中华民族传统与当代中国风貌的文化产品。

### 3.1.4 普通民众

普通民众作为民间话语主体，具有传播的交互性、身份的模糊性、高度的参与性等特点[1]，在对外文化传播中具有无可替代的地位和影响力。

---

[1] 程曼丽. 国际传播学教程 [M]. 北京：北京大学出版社，2006：85-86.

新闻发言人、国际新闻媒体人、跨国企业人员、中国留学生、出境的中国游客等都代表着国家形象，都是国家的"名片"，他们的行为举止、思想水平、道德素质都是外国观察中国社会变迁和国家形象的窗口。例如广大留学人员既有国内成长经历又有海外生活体验，许多外国人正是通过中国留学生来了解中国、认识中国。习近平总书记曾指出："希望广大留学人员充分发挥自身优势，加强内引外联、牵线搭桥，当好促进中外友好交流的民间大使。"

普通民众层面的文化交流有以下特点：一是方式灵活多变，建立的信任度高。普通民众之间的交流不讲求规格礼遇，交流方式与环境更贴近现实生活，这使文化交流显得更通俗自然，也更具有吸引力和亲和力，有利于双方建立起良好情谊，这类具有私人性质的友谊在关键时候能发挥极大作用。二是文化交流层面更加广泛，内容更加庞杂。无论是下里巴人还是阳春白雪，都可能出现在民众交流的话题中，这使得相互交流的人们之间更容易突破国家、种族、民族的界线。三是受国际环境和国家关系变化的影响小。无论国际形势和国家关系如何变化，民间友好交往是长期不断的，相互间建立的情谊是稳定的。国家关系逆转时，两国人民之间的友好交往仍然可以进行，并且常常可以成为扭转局势的桥梁。

同时，科学技术的发展也为民众参与文化传播提供了可能。公民个人可以通过网络发布文化信息、互通文化有无，实现不同文化间的交流。在网络如此发达的当下，任何民众都可以利用网络社交平台为中华文化发声。如伴随着视频平台的火爆，YouTube 上的发布者李子柒就以古风视频闻名，她在 YouTube 上获得了极大的关注，被誉为"东方美食家"，成为中华文化形象的一个民间代表。

显然，引导和调动多元民众主体积极投身参与中华文化的对外传播，在开展文化交流活动时更具说服力，更容易实现交流和理解并相互建立信任，使得文化走出去的效率更高。

### 3.1.5 境外传播力量

具有不同背景、扮演不同角色的境外传播力量，也可成为我国文化对外传播主体的重要组成部分。这些境外传播力量主要有国际组织、外国新闻媒体等，同时也包括传播对象国的外籍人士、华侨华人以及到中国学习汉语的留学生等。

一要依靠海外侨胞。海外华人是天然具有跨文化属性的群体，他们既是中华文化形象的重要接受者，也有潜力成为中华文化形象的重要塑造者。海外侨胞长期在海外生活，既熟悉居住国的社会、法律、文化环境和风土人情，又了解中国和自己家乡状况，同时在所在国有较为广泛的资源和人脉，他们关注祖国，身上也带着明显的中华文化烙印，在讲好中国故事、传播好中国声音方面具有独特优势，是让世界了解中国最为理想的"民间大使"。要让海外侨胞更好地把握中国视角，把我们想说的与当地社会关注的有机结合起来，成为中国好故事、好形象、好旋律的优秀讲述者。

二要依靠外国友人，借嘴说话。国际上有很多了解中国、热爱中国的国外友人，特别是遍布世界各地以中国为研究对象的汉学家，从费正清、史景迁、高罗佩、高本汉、李约瑟，到顾彬、白乐桑、托卡耶夫、罗明、谢赫，一代代汉学家凭借自己对中华文化的兴趣和热爱，凭借自己深厚的学术积累，构建起海外关于中国的知识体系，为世界民众客观、理性、全面地了解中国搭建起了桥梁，成为中国国际形象传播的中坚力量。习近平主席在海外访问时，经常与当地汉学家交流，称赞汉学家为中外文化交流做出的贡献。正如张西平所言，"把中国介绍给世界，这是中国学术界、知识界新的历史使命。在这一伟大的事业中，各国的汉学家是我们最好的盟友，他们是中华文化走向世界的桥梁。在这个意义上，了解西方汉学，掌握西方汉学的历史，学习西方汉学的优秀研究成果，平等地同西方汉学家展开学术合作，已经成为我们这一伟大事业中不可缺少的一个环节。"[①] 2022年8月8日，世界汉学中心在青岛成立，北京语言大学校长刘利在成立仪式上提出，要"构建以汉学为支点的国际传播新体系"[②]，通过培养造就知华、友华的汉学家，充分发挥汉学的学科功能，利用汉学家的人脉资源和汉学的传播优势，为国际传播能力建设做出贡献。

三要依靠学习汉语和中华文化的学生。在中国学习汉语的留学生，亲身感受过中国的生活和变化，同时对汉语和中华文化都比较了解，他们能够冲破语言和各种偏见的藩篱，将真实的中国推介给世界。而在国外孔子学院、孔子课堂、各个大学学习汉语的学生，也能通过汉语教师设计的汉语课堂、文化体验活动等了解中国，进而影响其周围的家人、朋友。

---

① 张西平. 西方汉学十六讲 [M]. 北京：外语教学与研究出版社，2011：3.
② 刘利. 构建以汉学为支点的国际传播新体系 [J]. 国际人才交流，2022（10）：2.

总之，外国民众眼里或口中的中国，要远远比大众媒体传播的中国更让人信服。正如毛泽东所言，"借他人之口为我说话"比"自己为自己说话"更有说服力。

在国际中文教育中，凡是通过不同的媒介传递中国语言文化信息，并对众多学习者产生影响的组织或个人，都可以被称为传播主体。随着国际中文教育的发展，国际中文教育中的传播主体也呈现出多样化的特点。笔者认为，国际中文教育中的文化传播主体同样涵盖了国家、组织机构和个人三个层面。国家层面通过语言文化政策的制订、对文化传播部门的经费支持、领导人参与相关活动等方式推动汉语和中华文化走出国门。但过多强调国家的作用，难免有文化输出或文化侵略之嫌，应该尽量淡化其政治色彩，多从传播活动方面进行考量。组织机构层面包括孔子学院、孔子课堂、台湾书院、国内外设置汉语及相关专业的大学、国内外开设汉语课程的小学、初中、高中，汉语培训班、国外华文教育学校等，它们通过系列活动，利用不同的传播媒介，对国际中文教育传播内容进行选择，并将传播内容传递给受众，开展短期或者长期的汉语教学。传播主体中的个人，包括从事汉语教学的孔子学院汉语教师及志愿者，设立在国内外各级各类教学机构中的汉语教师、教育教学相关研究人员，以及各类汉语教材、书籍、期刊、广播、网站等大众传媒的编辑和制作者，他们都在一定程度上决定了传播内容和传播方式。每一位汉语学习者也是传播主体，这里我们不再赘述。国际中文教育文化传播过程中，国家政府和组织机构是重要的传播主体，但归根到底依靠的是人与人的交流沟通。因此，本书主要针对以国际汉语教师为代表的个人展开研究。

## 3.2 汉语教师的文化教学与传播能力

哈佛大学燕京图书馆的墙上悬挂着一幅大照片，这是一个清代官员打扮的中年人，顶戴花翎，身着官服，足蹬皂靴，清癯的脸上生着一双睿智的眼睛。120多年前，他不远万里来到美国，创立哈佛大学的中文教育，在中美文化交流史上写下了自己的名字——戈鲲化。戈鲲化是中国人，1879年远渡重洋到美国教汉语，创立了哈佛大学的中文教育。直到1882

年2月14日病逝，戈鲲化在哈佛大学一共执了两年半的教鞭。虽然哈佛大学当初聘任他主要是为了向美国学生们教授中国语言，但自身的文化自豪感促使他更想做一个文化传播者，而不仅仅是语言教师。他自编中文教材《华质英文》（*Chinese Verse and Prose*），以最具民族意义的诗词作为语言学习的载体；他选取中国古典小说作为学习材料，以全面介绍中华文化；他坚持穿官服、戴官帽上课，提请学生注意东方的尊师美德。同时，他虽然深以自己的民族文化为荣，却主动学习新的语言与文化，并进而开始用英文来翻译中国诗歌。他以自己东方式的从容与个人的尊严赢得了异国人民的尊敬，并且为自己所代表的历史与文明赢得了异族的理解。戈鲲化赴美任教虽属偶然，却具有划时代的意义，因为这是中国近代第一次向西方派出教师。他为中外文化交流史谱写了精彩的一笔，他是输出中华文化的先驱者，他也是为国际中文教育事业点燃星星之火的第一人。

国际中文教师（international chinese language teachers），即"全球范围内所有从事中文作为第二语言教学的教师"[①]。汉语教师作为教学主体，是国际中文教育中教师、教材、教学法"三教"问题的核心，汉语教师就像沟通中华文化与外语国家文化的"桥梁"，在英语中称"bridge"或"mediator"，起到来自不同文化的人相互交际的媒介作用。汉语教师的任务也不是要将自己的学生培养成"中国人"，而是将他们培养成沟通中外交往的"桥梁"。因此，提高汉语教师的基本素质和文化素养，是文化教学有效进行的关键，也是打造语言文化传播平台的关键。

### 3.2.1 国际汉语教师应具备的能力

为了提高国际汉语教师的教学能力与专业素养，建立完整、科学、规范的教师标准体系，满足汉语学习者的需求，国家汉语国际推广领导小组办公室（以下简称"国家汉办"），于2007年10月颁布了《国际汉语教师标准》，它是对从事国际汉语教学工作的教师所应具备的知识、能力和素质的全面描述。《国际汉语教师标准》实施五年后，2012年12月12日，国家汉办/孔子学院总部发布修订后的《国际汉语教师标准》，新的标准将国际汉语教师应具备的素质与能力分为五个模块：

---

① 世界汉语教学学会.国际中文教师专业能力标准：T/ISCLT 001—2022［M］.北京：北京大学出版社，2022：1.

一是汉语教学基础，要求教师具备汉语交际能力，具备基本的汉语语言学知识和语言分析能力，了解语言学习基本原理，熟悉语言教学基本原则与方法；

二是汉语教学方法，要求教师掌握汉语教学的基本原则与方法，掌握语言要素（语音、词汇、语法、汉字）教学和语言技能（听、说、读、写）教学的基本特点、原则、方法与技巧，了解中外语言主要异同，并能进行有针对性地教学，能够较好地运用现代教育技术辅助教学；

三是教学组织与课堂管理，要求教师熟悉汉语教学标准和大纲，并能进行合理的教学设计，能根据教学需要选择、加工和利用教材与其他教学资源，能设计课堂教学的任务与活动，有效管理课堂并组织课外活动，能进行有效的测试与评估；

四是中华文化与跨文化交际，要求教师了解中华文化基本知识，具备文化阐释和传播的基本能力，了解中国基本国情，能客观、准确地介绍中国，具有跨文化意识和跨文化交际能力；

五是职业道德与专业发展，要求教师具备职业道德，良好的心理素质、教育研究能力和专业发展意识。

2022年8月26日，基于国际中文教育的发展变化和国际需求，由教育部中外语言交流合作中心提出、世界汉语教学学会发布的《国际中文教师专业能力标准》正式实施，旨在为国际中文教师培养、培训、能力评价和认定、专业发展提供依据。

《国际中文教师专业能力标准》适应新时代国际中文教育发展新趋势新要求，突出师德为先、素养为基、学习者为本、跨文化能力为重、注重合作、终身学习等国际中文教师发展理念，通过专业理念、专业知识、专业技能、专业实践和专业发展5个一级指标和16个二级指标（见图3.1）将国际中文教师应具备的知识、技能、态度以及专业发展等能力划分为初级、中级、高级三个水平，对每一级水平进行了详细描述。

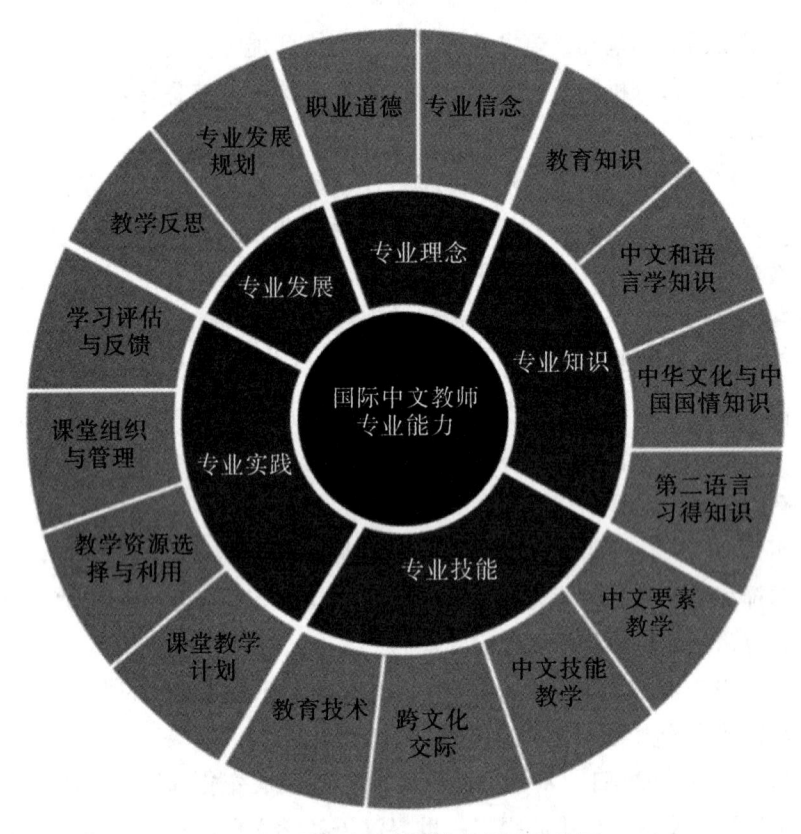

图3.1 国际中文教师专业能力结构图

《国际中文教师专业能力标准》以第二语言教学理论、教师专业发展理论、教师评价理论等为基础，参考借鉴多国语言教师标准，继承和发展了2012年版的《国际汉语教师标准》，是对国际中文教师的基本专业要求，是国际中文教师实施教学的基本行为规范，也是引领国际中文教师专业发展的基本准则。

通过不同阶段标准的要求可以看到，在第二语言教学中，汉语教师具有多重角色：既是汉语言知识的传授者、语言技能的培训者、课堂教学的引导者和组织者，也是中华文化的传播者和跨文化传播的沟通者。一名合格的汉语教师，不仅要掌握扎实的汉语基础知识、语言教学和课堂管理的基本理论和方法，还要具备中国文学、中外文化、跨文化交际等方面的基本知识与能力。也就是说，国际中文教师要想有效地进行文化教学，较高的中华文化素养、较强的跨文化交际能力和文化传播能力缺一不可。

### 3.2.2 汉语教师的中华文化素养

汉语教师需要了解和掌握中华文化和中国国情方面的基本知识，并将相关知识应用于教学实践，激发学习者对中华文化的兴趣，使其在学习汉语的同时，了解中华文化的丰富内涵和中国的基本国情。

2007 年版的《国际汉语教师标准》对汉语教师需要掌握的中国文化的部分进行了摘录，见表 3.1。

表 3.1　2007 年版的《国际汉语教师标准》标准三　中国文化

| 标准 | 基本概念范畴 | 基本能力 |
| --- | --- | --- |
| 标准 3.1 了解中国历史文化的基本知识，并运用于教学 | 中国古代社会的发展及朝代沿革；中国重大历史事件；中国重要历史人物；中国古代科技成就；中国重要历史文物；中国主要文化遗产 | 1. 能将中国历史文化教学与语言教学恰当地结合起来，并能根据具体教学环境、教学材料有选择地讲授中国历史文化知识；<br>2. 能根据学习者的文化背景、个人情况及语言程度选择适当的教学方式与教学手段介绍中国历史文化；<br>3. 具有比较丰富的中国历史文化知识，并能准确、客观地介绍和讲授；<br>4. 能讲解列入联合国教科文组织世界遗产名录的中国文化遗产；<br>5. 能根据学习者的反馈及时调整所涉历史知识的深度、广度，以培养学习者进一步自主学习中国历史文化知识的能力 |
| 标准 3.2 了解中国主要哲学思想与宗教文化的基本知识，并运用于教学 | 儒学；中国佛教；道家和道教；先秦诸子哲学；宋明理学；中国宗教现状的基本情况 | 1. 具有相关的中国主要哲学思想与宗教文化基础知识，并能够准确、客观地介绍和讲授；<br>2. 能深入浅出地使学习者理解和掌握有关的中国主要哲学思想与宗教文化的基本常识；<br>3. 能根据具体教学环境、教学目标、学习者的文化宗教背景及语言程度选择适当的教学方式与教学手段；<br>4. 能根据学习者的反馈及时调整有关教学内容的深度与广度；<br>5. 能掌握中国主要哲学思想、宗教文化与中国当代文化的联系；<br>6. 能了解并介绍中国宗教现状的基本情况 |

表3.1(续)

| 标准 | 基本概念范畴 | 基本能力 |
|---|---|---|
| 标准3.3 了解中国文学与艺术的基本知识，并运用于教学 | 中国古代文学；中国现代文学；中国当代文学；中国书法艺术、绘画艺术；中国影视、戏曲、曲艺艺术；中国音乐艺术；中国园林与建筑艺术 | 1. 具有较丰富的中国文学与艺术知识，并能准确、客观地介绍和讲授；<br>2. 能深入浅出地向学生讲授中国文学与艺术的基本概念，并举例说明；<br>3. 能根据学习者的文化背景、语言水平及个人爱好选择多种、恰当的教学方式与教学手段；<br>4. 能将自己的才艺应用到教学中；<br>5. 能根据具体的教学对象、教学目标选择适当的教学材料，并能根据学习者的反馈及时调整有关教学内容的深度与广度 |
| 标准3.4 了解中国民俗文化的基本知识，并运用于教学 | 传统节日；饮食文化；服饰文化；民间工艺；婚丧礼俗；习俗与禁忌；地域民俗 | 1. 能掌握中国民俗文化的主要内容及特点，并准确、客观地加以介绍；<br>2. 能深入浅出地向学生讲授中国民俗文化的基本常识，并举例说明；<br>3. 能根据具体教学环境、教学目的、学习者的背景、语言水平选择民俗文化材料并以恰当的教学方式与教学手段介绍讲解；<br>4. 能根据学习者的反馈及时调整所涉及的中国民俗文化的内容 |
| 标准3.5 了解中国国情的基本知识，并运用于教学 | 中国的民族；中国的地理；中国的政治体制；中国的经济改革；中国的教育概况；中国的社会与环境 | 1. 了解和关注当代中国社会政治、经济、文化、教育等方面的成就和发展情况，具备比较全面的中国国情知识，并能准确、客观地加以介绍；<br>2. 能将中国国情知识与汉语言教学恰当地结合起来；<br>3. 能根据教学环境、教学目的、学习者的背景、语言水平选择合适的教学方式与教学手段介绍中国的基本国情；<br>4. 能妥善处理涉及中国国情方面的敏感性话题 |

由表3.1可知，国际汉语教师应具备的中华文化方面的内容涵盖了文化四个层面的方方面面。没有文化知识，就没有应对文化问题的能力。很多汉语学习者是出于对中华文化的兴趣才投入汉语学习中的，有的还专门研究过中国传统文化经典，他们希望与老师进行更深层次的文化对话，教师本身对文化本体知识的系统学习和把握是有效进行文化教学的基本支撑，汉语教师自身要先具备丰富而深厚的文化知识，才有可能在实际教学

中生动准确地将中华文化的内容呈现出来。然而我们也要看到，由于受功利色彩浓重的实用主义的影响，不少作为未来储备汉语教师的大学生将大量的时间放在了考级考证上，还有不少汉语教师是从外语等专业转来的，对中华文化的学习比较零碎、浅表，缺少深厚的文化积淀。因此，对于文化知识，汉语教师必须经过系统、专业的学习和培训，不断地学习和积累，树立"终生学习"的观念。

### 3.2.3 汉语教师的跨文化交际能力

汉语国际推广是一项涉及跨文化交际的活动。跨文化交际是不同文化背景的人之间进行的交际。汉语教师和外国学习者来自不同的文化背景，双方的价值观念、宗教信仰、生活环境、思维方式等均存在一定差异，因此从本质上说，第二语言教学本身就是一个跨文化交际的过程。无论是在国内从事对外汉语教学，还是被派往海外从事汉语教学，具备良好的跨文化交际能力已成为汉语教师的迫切需求。一方面，汉语教师的跨文化意识和能力能帮助其在教学中较好地与学生相处，化解因文化误解而引发的尴尬和冲突，并帮助教师更好地进行文化适应；另一方面，汉语教师的文化素养、文化意识及教学行为直接影响学习者文化能力和跨文化交际水平的提高和培养。

#### 3.2.3.1 汉语教师具备跨文化交际能力的必要性[①]

汉语教师具备跨文化交际能力的必要性主要体现在以下几个方面。

（1）更好地理解中华文化。

大部分文化是无意识的。霍尔（Hall，1976）曾运用著名的"冰山"理论来描述文化的这种特征。他指出，文化就像大海中的冰山一样，只有十分之一是露出水面的，也就是容易被人们所观察、感受到的，如饮食、服饰、语言、仪式、文学等；而十分之九都是隐藏在水中的"深层文化"，如价值观、世界观、信仰、态度等。深层文化虽然深藏不露，却包含了文化的核心内容，而且深层文化一旦形成，人们便对其习以为常、习而不察了，就像空气对于人类是看不见摸不着的，可一旦离开空气人就难以适应。

只有学习跨文化交际的知识，进行跨文化的交流和比较，人们才能更加深刻地理解自己文化的特点。汉语教师肩负着传播中华文化的任务，所

---

① 祖晓梅. 跨文化交际 [M]. 北京：外语教学与研究出版社，2015：17-19.

以首先需要很好地理解中华文化的本质特征。学习跨文化交际的知识，可以使汉语教师更好地理解中华文化的精髓，特别是中国人在价值观、态度、行为方式等方面的特点。汉语教师只有深刻理解了中华文化，才能帮助汉语学习者理解中华文化。

（2）提高跨文化敏感性。

所谓跨文化敏感性，是指个体在跨文化交际中能敏锐地察觉出不同文化的差异，能够理解由差异带来的问题并能积极应对。对外汉语教师处在由来自不同的文化背景的学生组成的多元文化世界里，需要了解不同文化的特点，对多样文化有较强的感应能力，能对文化差异进行理性的判别和认知，从而有效而得体地与不同文化背景的人进行沟通和交流，从容地应对跨文化交际中的误解和冲突。

（3）提高文化适应能力。

如何适应新的文化环境是每一个到海外任教的汉语教师都要面临的现实问题。提高文化适应能力，可以帮助汉语教师更好地克服"文化休克"，更好地完成语言教学和文化传播任务。在国内从事汉语教学的教师也需要了解汉语学习者适应中华文化的过程和特点，理解他们的文化适应模式与汉语学习的关系，这样才能更好地帮助学生提高适应中华文化的能力。

（4）建立开放、宽容、尊重的文化态度。

汉语教师在国外代表着中国人的形象，汉语教师的表现会影响外国人对中华文化的印象和看法。汉语教师应该摒弃文化中心主义的态度，以开放、宽容、尊重的态度看待其他文化和中华文化之间的差异。只有具有这种积极的态度，才会赢得他人的尊重和信任，与不同文化背景的人们建立更加真诚、和谐的关系。

（5）帮助学习者掌握跨文化交际能力的方法和策略。

汉语教学的主要目标之一是培养汉语学习者的跨文化交际能力。跨文化交际的知识为汉语教师提供了在语言教学中进行文化教学的教学内容。在语言教学中融入文化教学并进行跨文化的比较，不仅可以增加学生学习汉语的兴趣，而且有利于培养他们的跨文化交际能力，帮助他们摒弃对中国的偏见和刻板印象，以宽容、尊重的态度对待汉语和中华文化。

### 3.2.3.2　汉语教师的跨文化交际能力

汉语教师从事的工作是一种跨文化的活动。敏锐的跨文化意识和广阔的视野是汉语教师应该具备的素质。毕继万先生认为，跨文化交际能力指的是跨文化交际环境中的交际能力，即来自不同文化背景的人之间进行交际时，具有强烈的跨文化意识，善于识别文化差异和排除文化干扰并成功地进行交际的能力。培养跨文化交际能力，就是不断增强跨文化意识，了解跨文化交际的特点与要求，掌握跨文化交际的规律和特点，学会交际规则转化的技能以及必需的外语，具备与多种外语文化的人进行交际的能力。跨文化交际能力是由语言交际能力、非语言交际能力、语言规则和交际规则的转化能力以及跨文化适应能力四部分所组成的综合能力[①]。

外语教育领域学者范蒂尼（Fantini，2006）提出，跨文化交际能力是"一种与语言和文化不同的人们进行有效而得体的交往所需要的综合能力"。他认为跨文化交际能力包括四个要素：①跨文化交际的知识（knowledge）；②跨文化交际的技能（skill）；③跨文化交际的态度（attitude）；④跨文化意识（awareness）。基于此，祖晓梅认为汉语教师应该具备的跨文化交际能力见表3.2。

表3.2 汉语教师应该具备的跨文化交际能力[②]

| 跨文化交际<br>能力要素 | 具体要求 |
| --- | --- |
| 跨文化交际的<br>知识 | 1. 了解文化与交际的关系以及文化是如何影响交际的；<br>2. 了解世界上主要的价值观模式的特点以及价值观对于文化行为的影响；<br>3. 了解跨文化语言交际的特点和语言交际的跨文化差异；<br>4. 了解跨文化非语言交际的特点和非语言交际的跨文化差异 |
| 跨文化交际的<br>技能 | 1. 掌握应对文化冲击的有效策略，具有跨文化的适应能力；<br>2. 具有与不同文化背景的人有效而得体交往的能力；<br>3. 具有解决跨文化交际中误解和冲突的能力；<br>4. 具有与不同文化背景的人建立良好关系的能力 |
| 跨文化交际的<br>态度 | 1. 乐于参与跨文化的交际，并采取开放和积极的态度；<br>2. 对于不同文化背景的人的行为不做过度概括，避免进行简单的价值判断；<br>3. 对于与自己不同的文化行为和观念，采取宽容和尊重的态度 |
| 跨文化意识 | 1. 意识到每个人的行为和观点都受到自身文化的制约；<br>2. 注意挖掘跨文化交际失败和冲突现象及事件背后的文化原因；<br>3. 经常反思自己跨文化交际的经历并对不当行为做出调整；<br>4. 在跨文化交际中经常换位思考并发展移情能力 |

---

① 毕继万. 跨文化交际与第二语言教学 [M]. 北京：北京语言大学出版社，2009：17.
② 祖晓梅. 跨文化交际 [M]. 北京：外语教学与研究出版社，2015：20-21.

尽管在跨文化交际能力所包含的要素上有分歧，但不管是毕继万还是Fantini都认为"跨文化意识"是跨文化交际能力的核心要素。"跨文化意识"是西方学者汉维（1979）提出的理论，指的是理解和承认文化差异的能力（the capacity of understanding and accepting cultural differences）。毕继万进一步将其阐释为"在跨文化交际中，对不同文化之间的差异和冲突具有感觉的敏锐性（善于发现矛盾和问题）、理解的科学性（理性的分析和科学的判断）、处理的自觉性（自觉排除文化中心论、文化模式化、文化偏见的干扰，有效和得体地解决问题）。"[①] 我们要承认这样一个事实：世界上存在着丰富多彩的文化，所有的文化都有其产生的土壤和适宜发展的社会环境，所有文化的存在都是合理的，各种文化之间都是平等的，要理解和接受文化差异，而具备跨文化意识是充分理解文化差异的第一步。

### 3.2.4 汉语教师的文化传播能力

在当前文化多元化进程不断加快的背景下，国际汉语教师要想担负起肩上的多重责任，在语言和文化教学中发挥传播中华文化的主体作用，必须具有较强的文化传播意识和较高的文化传播能力。

关于国际汉语教师的"文化传播能力"，学界还没有统一的说法。有的学者将其与跨文化交际能力并列，如赵金铭先生认为："业内确立了以汉语国际教育职业需要为目标的国际汉语教师的三大能力培养：汉语作为第二语言教学能力、中华文化传播能力和跨文化交际能力。"[②] 范慧琴（2013）将其划分为文化知识的通晓能力、文化观念的阐释能力、文化教学的引领能力、文化差异的调解能力、文化技能的展示能力、文化冲突的预见能力、文化交往的学习能力七个方面[③]。本书认为，中华文化传播能力是一个综合性的概念，一个汉语教师的语言（包括汉语和外语）交际能力，非语言交际能力，掌握文化知识的广度和深度，文化传播意识，文化阐释能力，文化冲突的预见和化解能力，跨文化适应能力和敏感性等都包含在其中，而跨文化交际能力也属于广义上的文化传播能力。

汉语国际教育专业硕士是国际汉语教师的主力军之一。2009年公布的《全日制汉语国际教育硕士专业学位研究生指导性培养方案》将全日制学

---

① 毕继万.跨文化交际与第二语言教学 [M].北京：北京语言大学出版社，2009：26.
② 赵金铭.国际汉语教育研究的现状与拓展 [J].语言教学与研究，2011 (4)：86-90.
③ 范慧琴.国际汉语教师传播能力的构成及培养 [J].现代传播，2013 (5)：146-148.

生的培养目标确定为:"主要培养具有熟练的汉语作为第二语言教学技能和良好的跨文化传播技能、跨文化交际能力,适应汉语国际推广工作,胜任多种教学任务的高层次、应用型、复合型、国际化专门人才。"在相应的课程设置中,核心课程增设了"中华文化传播",拓展课程增设了"文化冲突与文化传播"。可见,在国际汉语教师的能力构成中,传播能力特别是跨文化传播能力是其重要组成部分之一。《国际汉语教师标准》(2012)与《国际中文教师专业能力标准》(2022)两个教师规范对文化传播能力的描述也有所不同。

《国际汉语教师标准》(2012)标准4中华文化与跨文化交际见表3.3。

表3.3 《国际汉语教师标准》(2012)标准4中华文化与跨文化交际

| 标准 | 内容描述 |
| --- | --- |
| 了解中华文化基本知识,具备文化阐释和传播的基本能力 | 1. 了解中华文化基本知识、主要特点、核心价值及当代意义;<br>2. 能通过文化产品、文化习俗说明其中蕴含的价值观念、思维方式、交际规约、行为方式;<br>3. 能将文化阐释和传播与语言教学有机结合;<br>4. 掌握相关中华才艺,并能运用于教学实践 |
| 了解中国基本国情,能客观、准确地介绍中国 | 1. 了解中国的基本国情;<br>2. 能以适当方式客观、准确地介绍中国 |
| 具有跨文化意识 | 1. 了解世界主要文化的特点;<br>2. 尊重不同文化,具有多元文化意识;<br>3. 能自觉比较中外文化的主要异同,并应用于教学实践 |
| 具有跨文化交际能力 | 1. 了解跨文化交际的基本原则和策略;<br>2. 掌握跨文化交际技巧,能有效解决跨文化交际中遇到的问题;<br>3. 能使用任教国语言或英语进行交际和教学 |

《国际中文教师专业能力标准》(2022)以"具备跨文化交际能力"为基本理念,要求汉语教师在了解中华文化的同时,了解世界文化的多样性,尊重不同文化,能够运用不同策略有效进行跨文化交际。这一能力,在《国际中文教师专业能力标准》(2022)中的"国际中文教师专业能力指标体系"部分有详细的要求。

在"专业理念"之下的一级指标"专业信念"中,《国际中文教师专业能力标准》(2022)要求中文教师要有"多元文化意识",要"具有开放包容的态度，尊重任教国家和地区的文化传统与社会现实"。

在"专业知识"部分，《国际中文教师专业能力标准》（2022）要求汉语教师具备"中华文化与中国国情知识"，具体要求为：

①了解并能够介绍教学中涉及的历史、哲学、文学、艺术、民俗等中华文化知识。

②了解并能够介绍教学中涉及的中国社会、政治、经济、教育、科技、生态等国情知识。

③分析常见的社会和文化现象，解决教学与交流中的问题。

④能够认识到文化是涵盖古今的，也是在不断变化的。

"专业技能"方面，《国际中文教师专业能力标准》（2022）要求汉语教师具备"文化理解力与阐释力"和"跨文化交际"能力，具体要求为：

①了解世界文化的多样性，尊重不同文化，培养学习者文化平等意识和文化理解能力。

②了解任教地区人们在思维方式、价值观念、交际规约、行为方式等方面的主要特点，适应不同文化环境。

③掌握跨文化交际的基本理论，能够运用不同策略，有效解决教学中的跨文化交际问题。

在总体要求上，《国际中文教师专业能力标准》（2022）中的"国际中文教师专业能力分级认定规范"部分又从初级、中级、高级三个等级分模块进行描述，各等级专业能力要求依次递进，高级别能力要求涵盖低级别能力要求。

《国际中文教师专业能力标准》（2022）对汉语教师文化传播能力的要求见表3.4。

表3.4 《国际中文教师专业能力标准》（2022）对汉语教师文化传播能力的要求

| 模块 | 一级指标 | 二级指标 | 认定标准 | |
|---|---|---|---|---|
| 专业理念 | 专业信念 | 多元文化意识 | 初级 | 能够了解文化的多样性，具有开放包容的态度；能够尊重任教国家和地区的文化传统与社会现实；能够引导学习者正确理解和看待不同国家和民族的文化 |
| | | | 中级 | 能够在教学实践中深入地理解文化多样性 |
| | | | 高级 | 能够指导初、中级教师理解跨文化交际问题，提高其跨文化交际能力 |

表 3.4(续)

| 模块 | 一级指标 | 二级指标 | | 认定标准 |
|---|---|---|---|---|
| 专业知识 | 中华文化与中国国情知识 | 中华文化知识 | 初级 | 能够了解并介绍教学中涉及的历史、哲学、文学、艺术、民俗等中华文化知识 |
| | | | 中级 | 能够不断丰富中华文化知识；能够对教学中的中华文化知识进行说明和阐释 |
| | | | 高级 | 能够就教学中涉及中华文化的教学内容和教学方法提出指导性建议 |
| | | 中国国情知识 | 初级 | 能够了解并介绍教学中涉及的中国社会、政治、经济、教育、科技、生态等国情知识 |
| | | | 中级 | 能够不断丰富中国国情知识；能够对教学中的中国国情知识进行说明和阐释 |
| | | | 高级 | 能够就教学中涉及中国国情的教学内容和教学方法提出指导性建议 |
| 专业技能 | 跨文化交际 | 文化理解力与阐释力 | 初级 | 能够了解语言和文化的基本概念、语言和文化的内在关系；能够了解世界文化多样性，了解文化因素对语言学习的影响；能够了解主要文化的特点，尊重不同文化，适应不同文化环境；能够就教学中所涉及的中华文化和中国国情知识加以阐释；能够组织文化实践，帮助学习者了解中华文化的内涵 |
| | | | 中级 | 能够不断深入理解世界文化的多样性、文化差异性；能够将有关文化知识应用于学习者跨文化交际能力的培养中 |
| | | | 高级 | 能够指导初、中级教师提高中华文化理解与阐释的能力 |
| | | 跨文化交际能力 | 初级 | 能够了解跨文化交际的基本理论、原则和策略；能够掌握跨文化交际技巧，运用不同的策略，有效解决跨文化交际中遇到的问题 |
| | | | 中级 | 能够识别和分析语言教学中的跨文化因素，有效处理跨文化交际问题；能够在不同的文化氛围下有效开展中文教学 |
| | | | 高级 | 能够为初、中级教师提供中华文化、中国国情、跨文化交际等方面的教学指导 |

由此可见，汉语教师既要站在局内人的视角解释中国人的想法，又要站在局外人（学生）的视角理解外国人的想法，还要站在第三个视角，同时以局内人和局外人的观点与学生进行有效的文化沟通。这样才能实现文化教学的目标：一方面，学生了解了中国的文化，慢慢开始用中华文化的框架来理解中国人的想法；另一方面，通过中华文化这面镜子，学生逐渐意识到本国文化的独特之处，最终可以用更加开放、包容的文化心态来面对多元文化，具备跨文化交际意识。

### 3.2.5 文化教学中汉语教师主体作用的发挥

祖晓梅（2015）提出，在跨文化交际能力的教学中，汉语教师主要担当六种角色：文化知识的咨询者、文化技能的训练者、探讨文化意义的引导者、文化态度转变的促进者、跨文化交际的中介者和文化学习的合作者[①]。提高国际汉语教师的专业素质和能力，增强对中华文化和西方文化的全方位了解，尽可能避免偏见、刻板印象和民族中心主义的影响，以兼容并包的态度面对各种文化差异，在教学中加强对学生了解中华文化的合理引导，培养学生的跨文化意识，因为文化教学的真正含义和最终目的是培养学生立足于自己的文化根基、提升自身全球文化意识的动机和能力。下面本书结合具体的文化教学案例，进一步阐释汉语教师应如何在文化教学中发挥主体作用。

**案例 3.1**[②]

李老师在英国的一所孔子学院教汉语，使用的是国家汉办提供的《长城汉语》教材。课间学生问为什么课本起名叫"长城汉语"。李老师根据自己的理解解释说，长城是中国的象征之一，是闻名于世的世界奇迹，也是世界上唯一用长长的城墙作为防御工事的建筑。班里一位英国学生客气地告诉李老师，这样的建筑并非中国独有，事实上英国也有一段"长城"，性质跟中国的一样，只是没有中国的那么长罢了。李老师听后，感到又诧异又尴尬。

案例中的问题在于李老师对世界文化的相关知识了解不足，课前没有

---

① 祖晓梅. 国际汉语教师在跨文化交际能力教学中的角色和作用[J]. 国际汉语教育（中英文），2016（1）：37-43.
② 孔子学院总部，国家汉办. 国际汉语教师经典案例详解[M]. 北京：人民教育出版社，2018：50.

做好充分的准备。她在课堂上强调中国的长城是世界上唯一用城墙作为防御工事的建筑，这一观点是不准确的，因此引发了英国学生的质疑。作为国际汉语教师，李老师应丰富自己的知识储备，对任教国的文化和历史等有足够的了解。备课时，李老师不仅要做好语言教学的准备，也要将文化知识融入语言教学中，让学生们学习汉语的同时也能了解中华文化。李老师可借此机会让学生了解中国长城的规模、历史及文化意义等。在此基础上，当学生提及相关问题时能够将中英两国的"长城"进行对比，拉近学生与中国的距离。

汉语教师面对的是来自不同国家和地区的学生，要注意不同国家和地区之间的文化差异，了解世界文化的多样性和丰富性，具备中外文化比较的能力。如果教师在教学中能够通过学生母语文化与汉语文化的对比来揭示汉语文化的特点，借助学生的文化背景知识同中取异，就能更有针对性地扫除因文化差异而引起的误解和交际冲突，培养学生的跨文化交际能力，达到事半功倍的效果。汉语教师要有意识地跟外国文化去做比较，要用恰当的语言和手段清晰地呈现给学生，要做好敏感问题的预设和规避，这样才有可能在遇到文化冲突及敏感性话题时游刃有余地处理。

**案例 3.2**[①]

陈老师是新西兰某小学的汉语教师。一天上课时正好是中国的传统节日端午节。作为中国重要传统节日，端午节显然是国际汉语教学中不容错过的一个文化教学机会。提到端午节，我们自然会想到粽子、龙舟、屈原、香包、雄黄酒等元素，但考虑到教学对象是对此节日毫无了解的新西兰小学生，陈教师还是选择了将屈原的故事作为切入点来介绍粽子和龙舟这两个节日元素，根据不同年龄段小朋友的特点，通过实物展示、涂色做海报、制作龙具、动手做纸龙舟等教学活动来调动小朋友的积极性。不出所料，一个有趣的介绍屈原的故事动画吸引了他们，然而看到屈原投江的画面，有的小朋友会感慨"That's sad"，但也有小朋友会说"That's silly"，"他不会游泳吗？""他为什么不移民去别的国家？"等问题，让陈老师哭笑不得。

本案例的主要冲突点在于中国和新西兰文化模式的不同。荷兰心理学家霍夫斯泰德（Hofstede）曾在 20 世纪 80 年代提出了影响力颇大的"文

---

① 朱勇. 国际汉语教学案例与分析 [M]. 北京：高等教育出版社，2015：17.

化尺度理论（culture dimension）"，他在大量数据统计分析的基础上总结出四种区别不同价值观模式的文化尺度，包括：①个体主义与集体主义；②权力距离；③男性文化与女性文化；④不确定性回避。其中，个体主义和集体主义是区别不同价值观和文化模式的最重要的文化尺度，也是比较中西方文化的核心理论框架之一。中国是典型的集体主义文化社会，而集体主义文化的一个显著表现就是推崇爱国精神。在古代，爱国又往往和忠君联系在一起。屈原忧国忧民，屡次进言却不被采纳，后毅然投江，以死明志。屈原直到生命尽头仍心怀国家、忠君爱民，成为爱国诗人的代表流传千年，这是集体主义文化模式和价值观的集中体现。而新西兰属于个体主义文化，且很多人信仰基督教，他们重视个人的独立、自力更生、首创精神和自我实现等，他们不理解、更不接受自杀的做法。因此案例中有的小朋友由于对中华文化模式及价值观缺乏了解，从个体主义文化模式的立场评价屈原投江的行为，认为屈原自杀的做法"silly"也就不难理解了。在跨文化交流中有一种心理障碍：同质文化圈理解限制。它指的是人们面对某一事物时，总是倾向于而且常常不假思索地认为他人与我们有相同的视角、相同的诠释，而这种"相同"假设在很大程度上会成为我们理解异质文化的阻碍。处于个体主义文化中的新西兰小朋友无法理解处于集体主义文化中的屈原投江自杀的做法，这正是同质文化圈理解限制的表现。而理解限制存在的原因，正是缺乏跨文化交际意识和跨文化敏感性。此外，新西兰本就是个移民国家，人口流动频繁，搬家或者移民是很普遍的现象，加之国民大都会游泳，所以小朋友不理解为什么屈原要用投江的方式结束生命，也不能理解屈原为什么不"移民"。

类似的问题还有"愚公移山"。在问到留学生"如何看待愚公移山的行为"时，有学生提出这样的质疑：移山困难之大，与其移山，不如移人，移人与移山相比，不是更加容易吗？愚公是不是也很"silly"呢？"愚公移山"借愚公形象的塑造，表现了中国古代劳动人民有移山填海的坚定信心和顽强毅力，蕴含着人道大于天道，天地同心，人能感天的哲学思想，包含了不畏艰险，迎难而上，持之以恒终将胜利的精神。但"愚公移山"同时也包含了在农业社会背景下中国人安土重迁的传统和追求稳定的价值取向，除非发生大的饥荒、战乱，或者政策性人口迁徙，人们一般不愿意流动，即使到今天，移民仍旧只是极少数人的选择，"落叶归根"才是中国人的普遍追求。而西方文化是典型的未来取向的文化，传统、经验、稳定并不是他们十分看重的,他们更看重未来,强调变化,认为变化会带来进步、发展和成长,因而他们很难理解愚公移山的精神内核。

遇到类似的问题,如果汉语教师没有深厚的中华文化功底、敏感的跨文化意识和机智灵活的课堂应变能力,不能有效地规避同质文化圈局限,没有在备课中提前思考,做好预案,想好应对措施,就会出现课堂上师生沟通障碍,甚至出现文化冲突影响到师生关系的情况。同时,汉语教师还应该注重培养学生的多元文化意识,尊重其他文化的价值取向,在教学过程中用恰当的方式进行文化对比,启发学生用不同的视角看待问题、理解不同的价值取向,有意识地培养学生的跨文化交际能力。

**案例3.3**[①]

张老师的教学对象是六名具有汉语口语高级水平的韩国家庭主妇,张老师主要教授她们中国古代文化启蒙阶段的学习内容,以便她们了解中国的古代文化。张老师打算让学生学习《三字经》,因为此书深入浅出,朴实无华,仅用三百字就讲述了中华五千年。张老师给学生简单介绍之后她们欣然接受,次日便开始学习。然而张老师刚讲完"人之初,性本善"就遭到了学生的强烈不满和反驳,因为这几位学生信仰的宗教持"原罪说",与《三字经》中的"性善论"是完全相反的观点,最后师生不欢而散,后来学生也没有再学习《三字经》。

美国人类学家克拉克洪(Kluckhohn)和斯多特贝克(Strodtbeck)在20世纪30年代的时候提出了价值取向理论,他们通过调查发现,无论一个人来自哪种文化,他都必须面对人类的五个基本问题,如何回答这五个基本问题就表现了这个人不同的价值取向。这五个基本问题是:①人性的本质是什么?②人与自然的关系是怎样的?③时间的取向是怎样的?④行动的取向是怎样的?⑤人与人的关系是怎样的?很显然,案例中的价值观冲突围绕的是价值取向的第一个问题"本性导向"。本性导向主要有"人性善""人性恶""善恶兼具"三种观点。对人性本质的看法与宗教信仰、哲学思想有关。儒家学说与中国传统的集体主义文化紧密相关。儒家文化强调"性本善",后天出现的恶行是违背本性的,必须改正,因此用"仁、义、礼、智、信"等道德标准来规范人们的行为,本质上也是鼓励人们向善。案例中师生双方都只关注到了两种文化的表面,对包含其中的隐性文

---

① 朱勇.跨文化交际案例与分析[M].北京:高等教育出版社,2018:20.

化因素，如价值观、行为方式等还缺乏深刻的理解与分析，而这些隐性文化恰恰是文化教学中最重要的内容和最艰巨的任务，与跨文化交际能力的关系最为密切[①]。

张老师因为没有处理好价值取向不同的问题导致师生不欢而散，丧失了介绍中华文化的好机会，甚至有可能使学生对中国古代文化产生排斥的心理。针对这个案例，我们要思考两个问题。一是汉语教师在面对中外文化价值冲突的时候，应该采取什么样的立场？二是如何避免和应对这种价值观的冲突？在全球化不断发展的今天，每个语言学习者不仅具有各不相同的文化身份，而且都对目的国文化甚至全球文化有着自己的认识。面对价值观的差异，我们没有必要放弃自己的坚持而去迎合对方，要用理解、包容、开放的态度去看待；推己及人，我们也不应该把我们自认为优秀的价值观强加给学习者，而应该以一种超然的态度来介绍我们的文化，让学生通过课堂等途径理解并尊重中国人的想法，拓宽他们的眼界，培养学习者的"全球文化意识"。其实，案例中的冲突本来是可以避免的，然而案例中的学习者不具备在本国文化和异国文化交流时理解、包容的心理态度，教师也没有在两种价值观存在冲突时，及时疏导和讲解，使得两种价值观"势不两立"，最终导致冲突无法调和。如果教师在讲解《三字经》的时候采取介绍的姿态，对比两种文化价值观的同时也鼓励学生发表自己的看法，那么完全可以是一个交流文化、增进了解的好机会。在母语文化和目的语文化的交流中，教师可以引导学生，促进两种文化的平等沟通。

教师的文化责任依靠以身立教。只有凭借自身的人格魅力和厚重文化底蕴，教师才能在文化教学中言传身教。作为一名汉语教师，要打下扎实的文化功底，具备较好的中华文化素养，对中华文化有一个整体地、较为全面地准确把握，尤其是对中华文化中的核心价值观要加以理解和消化，因为这些深层次的文化集中体现了中华文化的精髓，代表了中华民族几千年来累积的民族智慧，对中国人的语言交际、非语言交际、风俗习惯、心理偏好等有着广泛而深远的影响。对于文化知识，文化教师不能满足于只懂皮毛，只有寻找文化现象背后的深层价值观，在对核心价值观念准确把握的基础上融会贯通，才能真正了解中国人的心态和精神世界，才能很好地应对教学中出现的各种问题。

---

① 朱勇. 跨文化交际案例与分析 [M]. 北京：高等教育出版社，2018：21.

## 3.3　地方性院校汉语教师的培养

汉语教师作为汉语和文化教学的实施者，一直以来都是域外中华文化传播的生力军。目前，国际中文教师的培养方式既包括本科阶段的汉语国际教育专业，也包括研究生阶段的汉语国际教育硕士和博士。汉语国际教育专业发展至今，已在全国三百多所院校开花结果。近几年国内高校汉语国际教育专业的本科和硕士招生数量迅速增加，汉语国际教育专业博士招生也呈上升趋势，每年本专业的毕业生数量非常可观。但由于地理位置、办学特色、师资力量等因素的影响，本专业在各个院校的发展程度参差不齐。具体而言，相对于部属或重点院校，由于师资力量、办学经验和实践教学条件等的限制，汉语国际教育专业在地方性本科院校中仍属于边缘学科，表现在专业课程的设置上就是它仍然是传统汉语言文学专业的延伸，只是增加了一些外语类课程和汉语国际教育专业概论等专业课程；甚至在一些师范类院校，本专业的培养方案执行的是中小学师范类专业认证标准。特别是在一些地处内陆的地方性院校，学生学习四年本专业连接触外国学生的机会都没有，更不用说真正进行汉语教学了。这一状况导致的直接后果，就是本专业的学生既不像汉语言文学专业的学生有比较深厚的中国语言文学功底，又不像外语专业的学生那样能专注于外国语言文学的学习与研究，因为缺乏跨文化交流的经验，也没有很强的文化传播能力与跨文化交际意识，最终导致语言教学实践能力、文化传播能力与跨文化交流能力都有很大的欠缺。部分高校不考虑自身条件和所处环境盲目招生，毕业生距离适应就业岗位要求在实践教学能力上尚有距离，种种因素导致真正从事本专业工作的毕业生，特别是本科毕业生的比例非常小，而即使从事了相关专业，也很难真正扛起汉语教师肩上的重担。接下来，本书就以晋中学院为例，介绍地方性应用型本科院校在发展汉语国际教育专业、培养储备汉语教师时在人才培养方案的制订、专业课程的设置等方面所做的探索。

笔者所任教学校晋中学院位于山西省晋中市大学城区域，是一所地方性应用型本科院校。在全球汉语热的大形势下，晋中学院中文系于2007年开设了对外汉语专业（2013年更名为汉语国际教育专业）。开设之初，本专业学科基础、专业师资和办学经验都非常缺乏；随着汉语在全球范围内的广泛推广及"一带一路"倡议的带动，近年来本专业吸引了众多学生报考，每年在全国范围内招收一到两个班，每班容量为五十人左右。这些年来，结合本校特色与优势，晋中学院汉语国际教育专业在人才培养模式及专业建设上做了一些有益的尝试，但旧版的人才培养方案还存在诸多不足，特别是在历年的本科生课程设置方面，存在着以下问题：第一，仍然不能完全摆脱中文系传统专业汉语言文学的影响，专业课程设置缺乏系统性。在进行课程设置时，晋中学院汉语国际教育专业参考了国内众多名校的课程设置体系，一方面从中得到了启发，另一方面也导致课程结构混乱、思路不够清晰、理论与实践脱节、缺乏自身特色等问题，不能完全适应地方院校汉语国际教育专业的发展特点和学习者的多元化需求。第二，多门课程的理论与实践环节比例不够合理，间接导致教师的教学方法仍以传统的讲授式为主，讨论式、探究式、案例式、启发式等教学方法运用较少，学生参与度不高，不利于应用型人才的培养。第三，所培养人才的实践能力不足。由于地处内陆，与外国合作与交流相对较少，没有接收过外国留学生，汉语国际教育专业又是一个建设时间比较短的专业，各方面条件所限，很难为学生提供较好的实践教学机会，学生实际教学能力不强。基于以上问题，晋中学院汉语国际教育专业也在课程设置与培养模式上进行了诸多探索与改变。结合地方性院校的特点，结合应用型人才培养的要求，并针对业已存在的专业发展问题，晋中学院汉语国际教育专业参照2012年国家汉办《国际汉语教师标准》及2018年版《普通高等学校本科专业类教学质量国家标准》的要求，确定了最新版的汉语国际教育专业人才培养方案。

### 3.3.1 构建模块化专业课程体系

我们采用模块化形式构建与晋中学院汉语国际教育专业培养目标相匹配的课程体系，按课程性质及内容将课程划分为四个模块，分别是中国语言文学模块、外国语言文学模块、教学法模块与实践教学模块。每个模块是一个课程群，每个课程群内部有着紧密的内在联系和具体而明确的培养目标，从而形成了以语言文学类课程为基础，以教学法类课程为着力点，以培养学生实践教学能力为目标的模块化教学体系。

3.3.1.1　中国语言文学模块

中国语言文学模块包括语言类课程、文学文化类课程及文化技能类课程。

国际汉语教学中首先需要明确"教什么"的问题。笔者认为，国际汉语教学首先是语言教学，教好语言是根本任务，教学中涉及的文化、文学、历史等因素，必须为语言教学服务。因此，汉语语言类课程，是课程设置基础中的基础。笔者在课程设置中，强调和突出语言类课程，不仅加大现代汉语、语言学概论乃至古代汉语等基础学科的学分学时量，而且开设了现代汉语专题、应用语言学、社会语言学、文化语言学等作为选修课程，以帮助学生具备基本的汉语语言学知识和语言分析能力。

语言教学不能脱离文化教学，一名合格的汉语教师，应该了解中华文化的基本知识，具有丰富的文化底蕴并具备一定的文化阐释和传播能力。中华文化概论、中国民俗文化、中国传统艺术专题、中外文化交流史等课程的开设正是为了培养学生这方面的能力。文学类课程，是传统汉语言文学专业的基础课程，但对汉语国际教育专业的学生也是非常重要的，一方面，一名汉语教师需要具备基本的文学素养，另一方面，在汉语教学特别是中高级汉语教学中，对文学作品的分析鉴赏能力也是评价汉语教师教学能力的标准之一。因此，晋中学院汉语国际教育专业为学生开设了文学概论、现当代文学、古代文学等必修课及民间文学、中国古代诗歌鉴赏等选修课，当然，在学时学分及教学方法、对学生的要求上会与传统汉语言专业的学生有所区别。

具有一定的中华才艺是国际汉语教师标准的基本要求之一，也是孔子学院、国家汉办在遴选汉语教师志愿者乃至学生参加研究生面试时必不可少的评价标准之一。同时，在进行汉语教学时，如果能将中华才艺很好地运用到教学实践中，会活跃课堂气氛、增加学生对汉语和中国的兴趣，激发学生学习汉语、了解中华文化的内在动机。因此，晋中学院汉语国际教育专业在课程体系中增设了中华才艺系列课程，提供国画、书法、剪纸、太极拳、茶艺等文化技能课程供学生选择。

3.3.1.2　外国语言文学模块

外国语言文学模块包括外语类课程、外国文学文化类课程及跨文化交际课程。

英语是目前使用最广泛的国际通用语言，良好的英语沟通能力是对本专业学生的基本要求之一，也是开展汉语教学和文化传播工作的重要前提，而英语课程的设置对不从事海外汉语教学的学生在国内就业、资格准入等方面也有重要作用。同时，为了有针对性地增强学生的海外生活适应能力，晋中学院汉语国际教育专业还为学生开设了第二外语。

汉语教学的过程，其实也是一个与不同文化背景的人进行跨文化交际的过程，因此具有较强的跨文化意识就成为汉语教师应具备的基本能力之一。学生应在了解世界主要文化特点的基础上形成比较强的多元文化意识，并能了解和掌握跨文化交际的基本原则和技巧，有效解决跨文化交际中遇到的问题。为此，晋中学院汉语国际教育专业开设了外国文化概论、外国文学、国外汉学研究概况及跨文化交际等课程，并尝试在跨文化交际课中用英汉双语进行教学。

### 3.3.1.3 教学法模块

在具备中外语言文化知识的基础上，汉语教师还应了解第二语言习得相关理论、熟悉汉语作为第二语言教学的基本原则与方法并能运用于教学实践。汉语国际教育概论，汉语作为第二语言教学法，第二语言习得概论以及专门针对语音、词汇、汉字、语法等语言要素的教学法课程都能帮助学生提高对汉语教学的认识并能有效组织教学。

同时，由于文化背景、教育理念、教学对象年龄差异等因素的影响，海外汉语教学组织与课堂管理一直是颇具挑战性的问题，为此，晋中学院汉语国际教育专业开设了国际汉语课堂组织与管理、国际汉语教学优秀案例评析等课程，帮助学生初步具备合理设计课程、制订教学计划、设计教学任务、组织教学活动的能力，并通过案例讲解与分析帮助学生适应不同国家和地区的课堂管理文化、创建良好的汉语教学课堂环境与氛围。

### 3.3.1.4 实践教学模块

一名合格的汉语教师，应该能将理论知识较好地转化为实践教学能力，实践教学课程是这个转化过程中最关键的过渡环节。晋中学院汉语国际教育专业为学生开设的实践课程，有在课上进行的以学生试讲为主、教师指导为辅的国际汉语教师教学技能训练，也有在课下进行的汉语教师教学技能大赛、赴泰教育实习及汉语沙龙、文化考察实践等实践环节。特别是经过多年的经营，晋中学院与泰国帕那空皇家大学建立了长期而稳定的合作关系，每年都会输送一批学生到该基地下辖的多个中小学、幼儿园进行汉语教学实习，这是山西省唯一一所汉语国际教育专业海外实习基地。

能够为本科生提供这样的海外实习条件,在地处内陆的山西乃至全国都是绝无仅有的。

### 3.3.2 紧密结合地方文化和校本特色

与专门类的汉语国际教育院校,发展比较成熟的老牌省部级直属院校或地理位置优越、与周边国家合作较多的其他院校相比,地方性本科院校无论在师资力量、办学条件还是地理位置上都有一定的局限性,因此,为了实现专业自身的发展,地方性本科院校凸显自身特色就成为重要路径。

汉语国际教育专业本科阶段隶属于中国语言文学类专业,《普通高等学校本科专业类教学质量国家标准》明确指出:"中国语言文学类专业肩负着萃取、传承和发展中华优秀文化传统的重任"。《普通高等学校本科专业类教学质量国家标准》要求在专业选修课中开设中华文化概论、中华文化典籍导读、中国通史、中国思想史等课程,并且指出,各高校可以根据自身办学层次、教育目标及学科条件自主设置专业选修课程。晋中学院汉语国际教育专业也在前期的调研准备阶段,选取了不同地域、不同办学层次的国内10所高校,对其人才培养方案特别是课程体系情况进行了考察。通过对比发现,人才培养目标、课程设置模块和课程群的安排等方面各高校已有通识,各高校的课程差异主要体现在中华文化类课程的安排上,从课程内容到所占比例上都差异悬殊。也就是说,中华文化类课程在课程结构体系中存在很大的可塑性。地方文化是留学生来华学习汉语时能够直接接触的文化环境,也是留学生认识中华文化的窗口。汉语教师在文化输出过程中,如果能够树立地方文化意识,具有较丰富的地方文化积淀,在课堂教学中引入的文化内容一定会更自然、更有生活性、更容易被学生理解,地方上丰富的文化资源也能在教学中得到更加充分地利用,语言文化的教学效果也会更好。

基于以上原因,晋中学院在符合《普通高等学校本科专业类教学质量国家标准》的前提下,以"产出导向"理念为引领,紧扣社会对汉语国际教育专业人才的需求,针对汉语国际教育专业的培养目标,结合晋中学院的地理位置、自身学科优势等特点,对汉语国际教育专业课程体系进行重构,通过"在专业必修课中渗透地方文化"与"在专业选修课中嵌入地方文化系列课程"两个有效途径,展示文化类课程的地方特色,构建具有地方特色的汉语国际教育专业课程体系,并且在教学中注重动态的、连续的实践环节，从而满足毕业生多角度多视角传播多元中华文化的能力结构需求[①]。

晋中学院汉语国际教育专业人才培养方案中融入地方文化情况见表 3.5。

**表 3.5 晋中学院汉语国际教育专业人才培养方案中融入地方文化情况**

| 培养模块 | 课程名称/类型 | 渗透地方文化教学内容与方式 | 实现方式 |
|---|---|---|---|
| 专业必修课 | 现代汉语 | 晋中方言知识与方言文化 | 课堂实践，方言调查 |
| | 中国现当代文学 | 晋中作家作品与相关文学知识 | 知识讲授，作品阅读与分析 |
| | 中国古代文学 | 与晋中有关的作家作品与古代文学知识 | 知识讲授，作品阅读与分析 |
| | 中国文化概论 | 与晋中文化、学生家乡文化相关的知识 | 地方文化专题汇报、讨论与比较 |
| 专业选修课 | 晋中民间文学 | 晋中神话、民间传说、民间故事、民间歌谣、史诗、民间叙事诗、民间谚语、民间说唱和民间小戏 | 学习地方文化知识，并针对方言和地方文化进行社会调查、文化艺术活动、毕业论文调查研究等实践活动，从理论与实践两个环节提高学生的地方文化知识素养。 |
| | 晋中戏曲文化 | 晋剧、秧歌（祁太秧歌、干调秧歌、土滩秧歌等）、民间歌舞小戏等 | |
| | 晋中方言文化 | 晋语方言分区，各地区方言特点，晋中方言比较研究，晋中方言与文化的关系 | |
| | 晋中民俗文化 | 晋中民俗文化代表如晋祠庙会、山西面塑、牛郎织女传说、介休寒食清明习俗、寿阳爱社、民间社火、晋商文化等 | |
| | 文化技能课 | 剪纸；左权小花戏；形意拳；太谷秧歌；毽球等 | 从实践环节对地方的各种传统文化进行技能的展示与传授。 |

#### 3.3.2.1 在专业必修课中渗透地方文化信息

依据《普通高等学校本科专业类教学质量国家标准》，汉语国际教育

---

① 王倩. 凸现地方特色的汉语国际教育专业课程设置研究与实践：以晋中学院为例 [J]. 高教学刊，2022（12）：87-90.

专业的专业必修课有语言学概论、古代汉语、现代汉语、中国古代文学、中国现当代文学、汉语国际教育概论、汉语作为第二语言教学法、汉语写作等课程。其中，语言类、文学类和文化类课程在渗透地方文化信息上有独特的优势。例如，在现代汉语课中，教师可以要求学生展示自己家乡的方言发音特色、收集整理方言词汇、进行方言和普通话的对比，这样既可以让学生对语言学理论有更深刻的认识，又能感知方言文化的独特魅力；在文学课上，教师可以对山西、晋中的作家和作品有侧重性地进行介绍，让学生利用课余时间、假期时间到作家生活、工作、写作的地方走访，感受滋养了作家作品的土地上所蕴藏的历史文化底蕴和道德风尚，加深学生对家乡文化的理解和热爱。这种潜移默化、润物细无声的渗透方式，对培养学生的地方文化意识有非常大的帮助。

#### 3.3.2.2　在专业选修课中嵌入地方文化类课程

在考虑开设什么样的选修课程时，我们也非常注重提升学生对晋文化乃至晋中文化、学生家乡文化的学习与传授能力。地方文化类课程以晋中地方文化为亮点和特色，利用晋中学院学科优势，主要开设山西民俗文化、晋中民俗文化、晋中方言研究、晋中民间文学、晋中戏曲文化等课程。如在山西民俗文化课上，在讲授相关知识的同时，晋中学院还设置了文化考察实践环节，要求学生利用课余时间和假期对山西民间艺术和晋中地区非物质文化遗产项目进行调研，增进对家乡文化的了解。这些地方文化课的嵌入，会从各个角度各个层面丰富学生的地方文化底蕴，促进学生对地方文化知识的掌握，与学生能力结构中传播文化的能力存在着明确的映射关系。

中华才艺课即文化技能类课程。充分利用本校的学科优势和晋中的民俗文化资源优势、非物质文化遗产研究资源与特色，是晋中学院选择开设什么类型的文化技能课的主要依据。晋中学院邀请山西非物质文化遗产传承人为学生教授剪纸课程；依托本校晋商文化研究所、晋中民俗文化研究所、中国毽球协会科研培训中心等研究机构，将左权小花戏、太谷秧歌、太谷形意拳、毽球等技能嵌入课程体系，以彰显学生和学校独特的文化气质。

### 3.3.3　优化实践教学体系

#### 3.3.3.1　突出教师教育类课程模块

由于地方性院校的局限性，晋中学院汉语国际教育专业的学生在本科毕业后能从事汉语教学工作的比例较低，毕业学生主要有两条出路，一是考研，二是在国内中小学从事教育教学工作。因此，晋中学院在设置教师教育类模块时更注重"两个贴近"：一是贴近汉语国际教育专业要求，开设汉语教学法、汉语教学技能类课程作为教师教育必修课程，以提高学生的汉语教学能力；二是贴近国内中小学语文教学的实际，将一些传统的师范类课程列为教师教育选修课程，如三笔字、教育学、中学语文优秀教学案例评析等，以满足学生就业的多种选择。

3.3.3.2　改革教学方式方法

具有较强的实践能力是衡量应用型人才的标准之一。一方面，在课堂教学中，晋中学院积极探索除讲授法之外的小组讨论法、案例分析法、模拟教学法等多种教学方法，积极尝试翻转课堂、微格教学等新型教学模式，同时推进课程考核内容、考核形式等方面的改革，实行以能力主导的多元化考核制度与评价方式，将学生出勤、课堂表现、课堂笔记、平时作业等纳入考核范围，实现全过程考核。另一方面，积极开拓第二课堂，包括思想政治与道德素养、科学研究与创新创业、社会实践与社会工作、文化艺术活动、职业资格与技能认证等，学生可以通过第二课堂参与大学生创新创业项目、联合周边学校的留学生举办汉语沙龙、参加汉语教学技能竞赛、进行文化考察实践、建设与本专业相关的网络平台等课外实践实习活动，以实现课内与课外、显课程与潜课程的有机结合与融通。

作为一所地方性应用型本科院校，晋中学院在汉语国际教育专业建设上所面临的困难非常大，在课程设置上也存在诸多不完善的地方，但晋中学院在结合自身办学条件的基础上，一直在探索一条既能满足国际汉语教学对汉语教师的要求、又能体现地域特色、校本特色的专业发展道路，以培养更多能较好地从事汉语推广和中华文化传播工作的应用型人才。

# 4 文化教学内容研究

## 4.1 建立健全文化教学内容体系

2018年1月,中国外文局发布了《中国国家形象全球调查报告2016—2017》(以下简称《调查报告》)。调查中的中华文化代表元素统计数据(见图4.1)引发了热议。

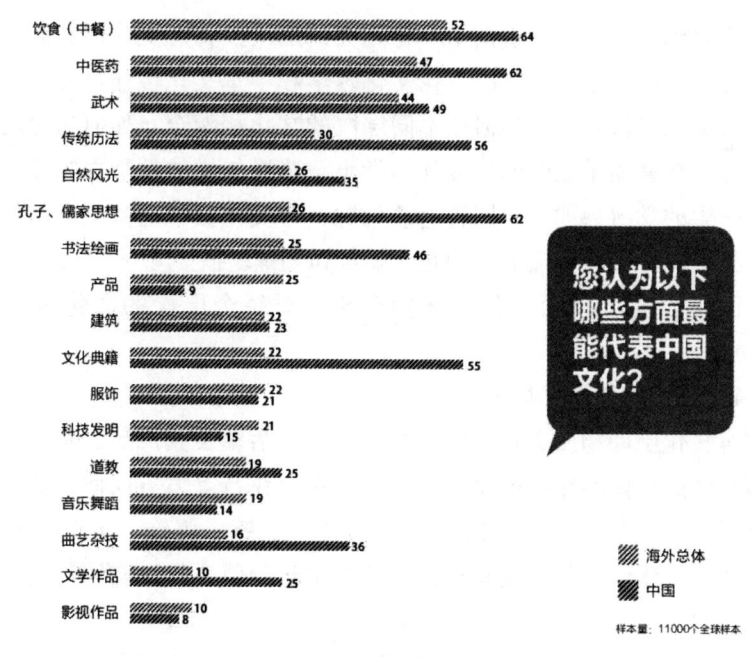

图 4.1 中华文化代表元素

从图 4.1 我们可以发现，第一，海外民众对中国的认识几乎涵盖了文化的方方面面，从物质方面的饮食（中餐）、中医药、建筑、服饰、科技发明，到精神方面的孔子、儒家思想、文化典籍、文学作品等，每个文化层都发挥着自己独特的作用。第二，国内外民众对中华文化代表元素的看法存在一定差异。在孔子、儒家思想、文化典籍、曲艺杂技等传统文化方面，海外受访者对其作为中华文化代表元素的认可度明显低于国内受访者，而在产品、科技发明等元素方面则要高于国内受访者。第三，海外民众感兴趣的中华文化元素更多来自能亲身体验、直观感受的东西，如饮食（中餐）、中医药、武术等，可见海外民众尤其是没有深入系统地了解过中国的人最初关注的是较为感性的物质文化部分。

内容是文化教学和传播的核心要素。以上数据，对我们厘清中华文化教学内容，优化文化教学内容结构，建立健全文化教学内容体系有诸多启示。

### 4.1.1 文化教学内容层次划分

前文提到，文化存在着四个紧密相关的层次：物态文化层、制度文化层、行为文化层和心态文化层，在文化教学和中华文化传播过程中，如何对各层次文化进行解读，如何让不同层次的文化相融合，如何将深层次的文化通过受众喜闻乐见的形式展现给学生，选择怎样的教学内容才能更好地激发学生的学习兴趣……回答这些问题，是文化教学的基础和前提，也是提升我国对外文化传播能力的必然要求和关键举措。

下面我们通过理论阐释与案例分析，对每个层次的文化做具体的解读。

#### 4.1.1.1 物态文化层

物态文化层即物质文化，指人的物质生产活动及其产品的总和，是看得见摸得着的具体实在的事物，涉及人的衣食住行等方方面面，如生产工具，交通工具，各种产品、器具以及园林、建筑、服饰、烹饪等技术体系，属整个文化体系的物质基础，既具有文化价值也具有实用价值，是表层文化。

例如，《调查报告》显示，中国科技创新能力赢得国际认可，59%的海外受访者对中国的科技创新能力表示认可，这一比例在发展中国家达到71%。高铁（36%）是海外认知度最高的中国科技成就，此外还有载人航天技术、超级计算机、射电望远镜、北斗卫星导航系统等。联想、华为、阿里巴巴、中国国际航空公司、中国银行、海尔、海信、小米、比亚迪汽车、李宁等是海外民众熟悉程度很高的中国品牌。使用中国产品已经成为海外民众了解中国最重要、最主要的渠道，海外民众使用中国产品的比重增加明显，"高速铁路、扫码支付、共享单车和网络购物"已然成为代表中国的"新四大发明"。可见，一个国家物质上的强大，必然会提升其国家软实力和在国际上的影响力。坚持以经济建设为中心，不断提升我国的物质实力，以强大的实力做支撑，是实现中华文化海外传播的基础和前提。

再如，根据图4.1中的数据，中餐成为海外受访者眼中最能代表中华文化的元素，52%的受访者首选中餐，不仅如此，《调查报告》中的数据显示，近八成的受访者表示接触过中餐，尝试过中餐的人群中，72%的受访者给出了好评。

**案例4.1**①

中国人走到哪里，中餐馆就开到哪里。据不完全统计，目前，海外中餐馆约有55万家，中餐馆开在海外的历史悠久。如今，各式各样的中餐在世界各地纷纷亮相。上海华侨历史学会会长张癸认为，海外众多的华人超市和中式餐馆成为展示传播中华文化的重要场所，著名中式餐馆和名厨成为展示传播中华文化的形象代表。例如，美国"喜福居"中餐馆创始人朱镇中，每每遇到点北京烤鸭、麻婆豆腐的西方客人，都会耐心讲解中华美食的典故。每个星期六他还会花3个小时在店内现场教外国人做中国菜。朱镇中希望不仅让外国人爱上中国菜，更让他们了解中国，爱上中国。许多去他的餐馆用过餐的美国人表示，"一定要亲自去趟中国，看看什么地方能发明这么美味的食物。"近年来，中国美食类电视剧、网络综艺进入快速发展通道，向多元类型、自主原创发展。佛跳墙传承人郭克赐建议，以文艺创作来传播中餐文化。对于中餐文化传统元素的强化，能够引发海外华侨华人的情感共鸣，进而促其深度经营、推广中华美食文化，让世界读懂中国。

中餐是被世界接受最广的中华文化，19世纪以后的200年间，中餐馆遍布世界的各个角落，中餐在世界上的传播最广；一百年前孙中山先生就

---

① 案例来源：中国新闻网.

说过:"我中国近代文明进化,事事皆落人之后,惟饮食一道之进步,至今尚为文明各国所不及。中国所发明之食物固大盛于欧美;而中国烹调法之精又非欧美所可并驾。"中餐的体验感最好,享受中餐的同时不仅仅是一个充饥的过程,更是美好的人生体验,中餐把"五觉审美"发挥得淋漓尽致;中餐最大的特点是丰富性,这种丰富性来自选材的多样,烹饪种类的多样和菜系、风味的多样,中餐蕴含着天人合一、四是有别、举箸合欢的和谐文化;中餐菜肴产品的典故,蕴含丰富多彩的历史文化;中餐进食行为的规范,彰显东方特色的礼仪文化;中餐食疗食补的养生理念,秉持饮食有道的健康文化;最重要的是,中餐几千年一直在不断适应时代,口味、产品呈现都在与时俱进,中餐与其他文化相比生命力最强。这种多元的文化内涵,既展现了中华文化的核心特征,又构成与众不同的独特基因。遍布海外的中餐馆,既给海外民众了解中国打开了一扇窗口,也慰藉了身在异乡的中国人的思乡之情,将其称之为中国的国粹绝不为过。

学生来到中国学习,首先接触到的就是中国的美食,首先需要适应的也是用筷子吃饭以及"共餐制"等饮食文化。对于海外的学生,中餐可能同样是中国留给他们的最直观印象。因此,我们完全可以把饮食文化这样的物质文化内容作为语言和文化教学的切入点。我们可以通过《体验汉语·留学篇》课文《烤鸭很好吃》的学习来了解中国的八大菜系,可以通过让学生观看《舌尖上的中国》来了解中华饮食文化的特点,可以通过观看相关视频、到中餐馆就餐等方式让学生感受中国用餐礼仪文化,可以通过举办包饺子活动、品尝中秋月饼等方式让学生了解中华节日食俗文化。饮食文化作为一个在全球范围内接受度如此之高、影响范围如此之广的中华文化的代表,如果能够通过恰当的方法融入汉语和文化教学中,无疑将大大提高课堂教学的趣味性、激发学生的学习兴趣。

#### 4.1.1.2 制度文化层

制度文化是指人们在社会实践中建立的规范自身行为和调节相互关系的准则,如各种典章规范、社会制度、国家制度、官制、兵制以及教育制度、婚姻制度、家庭制度等。

制度是国家之基、社会之规、治理之据。在中国共产党成立95周年大会上的重要讲话中,习近平总书记强调了包括"制度自信"在内的"四个自信"。党的十九届四中全会指出:"实践证明,中国特色社会主义制度和国家治理体系是以马克思主义为指导、植根中国大地、具有深厚中华文化根基、深得人民拥护的制度和治理体系，是具有强大生命力和巨大优越性的制度和治理体系，是能够持续推动拥有近十四亿人口大国进步和发展、确保拥有五千多年文明史的中华民族实现'两个一百年'奋斗目标进而实现伟大复兴的制度和治理体系。"

习近平总书记多次强调："我们最大的优势是我国社会主义制度能够集中力量办大事。"例如，这次新型冠状病毒感染疫情是新中国成立以来在我国发生的传播速度最快、感染范围最广、防控难度最大的一次重大突发公共卫生事件。在党中央坚强领导下，在全国上下和广大人民群众共同努力下，疫情防控形势持续向好、生产生活秩序加快恢复的态势不断巩固和拓展，统筹推进疫情防控和经济社会发展工作取得积极成效。中国特色社会主义制度和国家治理体系为党和国家事业发展、为人民幸福安康、为社会和谐稳定、为国家长治久安提供了有力制度保障。这充分彰显了中国共产党领导和中国特色社会主义制度的显著优势，进一步坚定了我们的制度自信。

当今世界一些国家长期陷入社会动荡，冲突不已、乱象丛生，一个根本性原因就是制度建设落后、治理能力疲弱。《调查报告》显示，当被问到对中国发展道路和模式有何评价时，不少海外民众认为中国发展道路和模式是"中国快速发展的主要原因""国有经济占主体""坚持中国共产党的领导""融合了中国历史文化和现实国情""对本国的发展有借鉴意义""能够解决一些国家发展中面临的共同问题"。随着中国的强大和国际影响力的提高，越来越多的国家及其民众看到了社会主义制度的优越性，而这反过来也会降低了西方国家因意识形态和政治倾向不同而产生的对中国的敌意和排斥，促使它们以更加理解包容的心态对待中国。

在文化教学中，对于制度文化相关内容，首先，我们要树立正确的观念和态度，要坚定四个自信，不能一遇到政治问题、道路问题就避而不谈，这样不仅得不到学生的理解，还会使学生产生质疑和困惑；同时也要明确，我们给学生介绍相关问题的目的，不是要说服学生，让学生全盘接受，而是要给学生提供一个获取真实信息的途径，去除学生心中可能已有的偏见，让学生用客观、开放、包容的态度看待中国。其次，我们还要找到合适的教学方法。想要大讲特讲制度文化，我们需要考虑这样一些问题：学生对这些内容感兴趣吗？学生能理解、能接受吗？学生会不会有被灌输、被"洗脑"的感觉？会不会引起一些不必要的麻烦和冲突？因此，给学生开设专门的讲座或进行类似形式的专题学习可能并不是最佳的途径。相反，如果我们同样在课堂教学当中进行渗透，比如在给初级学生讲"你家有几口人"时，适当给学生介绍中国的人口政策，在讲"你理想的工作"时给学生介绍医护人员在抗疫中发挥的作用，在介绍中国的社会发展状况时代入社会主义制度的优越性……同时多用引导、提问、对比、讨论而不是直接讲授、灌输的形式来介绍，这样会更有说服力，学生也更容易接受。

#### 4.1.1.3 行为文化层

行为文化也称习俗文化，其以民风民俗形态出现，见之于日常起居动作之中，具有鲜明的民族、地域特色，是人们交往中约定俗成的社会风俗习惯和行为标准，包括礼俗、民俗、风俗以及生活方式、人际关系等，也有学者将习俗文化看作是制度文化的一部分，将二者归为中层文化。

**案例 4.2**[①]

翻阅世界各大媒体的报道，猴年春节俨然就是备受关注的国际新闻。《中国春节黄金周商品零售额飙升 11.2%》《中国春晚是地球上收视最多的歌舞盛典》《英国希望在猴年吸引更多中国游客》《中国人现在用红袜子保护自己》《中国数字巨头参与"红包大战"》……各式各样的新闻标题，各式各样的观察角度充斥外媒。春节在世界眼中，亦如中国在世界眼中，越来越具有影响力。其他国家领导人、国际组织领导人向全球华人祝贺春节的讲话、声明络绎不绝，他们还纷纷出席在世界各地举行的春节庆祝活动。

中国春节走出去的品牌活动越来越响亮，为世界与中国共享新春欢乐创造了条件。比如"欢乐春节"活动，2017 年在全球 140 个国家和地区的 400 多座城市举办，活动总量达到 2 000 多个。如今，全球至少十几个国家把春节定为本国的法定节日，英国《金融时报》赞叹不断焕发新活力的春节竟是"全球最古老的节日之一"。联合国教科文组织前任总干事博科娃说，中国春节已成为教科文组织传统的节日，中华文化为世界贡献了靓丽色彩，中国春节就是一个充分展示中国色彩的时刻，让世界与之共享。人气，也是商机。2017 年中国春节假期火爆的海外游市场，着实让世界各国的"算盘珠子"噼啪作响了一大阵子。英国人形象地说，他们正在采取措

---

① 人民日报社国际部. 大国之声：人民日报国际评论"钟声"（2016）[M]. 北京：人民日报出版社，2017：121.

施吸引"中国镑"。

中国传统节日文化是我们民族历史和文化、价值观念等的重要载体和集中表现形式之一。春节作为我国传统节日中最热闹、最隆重的一个，是中华文明的一个标志性符号，但它在今天诠释出的意义，已不再仅仅属于中国人。近年来，春节在国外的"际遇"不断提升。世界各地众多大城小市，都呈现着中国农历新年特有的吉祥温馨氛围：高高挂起的大红灯笼、精彩纷呈的焰火晚会、热闹喜庆的舞狮表演、人潮涌动的新春庙会……走出国门的中国新春文化元素，日益在世界各地落地生根。就连孩子们爱看的动画片《小猪佩奇》，都加入了熊猫双胞胎佩吉和潘多拉的角色，并让小动物们过起了春节。春节对世界而言，正从近乎看风景般的新鲜事，逐渐变成当地民众乐于接受和参与的一种新的生活方式。春节寄托着中国人对于生活和世界的理解，趣味十足的各式年俗则让这种理解变得看得见、闻得到、摸得着。当越来越多的人走近春节年俗，中华文化的大门就已经向他们打开。以春节为代表的民俗文化走红海外，源于文化的魅力、国家的实力，反映了中华文化与世界各国文化进一步融合的大趋势。

我们同样可以将这样的文化内容融入文化教学中。如在语音教学中，在帮助学生学习区分"f"和"h"的发音时，适当给学生介绍春节贴福字的习俗，既能锻炼学生的发音，又能让枯燥的跟读练习变得有趣生动；在介绍汉语同音词时引入谐音文化，以"年年有余（鱼）""大吉（桔）大利""万事（柿）如意"等词语为例，介绍中国人借助谐音表达美好愿望的习俗，能够激发学生了解汉语和中华文化的兴趣；在词汇教学时，以"春节"为纲进行扩展，引入"除夕""春联""年夜饭""拜年""压岁钱""红包""团圆"等一系列与春节习俗相关的词汇，可以帮助学生形成牢固的词汇记忆网；在学习颜色词"红"时，通过介绍红色的对联和灯笼，期盼"开门红""红红火火"的心理，让学生明白红色在中华文化中所代表的喜庆、热闹和吉祥的含义，进而牢固掌握"红"的用法，减少文化差异引起的误会。

总之，将语言教学和文化教学相结合，对以中国传统节日习俗文化为代表的行为文化进行教学资源的研究并加以利用，既能丰富和创新语言文化的教学模式，还有助于进一步拓宽语言教学的视野，更好地实现语言和文化的双重传播目标。

#### 4.1.1.4 心态文化层

心态文化指人类社会实践和意识活动中长期孕育出来的社会心理和社

会意识形态，包括人们的价值观念、伦理道德、审美情趣、宗教情感、思维方式和民族性格，以及由此产生的哲学、科学、文学艺术作品等具体学科的知识体系。具体而论，心态文化又可以再区分为社会心理和社会意识形态两个子层次。心态文化层是文化的精神内核，是深层文化，它影响和体现在另外三个层面之中。中华文化对外传播，更重要的是精神层面的传播，尤其是当代中国精神向国际社会传播。

在当代，我们要介绍给学生的深层次文化一要包括我国几千年来形成的优秀传统价值观，二要包含当代中国价值观念，即中国特色社会主义价值观念。

第一，中华优秀传统文化之所以优秀，一个很重要的原因，就在于其中蕴含着符合人类进步要求并能体现本民族特点的优秀传统价值观，构成了中华优秀传统文化的内核①。我们必须倍加珍惜中华优秀传统文化蕴含的丰富的思想道德资源，从中汲取营养。习近平总书记指出："深入挖掘和阐发中华优秀传统文化讲仁爱、重民本、守诚信、崇正义、尚和合、求大同的时代价值，使中华优秀传统文化成为涵养社会主义核心价值观的重要源泉。"② 习近平总书记指出："必须从中汲取丰富营养，否则就不会有生命力和影响力。比如，中华文化强调'民惟邦本''天人合一''和而不同'，强调'天行健，君子以自强不息''大道之行也，天下为公'；强调'天下兴亡，匹夫有责'，主张以德治国、以文化人；强调'君子喻于义''君子坦荡荡''君子义以为质'；强调'言必信，行必果''人而无信，不知其可也'；强调'德不孤，必有邻''仁者爱人''与人为善''己所不欲，勿施于人''出入相守，守望相助''老吾老以及人之老，幼吾幼以及人之幼''扶贫济困''不患寡而患不均'，等等。像这样的思想和理念，不论过去还是现在，都有其鲜明的民族特色，都有其永不褪色的时代价值。"③在世界的"四大文明"中，中华文化之所以源远流长，成为唯一不曾中断而流传至今且仍具有强大生命力的文明，就在于其价值传统符合社会进步和人类发展规律，代表了人类文明发展的趋势和方向。因此，对中国优秀传统文化，我们必须倍加珍惜，要结合时代的发展，既坚持又创新，赋予其新的内容，使其不断焕发出璀璨的光芒。

---

① 张三元. 大道不孤：中国价值的跨文化传播 [M]. 武汉：湖北教育出版社，2022：57.
② 习近平. 习近平谈治国理政：第一卷 [M]. 北京：外文出版社，2014：164.
③ 习近平. 习近平谈治国理政：第一卷 [M]. 北京：外文出版社，2014：170-171.

**案例 4.3**[①]

史老师在匈牙利的一所高中教中文初级班。有一次在上课时，她提到了一句《论语》中的话："三人行，必有我师焉。"史老师对学生们说，虽然孔子是几千年前的人，可是他说的这句话到现在对中国社会仍然有影响。学生们觉得很奇怪，认为几千年前的人对现在的社会一点儿都不了解，怎么能对现在社会还有影响呢？

国际汉语教学是在不同文化背景下的汉语教学和中华文化传播活动。学习者对汉语和中华文化缺乏了解是客观存在的情况。史老师所教的匈牙利中学生由于缺乏对孔子和儒家思想的了解，才会出现质疑。习近平总书记指出："孔子创立的儒家学说以及在此基础上发展起来的儒家思想，对中华文明产生了深刻影响，是中国传统文化的重要组成部分。儒家思想同中华民族形成和发展过程中所产生的其他思想文化一道，记载了中华民族自古以来在建设家园的奋斗中开展的精神活动、进行的理性思维、创造的文化成果，反映了中华民族的精神追求，是中华民族生生不息、发展壮大的重要滋养。中华文明，不仅对中国发展产生了深刻影响，而且对人类文明进步作出了重大贡献。"[②] 面对类似的问题，首先，教师要让学生明白，尽管孔儒思想提出的时代久远，但很多观念是具有普适性的，在向学生解释清楚这句话的意思的同时，还可以再举一些名言，如"学而时习之，不亦说乎？有朋自远方来，不亦乐乎？"等，通过例子学生会发现，一些观点在现代社会仍具有积极的指导意义。其次，教师可以采用类比的方式，以学生熟悉的母语文化中的经典书籍、著名人物为例启发学生，让他们认识到，如同几千年来爱、同情、宽恕这些观念仍在影响西方世界一样，孔子许多普适性的智慧对解决当代东西方社会问题仍然具有重要意义。

第二，传播中国特色社会主义价值观念，特别是社会主义核心价值观。中国特色社会主义价值观念，代表了中国先进文化的前进方向。习近平总书记说："文化软实力的灵魂是什么？文化软实力建设的重点是什么？就是核心价值观，这是决定文化性质和方向的最深层次要素。一个国家的文化软实力，从根本上说，取决于其核心价值观的生命力、凝聚力、感召

---

① 孔子学院总部，国家汉办. 国际汉语教师经典案例详解 [M]. 北京：人民教育出版社，2018：72.

② 习近平. 在纪念孔子诞辰 2 565 周年国际学术研讨会暨国际儒学联合会第五届会员大会开幕会上的讲话 [N]. 光明日报，2014-09-25（01）.

力。"社会主义核心价值观总括了我们党在不同历史时期对于社会主义的认知,从国家、社会和个人层面明确了我们应当追求的价值目标,树立了当下中华民族应有的精神旗帜。"社会主义核心价值观,既是中国几千年文明的缩写,又具有时代特征,是中国发展与进步的选择,也是人类文明发展成果的一部分,与世界文化与文明发展过程中形成的价值观是可以相互比较、相互借鉴、相互认同和相互尊重的。"[①] 在中华优秀文化中,蕴含着丰富而独具特色的历史观、世界观、价值观,具有鲜明的民族特色,也具有普遍性的特点,因而具有永不褪色的时代价值。这些价值正是全人类共同价值的重要支撑,是中国奉献给整个人类的中国精神、中国智慧和中国力量。

习近平总书记说:"我们不仅要让世界知道'舌尖上的中国',还要让世界知道'学术中的中国''理论中的中国''哲学社会科学中的中国',让世界知道'发展中的中国''开放中的中国''为人类文明作贡献的中国'。"在语言教学中,我们用到的文化不只是隐含在词语中的交际文化因素,对于一切体现价值观念、是非取向、衣食住行、风俗习惯、审美情趣、道德规范、生活方式、思维方式等方面差异的问题都可以介绍给学生,甚至展开文化讨论和辩论,只有这样才能将一切表层文化、中层文化和深层文化融会贯通,才能起到培养学生跨文化交际能力、增进双方沟通互信和理解认同的作用。

### 4.1.2 构建文化教学内容体系应遵循的原则

"文化"是一个内涵非常广泛的概念,显然并不是所有的文化内涵都适合作为第二语言和文化教学内容。文化教学内容只有经学习者筛选、过滤后被有效接受,传播才算成功。传播者要实现有价值的信息传播,就需要对所传播的内容进行梳理、选择和处理。

刘珣(2000)[②] 提出,文化教学内容应体现"语言的、交际的、对外的"三条原则:与语言的学习和使用紧密相关且体现汉语文化特点、培养跨文化语言交际能力所必需的、针对外国学习者实际需要的那部分文化,在此基础上提出对外汉语教学相关的文化教学应是三个层次,即"对外汉

---

① 中共中央文献研究室. 习近平关于社会主义文化建设论述摘编 [M]. 北京:中央文献出版社,2017:203-204.

② 刘珣. 对外汉语教育学引论 [M]. 北京:北京语言大学出版社,2000:63.

语教学学科范围内语言的文化因素，基本国情和文化背景知识，和虽不属于本学科但为本学科所设专业（如汉语言专业、中国语言文化专业等）所需要的专门性文化知识"。朱瑞平（2006）[①] 提出，在处理第二语言教学中的文化问题时，要处理精华与糟粕、共性与个性、传统与现代、局部与整体、主观与客观、理性与感性、内容与手段之间的关系，之后又提出代表性、现代性、普遍性、供需结合四项原则[②]。李泉（2011）[③] 认为，文化内容特别是文化点的选择和呈现，应遵循"多角度、有限定、中外对比、古今联系、不炫不贬"的原则，在文化内容的呈现方式上，情景设计要自然恰当，呈现视角要新颖、有创意，还要考虑教材跨文化教学的属性，注意从学习者的视角来衡量内容取舍。综上，我们认为，文化教学内容的选择，要遵循以下原则。

#### 4.1.2.1 以辩证的、历史的观点对待中华传统文化

陈佛松（2022）[④] 把文化按其性质分为评比性文化与非评比性文化。评比性文化又分为"优性文化"与"劣性文化"，非评比性文化即"中性文化"。正如前文所分析的，中华传统文化曾经拥有无比辉煌的过往，在世界文明史上留下了浓墨重彩的一笔。但不可否认，传统文化同时也包含着官僚主义、等级观念、特权思想等一些不合时宜、腐朽落后的成分。因此对待传统文化，必须秉持客观理性的态度，坚持以辩证的、历史的观点来对待，"取其精华、去其糟粕"。习近平总书记说："传统文化在其形成和发展过程中，不可避免会受到当时人们的认识水平、时代条件、社会制度的局限性的制约和影响，因而也不可避免会存在陈旧过时或已成为糟粕性的东西。这就要求人们在学习、研究、应用传统文化时坚持古为今用、推陈出新，结合新的实践和时代要求进行正确取舍，而不能一股脑儿都拿到今天来照套照用。"[⑤] 在选择文化教学的内容时，要加强甄别和选择，以精华的、积极的内容为主，真正将中华传统文化的优质部分和精华所在传播给国外受众。

---

[①] 朱瑞平. 汉语国际推广中的文化问题 [J]. 语言文字应用，2006（12）：111-116.
[②] 朱瑞平、张春燕. 汉语国际教育背景下文化传播内容选择的原则 [J]. 云南师范大学学报（哲学社会科学版），2016，48（1）：47-53.
[③] 李泉. 文化内容呈现方式与呈现心态 [J]. 世界汉语教学，2011（3）：388-399.
[④] 陈佛松. 世界文化史 [M]. 2版. 武汉：华中科技大学出版社，2002：35.
[⑤] 习近平. 习近平谈治国理政：第二卷 [M]. 北京：外文出版社，2017：313.

#### 4.1.2.2 处理好传统与现代的关系

笔者初到保加利亚时,到任教学校与学生交流,有学生提出这样的问题:"老师,中国现在还有人力车吗?""老师,每个中国人都会功夫吗?"可见,在很多国家和地区,中华文化仅仅是由功夫、瓷器、茶、孔子等符号组成的简单系统。因此,要立足当代实践,重新审视中华传统文化各方面内容的现代意义,扬弃旧义,创立新知,对传统文化进行现代诠释,使传统文化适应时代发展。乔舒亚·雷默曾说:"世界知道中国有多古老,无须再去强调。真正需要的是以简单的方式去了解今天的中国正在发生什么。"① 历史文化是现时文化的渊源,现时文化是历史文化在今天的投影。在文化教学中,一方面要将那些仍具有生命力、对现实仍有意义或重大影响的文化内容,如名胜古迹、节日习俗、审美观念、思想价值观等介绍给学生,帮助学生更深入、更准确地读懂现代;另一方面则要以介绍现当代文化为主,历史的辉煌永远属于过去,现代的中国人特别是年轻一代过着怎样的生活,有着怎样的观念取向,对未来会有什么样的影响,这才是学生更感兴趣的问题,也是我们最需要展现给世界的。当然,对于如何界定现时文化这个问题,我们的思路也要放宽。古代文化中流传至今、被当代人普遍认同的思想观念、道德伦理与行为规范,当代社会生活中体现出的传统文化如每年春运的上亿人次全国性的大流动,外来文化被中国接受并广为流行的如 AA 制、过洋节、隐私观等,诸如此类的文化因素都是中国当代文化的一部分。因此,要做好文化教学和中华文化的传播,不是抱残守缺,厚古薄今,而是要加强对中华传统文化的研究,发掘其与当今时代的价值关联,立足现实,面向未来,顺应历史潮流。

#### 4.1.2.3 着力诠释和体现深层次文化

对于大多数外国人,包括已经接触和学习过汉语和中华文化的留学生来说,中国的形象可能就是熊猫、功夫、剪纸、孔子、茶、京剧的脸谱行头等符号化的东西,这些并不能系统体现中华文化的精神实质和文化价值。也就是说,当前的中华文化传播,还停留在以感性化、片面化、零碎化的方式向西方展示的阶段,没有得到系统的整合,更深层次的文化观念并没有得到很好的传播。例如,剪纸艺术是具有浓厚民俗特质的文化形式,体现了中国人的审美情趣,寄托了人们避灾纳福的心理和祈求美好生

---

① 雷默. 中国形象 [M]. 沈晓雷, 译. 北京: 社科文献出版社, 2006: 41.

活的愿望，因此我们在介绍剪纸艺术时要通过恰当的手段让受众了解剪纸艺术的精神实质及作品本身要传达的文化内涵。再如，说到中国的饮食文化，外国人想到的可能只有经过本土化改良的中餐，但实际上从饮食习惯的地域差异、食物的四性五味、就餐中的人际交往习俗到中医食疗养生，中国哲学的"天人合一""阴阳调和"等无不蕴含其中。

**案例 4.4**[①]

孙老师在印尼一所高中教授汉语课。有一次在中国春节期间，孙老师给学生上课。为了让学生对春节有一些了解，孙老师做了一个有关春节的演示文稿，还给学生讲了春节的各种习俗，例如吃饺子、发红包、贴春联等。有个学生突然问为什么中国人有吃饺子的习俗，孙老师一下子被问住了。她只是强调说这是中国的传统，但是并没有解释清楚为什么会有这个传统。

案例中，孙老师把语言学习和文化学习结合起来的教学方式是值得推崇的。但是由于缺乏相关知识以及课堂准备不足，孙老师没能解释清楚中国人春节时为什么有吃饺子这个传统习俗，导致场面尴尬。关于中国人春节吃饺子的习俗，老师可以有选择地给学生做如下说明：俗话说"初一饺子初二面"，大年初一这天，几乎家家户户都要吃饺子。饺子之所以成为春节期间不可缺少的食品，原因有四个：一是按照古代的习俗，饺子是过年祭祀用的食品，过年吃饺子讲究守岁时包、辞岁时吃，即到子时吃饺子，此时为两年之交、辞旧迎新的时刻，具有特殊意义，"饺子"取"更岁交子"之意，"子"为"子时"，"交"与"饺"谐音，有"喜庆团圆"和"吉祥如意"的意思，预示在新的一年里能交上好运；二是饺子形如元宝，人们在春节吃饺子取"招财进宝"之意；三是饺子有馅，人们把各种吉祥、喜庆的东西包到馅里，寄托对新的一年的美好期盼；四是饺子本身就好吃，民间有"舒服不如躺着，好吃不如饺子"的俗话。上述案例同样反映汉语教师存在的一个问题，即由于文化知识储备不够，对文化的深层阐释能力不足。在学习文化时，当学生问教师"为什么会这样"的问题时，教师往往用简单的一句"这是中国的习俗传统"就把学生的疑问打发了。这其实反映出教师对文化的深层含义不够了解，无从说起，只有随口简单地应付学生提出的问题。长此以往，就会抹杀学生主动求知、探究的

---

① 孔子学院总部，国家汉办. 国际汉语教师经典案例详解 [M]. 北京：人民教育出版社，2018：69.

学习态度，使学生失去文化学习的动力。

我们目前的解读还停留在文化"是什么"的表层信息，并没有达到文化"为什么"的深层价值取向层面。如果只满足于眼前的便利，一味迎合国外受众的好奇心理，仅仅介绍一些便于传播的表层文化符号，不利于国外受众从深层次上理解中华文化；中华文化要想在世界上发挥重大的影响力，也不能简单地依靠浅显的表层符号。因此，我们的文化传播不能只停留在"文化产品"和"文化活动"本身，更要透过这些文化活动和文化符号，挖掘中华文化宝藏中的深层文化内涵，阐释中华文化精神层面的人生观和世界观，着力诠释和体现其中深刻蕴涵的中华民族的智慧、理念和价值取向。

#### 4.1.2.4 根据受众需求调整传播手段

我们强调深层文化的传播，并不是说要让外国人去故纸堆里翻中国经典著作、给外国人大讲诗词歌赋、要求外国人背诵中国的历史朝代……相反，我们要选好载体和方法，同时将传统思想与当代生活的方方面面相融合，将文化观念渗透到外国人易于接受、方便感受的载体上去。

笔者在保加利亚做汉语教师志愿者时，所任教的学校是小学、中学一贯制学校，地处保加利亚西北角的偏远城市维丁。该校是全市第一个开设汉语课的学校，刚到任时，经常有学生好奇地凑在教室门外听课，还不时有学生用日语或韩语向笔者问好，让人哭笑不得。笔者后来才了解到，这里有不少孩子喜欢看日本动漫，喜欢追韩国明星。笔者也问到他们对中国的印象，发现他们非常喜欢看中国的功夫电影，"Jackie Chan""Bruce Lee"是他们经常挂在嘴边的名字，还有孩子觉得所有的中国人都会功夫，要求笔者给他们上功夫课。几年前网上有这样的一则新闻："有生之年，追了20年的cp竟然官宣了"。"cp"是网络词语couple的简称，意思是情侣、配对组合。日本动漫《名侦探柯南》中，被动漫迷们追了二十多年的青梅竹马工藤新一和小兰的结局终于尘埃落定，然而有网友却说了这样一句话："希望中国也有这样的作品能让外国人追几十年。"日本利用其动漫大国的优势，积极开展对外文化外交，使动漫产业成为对外传播价值观的重要载体。外国民众从《火影忍者》中了解忍者形象，从《银魂》中解读武士道精神，从《深夜食堂》中了解各类日本美食，从《你的名字》中感受祭祀神明的服饰与场景，无论是表层的文化符号如樱花、富士山、服饰、饮食，还是深层次的民族性格、等级观念、报恩文化、耻感文化，无不在动漫之中有所体现。多年来，日本动漫创造了一系列受到各国青少年喜爱的卡通人物形象，其中传递的日本价值观念，也在潜移默化地影响着各国青少年的价值取向。2022年5月，韩国流行乐队"防弹少年团"（BTS）访问白宫与美国总统拜登会面的新闻在当时引起了非常大的争议，有网友评论说他们为韩国开创了"男团外交"，是韩国国际影响力日益巨大的有功之臣。我们对这样的评论不置可否，但不可否认的是，自1998年韩国政府提出"文化立国"战略以来，韩剧与"K-POP"（韩国流行音乐）等韩国文化符号不仅风靡亚洲，甚至在欧美市场也收获了无数粉丝，其主要原因就在于它对韩国文化的巧妙展示。韩剧之所以能够在全球范围内收获观众，主要原因就在于它通过浪漫的爱情故事或励志的人生历程，将韩国民众的饮食习惯、生活方式以及特色文化等展现在观众面前。此外，在弘扬民族文化的同时，韩剧还注重在剧中植入时尚商业元素，较好地迎合了年轻人的观念和审美需求，这些文化符号在潜移默化之中增加了韩剧作品的吸引力。美国虽然只有短短二百多年的历史，但它输出的价值观却风靡全球。究其原因，没有多少人了解《1787年美国宪法》《权利法案》这样的历史文本，但美国却通过超级英雄、好莱坞大片、类型多样的美剧来呈现其所追求的"自由、平等、人权"，呈现个人主义的价值观，传递所谓的"美国梦"及"美国中心论"等意识形态。

由此可见，在文化对外传播过程中，掌握将深层文化化繁为简、化抽象为具体、化晦涩为明了的能力和手段非常重要。特别是在国际中文教学中，让学生有解读和阐释深层文化的能力很重要的一环是汉语教师要具备对文化观念的解读能力和深层阐释能力、精准的语言表述能力以及简洁高效的教学手段。

**案例4.5**[①]

彭老师在英国某高中教高级中文课。刚学完的课文中提到了中国民间传说"牛郎织女"的故事，学生们都很感兴趣，还有学生问彭老师为什么牛郎织女的爱情会被王母娘娘阻拦。彭老师看到学生们很感兴趣，就详细讲解了这个民间故事的由来和演变，还讲解了牛郎织女星对应的星座，最后还向同学们推荐了汉代《古诗十九首》里的一首关于牛郎织女的诗。可是兴致勃勃地讲完这些，彭老师发现学生们并不是特别感兴趣，他们几乎

---

[①] 孔子学院总部，国家汉办.国际汉语教师经典案例详解[M].北京：人民教育出版社，2018：172.

没有抄录下老师讲解的任何内容，仅仅听了一遍就过去了。彭老师感到有点儿失望。

彭老师感到有些失望的原因是，他觉得学生对他讲解的中华文化知识并不感兴趣。其实，彭老师并没有考虑到学生学习汉语的兴趣点和目的以及课堂教学的目的、时间，仅仅凭着自己的兴趣大讲特讲，确实达不到应有的教学效果。教师需要充足的知识储备，类似的课程，教师在备课时要准备足够多的内容，但并不等于说要把所有的内容一股脑儿倒给学生。对于案例中学生提出的问题，教师第一步要讲清楚中国的家庭观念、社会等级对婚姻的影响，织女是神，牛郎是人，这与中国古代"门当户对"的观念相违背。为了让学生更容易了解和接受，教师可以类比西方罗密欧和朱丽叶的爱情故事，还可以引申到中国的情人节——七夕，学生应该会更感兴趣。最后还要跟学生强调，现代中国人的婚恋观已经发生了很大的变化，人们择偶已经比以前自由了很多。

文化的教学和传播，不是填鸭式地向受众灌输自己的文明多么辉煌、多么灿烂，而是将深层次的文化包裹在受众能够接受、愿意接受的载体当中，向受众展现他们爱看的、感兴趣的东西。我们都不敢保证中文系的学生去认真地翻看儒家典籍，更何况外国人呢？早年香港把中国功夫推广到世界也靠的是已经发展起来的电影工业，外国人喜欢中国武术不是因为以武止戈，而是因为李小龙的中国功夫"很帅"。习近平总书记指出："要使中华民族最基本的文化基因与当代文化相适应、与现代社会相协调，以人们喜闻乐见、具有广泛参与性的方式推广开来，把跨越时空、超越国度、富有永恒魅力、具有当代价值的文化精神弘扬起来，把继承传统优秀文化又弘扬时代精神、立足本国又面向世界的当代中华文化创新成果传播出去。要系统梳理传统文化资源，让收藏在禁宫里的文物、陈列在广阔大地上的遗产、书写在古籍里的文字都活起来。"[1]在"内容为王"的传播时代，要在汲取中华传统文化营养和精华的同时，充分考虑现代社会的需要和受众的特点，与时俱进，推陈出新，对中华优秀传统文化进行创造性转化与创新性发展，努力将中华优秀传统文化融入国外受众的精神世界与日常生活中去，尽可能达到内化于心、外化于行的传播效果。

---

[1] 中共中央文献研究室. 习近平关于社会主义文化建设论述摘编 [M]. 北京：中央文献出版社，2017：201.

#### 4.1.2.5 自信、坦然地展现中国现状

前文我们提到，文化内容有积极与消极之分。曾提出"北京共识"的美国学者乔舒亚·库珀·雷默在自己的新作《淡色中国》一文中，别出心裁地把"中国形象"界定为"淡色中国"。他认为，在汉语中，"淡"将"水"与"火"两种不相融的东西结合在一起，恰如中国自身融合了诸多矛盾因素，然而中国能够化矛盾为和谐，而和谐既是中国传统的价值，也是中国追求的目标。阐释"中国形象"时，面对一些人的困惑或质疑，我们应该首先具备一种坦诚与自信的态度，一方面要看到中国几千年积累下来的灿烂文化和现代社会取得的惊人成绩，另一方面也要坦然面对中国仍存在的问题与困难。认识中国，不仅要看到高速铁路和卫星、飞船，也要看到空气污染和社会矛盾；不仅要看到人民生活水平的极大提高，也要看到一部分农村的不发达现状；不仅要看到中国国际地位的提升，也要看到中国在世界范围内仍然缺乏话语权；不仅要看到中国已经成为世界第二大经济体，也要承认中国仍属于经济欠发达的发展中国家，处于社会主义初级阶段。坦然面对中国取得的建设成就和中国仍存在的问题与困难，将有利于增进外部世界对中国的信任与理解。同时我们也要告诉世界，中国社会一系列的问题，我们不是视而不见任其恶化，而是在不断寻求解决问题的途径，努力让中国往更好的方向发展。

**案例 4.6**[①]

马老师在意大利的一所大学教中级汉语，学生来自本地和东亚。这天他们学习的课文内容涉及孔子和儒家思想。马老师介绍完孔子后，有一名学生突然提出了一个问题："老师，听说孔子提出：女人结婚以前要听爸爸的，结婚以后要听丈夫的，如果丈夫不在了要听儿子的。这是真的吗？如果是真的，孔子是不是主张男女不平等呢？"马老师知道学生说的是"三从四德"，即女人"未嫁从父、既嫁从夫、夫死从子"。他想说确实有这样的话，但又不确定是不是孔子说的，同时又怕损害了孔子的形象。

马老师遇到的尴尬局面涉及两方面的问题：一是教师知识储备不足，文化底蕴不够深厚。"三从四德"并非孔子所说，也非孔子首倡。"三从"最早出现在《仪礼·丧服·子夏传》中，指的是"未嫁从父、既嫁从夫、夫死从子"；"四德"最早出现在《周礼·天官·内宰》中，指的是"妇

---

[①] 孔子学院总部，国家汉办. 国际汉语教师经典案例详解[M]. 北京：人民教育出版社，2018：67.

德、妇言、妇容、妇功"。第二个问题，也是最难处理最容易引起争议的问题，就是如何引导学生看待我国古代的一些思想观念。"三从四德"是中国古代社会普遍认可的女性行为道德规范，它着眼于家庭角色和性别分工以及淑女培养，带着深深的时代烙印。当代社会，随着经济、文化的融合与碰撞，应取其精华，去其糟粕。如现在的"三从四德"就被赋予了新的意义，"三从"指从世界、从爱、从己，"四德"指文德武德、言娴淑德、品学兼德、修身立德。由此，让学生既认识到儒家思想的时代性，又能帮助他们树立正确的历史观和世界观，在独立思考的基础上加深对其他文化的认识和了解。

"一些人对中国有偏见，主要是源于陌生、隔阂和不了解。了解中国，不能只看一个点、一个面，切忌盲人摸象。介绍中国，既要介绍特色的中国，也要介绍全面的中国；既要介绍古老的中国，也要介绍当代的中国；既要介绍中国的经济社会发展，也要介绍中国的人和文化。"① 当今的中国，既古老又现代，既传统又创新，既先进又落后，既硕果累累又问题不断，既充满希望又充满挑战——试图用一种或是简单的标签来定义中国，无疑是不可行又不全面的。自信、坦然地展现中国的现状，恰恰是一种真诚与可信的态度。这种真诚面对问题、解决问题的态度，将有利于增进外部世界对中国的信任与理解。在文化教学中，那些精华的东西我们固然要向世界介绍，而对于那些问题或糟粕，我们也应该按照教学的需求，从适当的角度加以批判性地介绍和说明。

### 4.1.3 文化教学内容体系的构建

汉语教学界迫切需要一个比较完整和系统的文化教学大纲。本书前文提到的《参考框架》，采用了文化即生活的宽泛文化定义，遵循了科学性、系统性、针对性、实用性的编写原则，以提供文化点举例的方式对中华文化和当代国情的教学内容和目标进行了梳理和描述。《参考框架》包括3个一级文化项目（社会生活、传统文化、当代中国），31个二级文化项目，同时还依据学习者的认知水平和教学方式而不是根据文化内容的难易程度和中文水平等级将文化教学内容分为初级（小学）阶段、中级（中学）阶段、高级（大学及成人）阶段三个层级。

---

① 中共中央文献研究室. 习近平关于社会主义文化建设论述摘编 [M]. 北京：中央文献出版社，2017：205.

《参考框架》结构图见表4.1。

表4.1 《参考框架》结构图

| 一级项目 | 级别 | 二级文化项目 |
| --- | --- | --- |
| 社会生活 | 初级（小学） | 饮食、居住、衣着、出行、家庭、节庆、休闲、语言交际、非语言交际、交往、语言与文化 |
|  | 中级（中学） | 饮食、居住、衣着、出行、家庭、节庆、休闲、消费、语言交际、非语言交际、交往、语言与文化 |
|  | 高级（大学及成人） | 饮食、居住、衣着、出行、家庭、节庆、休闲、消费、就业、语言交际、非语言交际、交往、语言与文化 |
| 传统文化 | 初级（小学） | 文化遗产、文学、艺术、发明 |
|  | 中级（中学） | 历史、文化遗产、文学、艺术、哲学、发明 |
|  | 高级（大学及成人） | 历史、文化遗产、文学、艺术、哲学、宗教、发明、中外交流 |
| 当代中国 | 初级（小学） | 地理、教育、语言文字 |
|  | 中级（中学） | 地理、人口与民族、政治、经济、教育、语言文字、文学艺术、科技、传媒、对外关系 |
|  | 高级（大学及成人） | 地理、人口与民族、政治、经济、社保、教育、语言文字、文学艺术、科技、传媒、对外交流 |

"中国文化和国情是相互补充的，传统文化体现在当代国情中，当代国情印证着文化的历史传承。"[①]《参考框架》在确定教学内容时，"遵循古今兼顾、立足当代的原则，强调中华文化和国情的多元性和动态性，强调传统文化对中国社会与生活的影响和当代意义，深入挖掘文化产物、制度、习俗等可见文化现象背后的文化内涵和观念，把握中华文化的本质特征。"[②] 这与我们在上文中提到的五个原则有其内在一致性。

从内容分类维度来说，《参考框架》将中国文化与国情概括为社会生活、传统文化、当代中国三个一级文化项目，其中社会生活和当代中国都是以当代中华文化和国情为主，如北京烤鸭、火锅、饮茶饮酒等饮食文

---

① 马佳楠.《国际中文教育用中国文化和国情教学参考框架》的研制背景、意义及其内容特色［J］. 国际汉语教学研究，2022（4）：25-30.
② 教育部中外语言交流合作中心. 国际中文教育用中国文化和国情教学参考框架［M］. 北京：华语教学出版社，2022：4.

化，高铁、共享单车、交通拥堵、春运等出行文化，年夜饭、压岁钱、黄金周等节庆文化，升国旗、早晚自习、三好学生、高考、素质教育等教育文化，小康家庭、经济特区、"中国制造"、"一带一路"倡议等经济文化，中国特色的社会主义、《中华人民共和国民法典》、反腐倡廉、中国梦、小康社会等政治文化，这些文化反映了当代中国的新气象、新变化。传统文化中的文化因素，也注重选择那些在当代得到传承和发展、仍被人民广泛熟知的活的文化，如长城、故宫、兵马俑、苏州园林等文化遗产，剪纸、书法、龙舞、《清明上河图》、《千手观音》等艺术文化，农历、二十四节气、四大发明、中医药等发明创造，孔子、《论语》、以人为本、天人合一等哲学思想。

从教学安排维度来说，《参考框架》对文化项目三个层级的划分，在内容编排上体现了"文化教学由浅入深、由具体到抽象、由零散到系统循环往复、螺旋上升的特点"①。例如，在初级阶段基本文化项目的基础上，中级阶段社会生活部分增加了"消费"，传统文化部分增加了"历史"和"哲学"，当代中国部分增加了"人口与民族、政治、经济、文学艺术、科技、传媒、对外关系"；高级阶段又在中级阶段的基础上增加了社会生活中的"就业"、传统文化中的"宗教、中外交流"，以及当代中国的"社保"和"对外交流"。正如吴勇毅（2022）②所说："文化是一种'包含状'，而不是一种由易至难、由简至繁渐进的线性'程度状'，这跟语言水平的高低是完全不一样的。"

《参考框架》构建了一个纵横交织的中华文化和国情教学内容体系，对我们进行文化教学内容的选取有纲领性的指导作用。当然，正如其前言部分所指出的："由于中国文化深远悠长，当代中国日新月异，一部参考框架难以涵盖中国文化国情的方方面面。"③"'参考框架'与'教学大纲'的一个显著区别在于'参考框架'具有开放性、包容性和选择性，而非封闭性、指定性与规定性，这就给教材编写与教师教学以极大的灵活性和创

---

① 教育部中外语言交流合作中心. 国际中文教育用中国文化和国情教学参考框架 [M]. 北京：华语教学出版社，2022：3.

② 吴勇毅.《国际中文教育用中国文化和国情教学参考框架》与教材编写 [J]. 国际汉语教学研究，2022（4）：4-7.

③ 教育部中外语言交流合作中心. 国际中文教育用中国文化和国情教学参考框架 [M]. 北京：华语教学出版社，2022：1.

造性。"（吴勇毅，2022）①《参考框架》只是为中华文化国情教学提供参考，在实际的语言文化教学中，真正的选择权还在教师手中。对中华文化内容和文化元素的选择，应避免展示、弘扬、炫耀的心态，而应抱有平和、务实、超然的心态，这样才能让学习者愿意了解和接受中华文化。

## 4.2　语言交际中的文化

美国语言学家爱德华·萨皮尔（Edward Sapir）说过："语言的背后是有东西的，而且语言不能离开文化而存在。"戴昭铭先生说："在构成民族文化的诸多要素中，最能体现民族特性和民族本色的就是民族语言。"② 掌握语言中的深层文化观念，就等于打开了一把语言学习的金钥匙。国际中文教学中，语言中的文化因素与语言学习的关系最为紧密，是第二语言学习者最先接触到的内容，也是语言学习和使用不可忽视的内容，它在跨文化交际中制约着语言的理解和使用，甚至可能造成一定的交际误解和障碍。因此，本节将对语言中的文化进行梳理。

### 4.2.1　语言要素中的文化

按照一般语言学理论，语言系统包括语音、词汇和语法，但作为汉语书写符号系统的汉字，与字母文字在书写和使用方面相比独具特色，因此我们将从语音、词汇、语法和汉字四个方面分别阐释其与文化的关系。

4.2.1.1　汉语语音与文化

（1）文化对汉语音节结构的影响。

古今汉语词汇演变最突出的规律就是词语的双音节化趋势。古汉语中，单音节词语占有绝对优势；而在现代汉语词汇中，双音节词约占到总词语的70%左右。人们对其背后的原因做过多方面探索，影响较大的学说之一为文化心理说，即双音节化的趋势体现了汉民族的审美要求，双音节词更显对称性，更具美感。因此我们不喜欢说"桌""椅""石""木"，而习惯于说"桌子""椅子""石头""木头"。

---

① 同②.
② 戴昭铭. 文化语言学导论［M］. 北京：语文出版社，1996：27.

(2) 同音词谐音的文化功能.

谐音既是汉语中常见的语言现象，也是一种文化现象，体现出汉民族独特的文化心理。汉语包含着大量的同音字、同音词，谐音就是用汉语中相似或者近似的音来表达隐含的意思。恰当运用同音，能产生特殊的表达效果，展现音义之间的特殊关系。

民间风俗中的谐音，主要分为谐音祈福和谐音禁忌。谐音祈福方面，例如新年时，家家都喜欢用鱼做菜，寓意"年年有鱼（余）"；过年时，家家户户会倒贴"福"字，寓意"福到"；结婚时会在新人的床铺上撒红枣、桂圆、花生等，寓意"早生贵子"；高考时，考生的家长会穿高开口的旗袍，期盼考生会"旗开得胜"；葫芦谐音"福禄"，象征富贵吉祥，代表着中国人对美好生活的向往。数字也经常出现在谐音中。如汉语中数字8与发财的"发"同音，因此8往往会被认为是吉祥的数字；在网络用语中，"1314"表示"一生一世"，"520"表示"我爱你"，"9920"表示"久久爱你"，等等。人们在生活中还会避讳说某些词语。例如，打碎东西就代表着"碎碎平安"，这里"碎碎"替换掉了"岁岁"，其寓意是希望每一年都能平平安安；中国人在送礼物的时候不送钟表和伞，因为送钟表有"送终"的意思，是在诅咒对方，伞则谐音"散"，是分开的意思。谐音还被用在吉祥图案中，通过借助图案中自然事物所代表的谐音字来表达吉祥的寓意。例如一个柿子和一个如意摆在一起，"柿"的谐音为"事"，就可以说"事事如意"。再如，蝙蝠的"蝠"谐音"福"，常表祈福纳吉之意，瓷器上印刻有蝙蝠和寿桃图案，在一起表达"福寿"的意思；五只蝙蝠环绕着一个寿字，寓意"五福捧寿"。

汉语特别偏爱"谐音"，其背后有深层的文化原因。中华文化含蓄、委婉，崇尚"意会"而非"言传"，在语言表达上委婉采用谐音，甚至可以起到一语双关的作用，将一些看起来没有关联的事物联系起来，这样就可以委婉间接地表达自己的某种期望，满足人们的交际或者表达的需要。中国古代诗词就经常运用谐音来营造含蓄隽永的意境。例如刘禹锡的《竹枝词》："东边日出西边雨，道是无晴（情）却有晴（情）。"用天气的无常影射人情的冷暖。李商隐的《无题》："春蚕到死丝（思）方尽，蜡炬成灰泪始干。"用绵长的蚕丝隐喻无尽的相思，含蓄之中表达了诗人的真情实感，有很强的感染力。

**案例 4.7  对"8"的偏爱**[①]

孟老师在法国的一所中学教初级汉语。一天，孟老师跟学生提到，8是中国人都喜欢的幸运数字。这时候，有学生举手问孟老师："为什么中国人会喜欢8这个数字呢？"孟老师没想到学生会深究这个问题，情急之下跟学生解释说，这是中国的传统习惯，记住就可以了。学生听了孟老师的解答，还是不明白为什么幸运数字偏偏是8。

案例中，法国学生不清楚中国人为什么偏爱8这个数字，于是向老师寻求答案。然而，孟老师仅仅以传统习惯这个原因向学生们解释这个现象，没有点明问题的关键，即数字8所包含的中国人的习俗偏好。孟老师可以告诉学生，中国人之喜欢数字8，一是因为汉语中8与"发"谐音，"发"与"发财、发达"有关，包含的是中国人对吉利、大富大贵、年年有余等美好生活的追求；二是因为中国人喜欢双数，成语"好事成双"就体现了中国人对双数的喜爱。进一步来说，不同国家和地区的人们对特殊数字的偏爱，实际上反映出民族心理的差异，人们人为地赋予数字一定的内容使数字产生了独特的艺术美，反映了一个民族的审美心理。中国人追求整齐、对称、统一、和谐的美学原则，而偶数容易实现对称和谐的排列，这就自然形成了人们崇尚偶数的审美心理。孟老师还可以举例，如2008年北京奥运会选择在8月8日8点8分举行、中国人喜欢在含有8的日子结婚、很多人偏爱含有8的手机号和车牌等。

了解谐音文化不仅是对汉语的学习，也是对汉文化的学习。在语言教学中，当遇到谐音词语时，适时适当地为学生讲解其背后的文化内涵，一方面可以帮助学生加深对中国语言文化的了解，另一方面也能帮助学生避免跨文化交际中一些不必要的麻烦。

**4.2.1.2  汉语词汇与文化**

就语言要素与文化的关系而言，语音与文化的关系最不密切，语法次之，而关系最密切、反映最直接的是词汇。

从词汇系统的角度来说，某一个词汇系统的内部构成及其开放与同化的程度，是文化体系的折射。比如，古人认为事物都是由阴阳两方面组成的，朝北为阴、朝南为阳，里为阴、表为阳，地为阴、天为阳，寒为阴、温为阳，女为阴、男为阳，死为阴、生为阳……阴阳观已经成为中华民族

---

[①]  孔子学院总部，国家汉办. 国际汉语教师经典案例详解 [M]. 北京：人民教育出版社，2018：177.

对世界认识的一种思维模式，因此一大批阴阳派生词也就出现了。从词语类聚的角度来说，类别词的大小、发育情况、丰富程度，可能都与某方面的文化要素有着对应关系，如汉语亲属称谓词男女有别、长幼有序、脉系分明、以父系为中心的特点，实际上是中国在自给自足小农经济社会中形成的封建宗族制度、父传子袭的财产继承方式、传嫡不传贤的礼教规定所带来的影响①。从单个词语的角度来说，某一个词的概念义和附加义这样的内部静态构成，以及某个词的产生、消失、滞留、引申这样的动态变化，都与文化的关系非常密切。本书主要从共时的角度，通过语言的对比考察词义和文化的关系。

在跨文化交际中，造成误解的往往不是词语的概念意义，而是附加意义，如一个词语的风格义、感情义、联想义、色彩义、搭配义等。从语言对比的角度来看，交际中的词语可以分为以下几类：第一类是概念义相同，内涵义相同或大致相同的词语。如"狐狸"在汉语、英语中都有狡猾的意思，"松柏"在汉语和日语中都象征坚毅高洁的品质，"蝙蝠"在中日韩都有幸福吉祥的含义。第二类是各自文化中特有的词汇，即文化中的空缺词汇，如汉语中的"阴阳、风水、中庸、旗袍、华表、五行"等体现中华文化特点的词语，英语中的"蓝月亮、救世主、三位一体、二十二条军规"等词语。这两类词语，要么含义基本相同，要么词义完全空缺比较难理解，但一般不容易引起歧义，所以基本不会造成跨文化交际的误解。第三类是两种语言中概念义相同但附加义不完全相同甚至截然相反的半空缺词和冲突词汇，这也是最容易造成交际误解的一类词。

例如，以"玉"为载体的玉文化在中华文化中有着特殊的地位。玉，实际是优质的石。《说文解字》说："玉，石之美者。"《辞海·玉部》将玉解释为"温润而有光泽的美石"。中国是世界主要玉石产地之一，用玉和崇玉的历史极其悠久，形成了自己独特的玉文化，素有"玉石之国"的美誉。2008年奥运会上，中国奥委会设计的金镶玉奖牌正是中国玉文化的体现。早在新石器时代晚期，中华民族就有了玉制工具。古人认为玉是"上天之石"，可以通鬼神，因此在殷商时期，玉器主要用于祭祀。西周时期，玉器开始与礼乐制度结合，成了礼仪用具。到了春秋战国时期，玉逐渐成为权力和财富的象征，是否佩玉、如何佩玉被用以区别尊卑贵贱。秦

---

① 苏新春. 文化语言学教程[M]. 北京：外语教学与研究出版社，2006：109.

始皇统一天下之后，以玉制印，传国玉玺成为皇权、社稷的信物。玉器还蕴含着祈求吉祥的寓意，往往通过刻于玉上的吉祥语或吉祥图案体现出来。中国古代还有"以玉比德"的传统。玉已经不是单纯的自然之物，而是渗透了人们的审美观念和道德内涵。孔子把玉的特性从自然属性上升为士大夫的道德规范，将玉的特性归纳为"仁、知、义、礼、乐、忠、信、天、地、德、道"十一德性，因此"君子无故玉不去身"，佩玉成为士大夫有道德、有修养的象征。玉文化在文学作品中也有反映。不同朝代、不同体裁的文学作品中都有不少与玉相关的名篇名句。玉还常常作为象征性线索出现，最典型的就是古典名著《红楼梦》。《红楼梦》原名《石头记》，又名《金玉缘》，作者曹雪芹把佩饰"通灵宝玉"作为叙事线索贯穿始终。因为玉在古代社会生活中的重要作用，"玉"字还被作为部首组成了与"玉"相关的多个汉字。在许慎《说文解字》中，"玉"部共有126个字，对玉的产地、类别、色泽、声音、纹饰、制作、作用以及玉被赋予的德行等方面，都进行了详细的描述。受玉德文化的影响，玉在中华文化中成了一切美好事物的象征，如美酒为"玉液"，河水为"玉河"，满月为"玉盘"，弯月为"玉弓"，美人的容貌为"玉容""如花似玉"，比喻人的品格为"冰清玉洁"，赞美人的风度为"玉树临风"，称颂居住之所为"琼楼玉宇"，等等。总之，玉在中华文化中一直被视为内美与外美的完美统一，以玉为载体的玉文化渗透进了中国人社会生活的各个方面。然而玉文化在西方却是缺失的，他们也会研究玉石，但仅仅是客观地研究它的物理属性而没有赋予其任何文化上的含义。

再如，"龙"是中国古代传说中的一种神异动物。龙的形象集多种动物形象之大成，合而为一。它拥有蛇身，身上有鱼鳞，头似马，角似鹿，眼似兔，鼻似虎，耳似牛，腿似狗，爪似鹰。龙起源于图腾崇拜，新时期时代红山文化的玉龙，是中国已发现时代较早的龙的形象之一，被认为是中国龙图腾的最早实物，中国探月工程的图案便借鉴了玉龙的形象。中国先民崇尚龙，龙的形象深深地融入了中华文明之中，《说文解字》说："龙，鳞虫之长，能幽能明，能细能巨，能短能长，春分而登天，秋分而潜渊。"龙是掌管风雨的神，会腾云驾雾，兴云降雨。风调雨顺对于一个农业国家是十分重要的，所以古人建龙王庙，以求龙王治水，五谷丰登。进入封建社会，龙成为皇权的标志，古代帝王自称"真龙天子"。凡与皇帝有关的都会加上一个"龙"字，皇帝的身体称为龙体，皇帝的宝座为龙椅，皇帝的容貌为龙颜，皇帝的袍服为龙袍……数千年以来，龙从未离开过中国人的生活，农历二月二龙抬头吃龙须面，端午节赛龙舟，在喜庆节日以舞龙来庆祝……龙深受中国人的喜爱，人们常用龙来形容美好的东西。汉语里和龙组成的词语，或带有祥瑞的含义，如"龙凤呈祥"；或展现出一种强大的气势，如"龙飞凤舞"等。中国古人还将龙作为自己祖先的化身。汉代大学者司马迁所著《史记》载："轩辕，黄龙体。"正因为如此，中国人都自称"龙的传人"。龙在中华文化中有如此特殊的含义，但西方文化中的"dragon"却有着尖锐的牙齿，像蝙蝠翼的巨翼，能够喷射火焰或毒液，是邪恶的象征，撒旦的化身。因此，当我们在给外国人介绍中国龙时，不妨将其翻译成"Chinese dragon"，或直接以汉语龙的发音"Long"来将其与西方龙区别开来。

**案例 4.8：谨慎翻译文化典故词语**[①]

小谢作为赴美志愿者在美国一家孔子课堂教小学生。中秋节时，小谢为学生们用英语讲了"嫦娥奔月"的故事。通过上网查询，她把嫦娥翻译成 goddess（女神），没想到授课后的第二天，就有家长找到校方，称小谢教授的内容是强行给自己的孩子灌输宗教的内容。

案例中小谢的问题有三个。一是在教学时没有充分考虑教学对象的特点，采用了翻译的方式呈现教学内容。小学生活泼好动，注意力集中程度低，具象思维更强，相对于成人来说更倾向于通过图像、视频等视觉途径以及活动体验等亲身感受来接收信息。对于中秋节这种体验感强的民俗节日和"嫦娥奔月"这样极具画面感的神话传说，通过图片、小视频、角色扮演、民俗体验活动等更生动、更直观的手段去呈现，要比用不太精通的英语去解释效果好得多，而且翻译还极易造成案例中这样因为翻译不准确、没有考虑跨文化交际的因素而产生文化冲突的情况。二是小谢的外语和文化功底积累不够。在汉语教学中，尽管我们主张尽量少用学习者的母语或媒介语来授课，但并不等于对教师的外语水平没有要求。相反，学生的年龄段越低，对教师的语言要求越高，而且在跨文化交际过程中，教师在介绍汉语词汇和中华文化典故时，需要谨慎选择翻译词语，特别是在遇到我们上文提到的第三类词语半空缺词和冲突词时，一定要注意避免因为不了解对方语言的文化背景而出现交际误解和冲突。其实案例中的"嫦

---

[①] 朱勇. 国际汉语教学案例争鸣 [M]. 北京：高等教育出版社，2015：227.

娥",直接用汉语拼音就可以,翻译成英语中的"女神"反而画蛇添足。三是小谢缺乏跨文化意识。很多国家特别是美国对于宗教、种族等问题非常敏感,有时甚至到了我们难以理解的程度。2020年在美国就有这样一则报道:南加州大学的一位教授在网上进行授课时,提到许多国家的人在沟通对话时,都会在他们的口语中加入"填充词",之后便用中文词语"那个那个"举例说明。然而,由于他的发音并不是标准普通话的"nà ge",而是更口语化的"nèi ge",一些黑人学生便认为该教授是在故意用该词与英文中的"黑鬼"(nigger)近似的发音来侮辱他们,并向学校举报了此事。由此可见,在跨文化交际环境中,具有较高的跨文化意识,能有效避免跨文化冲突的发生。我们的汉语教师一方面要不断提高自己各方面的能力,另一方面也要多向本土有经验的老师请教,提前规避冲突。

#### 4.2.1.3 汉语语法与文化

语法是语言中的抽象规则,语法的人文性更多反映的是民族文化中思维、观念层面的内容。从中西语言对比的角度来讲,中西方文化是两种有着鲜明差异的不同文化体系。西方把世界看作一个离散集合体,而中国则把世界看作天人合一的统一体。在"天人合一"这一宇宙观和整体、辩证、具象思维的影响下,汉语呈现出重意合重语序、缺乏形态变化、自由灵活的特点。人们一般用"意合语法"来概括汉语语法的特点。所谓意合语法就是指汉语语法的结构规律主要是靠语义的关联而不是语法形式来体现[1]。

词法结构方面,汉语的语素不管是在性质归属(词或词素)、词性还是充当句子成分、所起句法功能作用上,都具有高度的灵活性,且不会有形式上的变化;我国古代很早就有了朴素的辩证思维,提出了一系列相互矛盾对立的概念,这种辩证运行的思维方式反映在语言上便是追求外在形式的平等、全面、均衡,字面上两相观照,导致汉语中存在大量的并列式复合词(如社稷、攻击、惭愧、教授、交通等)、反义对立式复合词(如矛盾、迟早、始终、是非等)和偏义复合词(如质量、忘记、利害、好歹等);汉语中像君臣、师生、贵贱、兄弟等联合式复合词中两个相同或相反词素的排列顺序,则受到中国传统思想中长幼有序、尊卑定位的伦理观的影响。

---

[1] 苏新春. 文化语言学教程[M]. 北京:外语教学与研究出版社,2006:138.

句法结构方面，语序和虚词是表达语法意义的主要手段，汉语一般按照事件发生的先后顺序、认知的自然顺序等来遣词造句。我们先来看一个古汉语的例子。《春秋·僖公十六年》："春王正月戊申朔，陨石于宋五。是月，六鹢退飞，过宋都。"为何是"陨石于宋五"，而不是"五陨石于宋""陨五石于宋"？《公羊传》作了解释："陨石记闻，闻其磌然，视之则石，察之则五。"先是"闻（听）"到"磌然"之声，"视之"是"石"，又"察之"则"五"，这是古人对"陨石记闻"发生过程的忠实记录。又为何是"六鹢退飞"，而不是"鹢六退飞"？《公羊传》说："六鹢退飞，记见也。视之则六，察之则鹢，徐而察之则退飞。"先见"六"，后见"鹢"，察之则"退飞"，这是古人看到空中飞鸟翱翔而过这一过程的观察认知顺序。而我们的汉语原原本本地按照这样的顺序进行了记录。再如，"在厨房里的桌子上面的盒子里有一本书"这个句子也是非常典型的汉语叙述方式。汉语在叙述时间和空间时，表示大范围的成分一定排在表示小范围的成分的前面，或者整体在部分的前面。当一个人想要拿到句中的书时，他首先要走进厨房，靠近桌子，打开盒子才能拿到，汉语采用的是认知心理学家称为"移动自我"的策略，而这种从整体到局部的策略与汉民族的整体性思维方式以及集体主义取向有内在的联系。集体主义价值观把个人看成集体的成员，强调个人对集体的归属、忠诚与服从，因而在认知上也更倾向于从整体上把握事物。

当然，我们在汉语语法教学中，并不宜花大量的时间给学生讲语法的文化内涵，如果处理不当，反而会让抽象的语法变得更加晦涩难懂。相反，我们可以通过中外语言对比等方式，简单直观地让学生去感受汉语和外语的差别，在差异中学习汉语。

4.2.1.4 汉字与文化

著名瑞典汉学家高本汉曾说："中国人抛弃汉字之日，就是他们放弃自己的文化基础之时。"汉字独特的价值在于它的表意性，即能够通过字形来显示它的意义。每个汉字的来源是什么，造字方式是什么，表的是什么意，表意的手段与方式如何，能够反映人们怎样的生活方式、社会观念、价值取向……所有这些都浸润着文化的因素在里面。

以汉字"贝"为例。货币是经济交往中的重要媒介，与我们的生活密切相关。在古代社会，最初的商品交换形式是以物易物，用有的东西来换取没有的东西。但是以物易物的形式渐渐无法满足人们的需求，于是产生了货币。中国最早的货币并不是后来人们常用的钱币，而是天然海贝。早在使用海贝进行商品买卖之前，贝就用作装饰品或祭祀品，是财富的象征，加之海贝小巧美观，坚固易保存，方便计数和携带，在中原地区又比较稀少，可以作为等价交换物与别人交换物品，渐渐具有了货币功能，所以贝成为中国古代最早的货币可以说顺理成章。后来随着冶炼技术的发展，出现了铜制贝。甲骨文贝字写作"☒"，像贝壳张开的样子，属于象形文字。《说文解字》里说"古者货贝而宝龟，周而有泉，至秦废贝行钱"，印证了曾经用贝的货币制度。古代贝是货币，而龟是宝物，周代出现了钱币，到秦统一全国后废止了贝币，一律用"半两"钱。应该说，贝字是最早用来表示钱币、财富的文字。贝在中国钱币文化史中的地位十分重要，汉字中以"贝"字为偏旁的字大都与钱财有关就是一个很好的证明。虽然时代发展，贝早已失去了钱币作用，但是它所反映的古代经济活动范围和种类、商品往来的场景却深深地印在了文字上。其中表示钱财的有"财""贵"等；表示征收税金的有"赋"等；表示抵押、赔偿的有"赔""质"等；表示借贷的有"贷""债"等；表示交易的有"购""贸"等；表示用钱方式的有"贺""赛"等。这些字都是贝字旁。现代汉语里有些贝字旁的字看似与钱财无关，但追本溯源，最初的意义还是离不开财物。以"贤"字为例，现代汉语里的贤是有道德、有才能的意思，而在古文献中，《庄子》曰："以财分人谓之贤"，意为将财物分给别人的是贤人。《说文解字》释贤为多财，后世引申为多才，即有才能的。贝字本身是象形字，它的构字能力很强，由贝字构成的形声字很多，上面提到的赠、购、财、账都是形声字。形声字是汉字的一种造字方法，由形旁和声旁组合而成，简而言之，形旁表示汉字的意义或类别；声旁表示汉字的读音。现代汉字中大部分都是形声字。以"财"字为例，"贝"表示它的含义，是形旁；"才"表示它的读音，是声旁。

在汉语教学中，如果汉语教师具有较为深厚的语言文字学功底，能够帮助学生将汉字的教学与中华文化融会贯通，如充分利用形旁表意的特征使学生建立字形与意义的联系，利用形旁区别不同汉字的意义及用法，以形旁为核心串联起相关汉字等，对解决汉字难识、难写、难记的问题必定有所裨益。

### 4.2.2 语用中的文化因素

不仅语言要素受到文化的影响，语言在不同语境中的使用规则也受到文化的制约。顺利的交际不仅要求语言要素的正确运用，还要求所说言语符合不同文化的语用规则。只有了解不同文化的语用特点和规则才能避免跨文化交际中的语用失误。

#### 4.2.2.1 称呼语

称呼语是我们在交际过程中最先接触到的语言信息。每一种语言都有其独特的称呼语和称谓系统，汉语中的称呼语非常丰富，说话者要根据交际双方的性别、年龄、职业、身份地位、关系亲疏及说话场合等因素选择恰当的称呼。

在汉语中，由于受到几千年来的封建等级制度、儒家伦理思想和集体主义价值观的影响，称呼语要严格区分长幼、辈分、亲疏和等级。亲属称谓分为父系和母系，父系亲属有"爷爷、奶奶、姑姑、叔叔、堂哥"等称呼，相对应的母系亲属则称呼为"外公、外婆、姨妈、舅舅、表妹"等；对丈夫的父母称呼为"公公、婆婆"，而对妻子的父母则称呼为"岳父、岳母"。亲属称谓还可以被用来称呼亲属以外的其他人，如把与自己的父母年龄相仿的人称呼为"叔叔、阿姨"，把较为年长的人称呼为"爷爷、奶奶"。中国人还习惯以"姓+职位/职称"的方式来称呼对方，如张医生、孙教授等。有些职业还可以和亲属称呼相结合，如护士阿姨、警察叔叔等。此外，受尊老爱幼传统的影响，中国人喜欢在对方姓氏前加上"老"如"老王、老李"来表示尊敬，加上"小"如"小张、小赵"以拉近与晚辈或下属的距离。而英语中的称呼语不像汉语这么复杂，更突出性别和婚姻，"Mr.""Mrs.""Miss""Ms."等是最常用的称呼。

在中国，如果在选择称呼语时没有用最能体现对方身份地位的方式来称呼对方，被称呼人可能会感觉不被尊重、受到冒犯。特别是在跨文化交际中，文化背景不同的人在使用称呼语时经常出现错误。例如，外国人不清楚中国人姓名的顺序，常常误将中国人姓名最后一字当成姓。中西方"姓"与"名"顺序的差别，反映出的正是价值观的差异。中国人强调集体主义，关注个人在集体中的位置，强调对祖先的尊重，把代表家族血统的"姓"放到自己名字的前面，正是要说明自己的血统来源、表明自己对先祖的敬爱怀念之意。而西方人强调个人主义，将自己的名字放到前面是对个体的重视。其实，很多情况下我们完全可以利用自我介绍这个时机向外国人潜移默化地说明中国人的集体主义价值取向。

**案例4.9：该不该直呼其名？**①

一位年轻的女汉语教师每次上课都直呼一位六十多岁的日本进修生的名字。这引起了班上一些日本学生和韩国学生的不满，他们觉得这位年轻的女老师直接叫长辈的名字是不敬的表现。而班上的法国学生和美国学生则认为，老师对所有的学生都叫名字，没有什么不对的地方。

荷兰心理学家霍夫斯特德（Hofstede）的文化尺度理论中的第二个文化尺度叫"权力距离"，它指的是社会地位低的人对社会上权力不平等分布现象的接受程度。在各种文化中，权力不平等现象都是存在的，不同的是人们对此的接受程度和态度。权力距离大的文化中，人们对于等级非常敏感，下级对上级、晚辈对长辈说话时一定要用敬语，否则就是不敬②。受古代等级观念的影响，中国和日本等东方国家的文化都属于权力距离大的文化，但两国的侧重不同。中国更关注身份地位，下级对上级一般都要称呼对方的头衔而不是直呼其名，即使是面对比自己年轻的上司，年长的下属也通常称呼他们的职务或职称。在教育环境中，中华文化讲究尊师重道，在课堂上，老师即使再年轻也是老师，而学生即使再年长也是学生，老师直接称呼学生名字并无不妥。相反，学生称呼老师要用"姓+老师"的形式，直呼老师的名字是一种不礼貌的行为。而日本文化更关注的是年龄、社会经验，即使双方是师生关系，年龄小的教师也不能直呼年龄大的学生的名字。而法国文化、美国文化属于权力距离小的文化，在权力距离小的文化中，虽然有权力不平等现象的存在，但是这种不平等被尽量淡化。平等的观念使他们在人际交往中崇尚随意、非正式的方式，比如上下级互称名字，长辈与晚辈间不需要使用敬语，等等。

那么，案例4.9中的汉语教师到底该不该直呼其名？笔者认为，这要看汉语教学的授课地点和学生（欧美学生和东亚学生）的构成。如果授课地点在中国且学生比例均衡，最好采用汉语的称呼习惯，因为这本身就是中华文化中尊师重道传统的体现。如果授课地点在非目的语国家如日本，可以尊重对方的传统不直呼其名，但教师不妨也将其作为文化传播的良好时机，适当给学生解释不同国家文化上的差异，培养学生的跨文化意识。

---

① 祖晓梅. 跨文化交际 [M]. 北京：外语教学与研究出版社，2015：76.
② 祖晓梅. 跨文化交际 [M]. 北京：外语教学与研究出版社，2015：60.

#### 4.2.2.2 招呼语

招呼语通常由称谓词和问候语两部分组成。中国人见面时，一般简单地说一声"早"或者以招手、微笑等身体动作代替。中国人在用问好型招呼语时还常常在前面加上称呼，如"张老师好！""校长早！"这种形式一般用在上下级或关系比较疏远的人之间。"下午好"和"晚上好"在中国很少用到，只会出现在会议、讲座等正式场合。询问也是中国人常用的打招呼方式，询问的内容大多涉及别人的衣食住行，以表达对对方的关切之情。说话人可以根据情景就对方正在做的事做猜测性询问，如看到对方正在回家路上，就可以用"回家呀？"打招呼。还可以通过询问对方将要做的事来打招呼，比如"去哪儿呀？""在做什么？"这种情况下，相熟者可以就这个问题做具体回答并进一步交谈，不熟者不必提供太多信息，用"我出去一下""去外边走走"等礼貌性话语回应就可以了。这种表达常会被英语文化背景的人误认为是在侵犯个人隐私，实际上这是受中国集体主义价值观的影响，中华文化以群体依存为特征，打招呼的目的实际是在沟通感情、拉近距离；西方文化以个体为中心，招呼语往往会以询问天气等信息量少的形式化表达来呈现。另外，询问"吃"也是独具中国特色的传统招呼语，人们饭前饭后打招呼常用"吃了吗？"。它的产生有一定的历史根源。中国有句俗话叫"民以食为天"，其实问话者多数情况下并不是真的想知道对方是否吃了饭，同样是在表示一种关切，跟外国人讲清楚这些文化背景，他们也就不再困惑了。

#### 4.2.2.3 道谢语和道歉语

道谢语有显性道谢语与隐性道谢语之分。使用什么类型的道谢语，和文化模式、民族性格、双方的社会关系以及受帮助的程度都有关系。美国心理学家霍尔将世界上的文化分为高语境文化和低语境文化两种类型。中华文化在集体主义价值模式的影响下属于中高语境文化，中国人在交流中常常不直接说明自己的想法，而是倾向于使用委婉含蓄的表达方式，依靠情景性线索来传递信息。中国人的民族性格趋于内敛，强调"只可意会不可言传""大恩不言谢"，人们很多时候不愿意直接表达自己的思想情感，在表达感谢时很少使用直接道谢语，而是采用丰富的隐性道谢语间接表示感谢，如关心式（"老师，您辛苦了！"），道歉式（"实在太麻烦您了！"），赞美式（"你真是太好了！"），承诺式（"以后有什么需要我的尽管开口。"），责备式（"再说这种话，我可要生气了！"），而且双方的社会距离越近，受帮助程度越深，越倾向于使用承诺式、责备式这样更隐晦的道谢方式，因此父母子女、夫妻等亲密关系间如果直接说"谢谢"往往会给人很"生分"的感觉。相对而言，英语道谢语要少而直接，英语文化背景的人在跟中国人交往时常常会认为中国人没有礼貌，应该表示感谢的地方不说感谢语，其实这正是语言文化的差异所导致的后果。

道歉语同样有显性和隐性之分。霍尔姆斯（1990）将道歉策略分为明确道歉、解释或说明原因、承担责任、对未来做出承诺四种，其中后三种道歉形式属于隐性道歉。道歉行为的内容和频率，同样受到文化模式、权力距离和社会距离以及不同社交场合的影响。例如，中国人在亲密关系中，如果一方犯了错，往往不会简单说句"对不起"了事，这样往往被另一方认为是没有诚意的，但如果能在行为上、态度上表现出歉意来，即使不说对不起，另一方也能感受到并欣然接受。再如，中国人在不小心碰到对方身体、突然咳嗽打喷嚏时很少说对不起，而西方人会认为这是一种社交失态，一般会说"sorry"或"excuse me"。

#### 4.2.2.4 谦辞

"满招损，谦受益""谦虚使人进步，骄傲使人落后"，在中国，"谦虚"历来是人们所崇尚的美德，已成为社会生活中人们的一个行为准则。在中国传统的集体主义价值取向下，一方面个人是集体的一部分，集体的荣誉是个人的荣誉，集体会给个人以支持和帮助；另一方面也意味着很多时候个人的价值可能被否定，要牺牲个人的利益以满足集体利益。"贬己尊人"是中国人重要的礼貌准则之一，汉语在称呼方面有一整套敬语与谦辞，"鄙人""贱内""犬子""小女""寒舍""拙著"等，不一而足。

**案例 4.10：中国人的"谦虚"**[①]

巩老师邀请他的德国同事马克来家里吃饭。巩老师的妻子为马克准备了丰盛的中国菜。吃饭的时候，马克禁不住夸奖了几句。马克说："你妻子做的饭菜很好吃，她这么能干，你真幸运。"巩老师笑着说："手艺一般吧，每天吃我都吃腻了。"马克听了巩老师的话很吃惊，觉得他太不尊重自己的妻子了。更让马克吃惊的是，巩老师的妻子听了丈夫的话还微笑，一点也没有生气。马克心想，如果他在别人面前这样评论妻子，她一定会非常生气，说不定还要吵着跟他离婚呢。

---

① 祖晓梅. 跨文化交际 [M]. 北京：外语教学与研究出版社，2015：60.

中国人表示谦虚的方式与西方不同，程度也不同。案例中问题的关键在于，马克对巩老师"贬低"自己妻子的行为无法理解。中华文化崇尚集体主义，把个人看作是集体的一部分，以集体作为参照来认识自我，是中国人集体主义价值观的重要特征。人类学家许烺光指出，中国人的"自我"概念比西方人大。中国人的"自我"，除了自己，还包括关系亲密的家庭成员，比如配偶和孩子，甚至还包括自己的居所、作品等，其实质是一种"无我文化"。这就是为什么中国人听到别人称赞家人时会表示谦虚或否定，因为他们把家人也看成了"自我"的一部分。在西方，同样的情况下，丈夫不会为妻子谦虚。如果说了类似的话，妻子一定会很不高兴。这与西方强调个体主义有着密切的关系。尽管丈夫和妻子关系密切，但是，每个人都有自己的独立性，不能越俎代庖。所以，在马克看来，巩老师的言语是一种不尊重人的行为，误解由此产生。

4.2.2.5 称赞语

在跨文化交际中，称赞语是使用非常频繁的言语表达，但是称赞的频率、对象、内容和回应方式上都有跨文化的差异，使用不当会造成尴尬或误解。

例如，受到中国传统的"男女授受不亲"性别观念的影响，异性之间互相称赞时，男性往往会选择一些笼统含蓄、体现才华气质等内在美的说辞来称赞女性，如果一个男性直言不讳地说对方身材好、很性感，女性会感觉自己受到了很大的冒犯，这个男性也被认为是没有礼貌的、素质低下的；而西方文化中，男性会直接称赞女性的容貌和服饰，女性任何小小的外形上的变化被注意到可能都会被不吝赞美，说一个人"sexy"是在赞扬他（她）的魅力。再如，中华文化属于权力距离比较大的文化，辈分、年龄、官职、学时、金钱等都构成了等级关系，年龄大的人在中国是经验丰富、资格老、话语权大的代表，应该受到尊重和照顾，因此我们常常用"老当益壮""老骥伏枥，志在千里""姜还是老的辣""老马识途"等称赞语；而西方文化受到未来取向价值观的影响，强调变化与创新，肯定年轻和活力，不喜欢老的、旧的、稳定不变的、落伍的东西。因此，礼貌地叫陌生人"老爷爷""老奶奶"，给老年人让座，帮老年人拿行李……这些在中国被认为是发扬中华民族传统美德的行为，在西方反而是对对方的一种冒犯，因此应该用"the elderly"或者更正式的"senior citizen"来代替"old person"。另外，中国还有一种特殊的"隐形恭维语"，也就是在夸奖别人的同时，往往会有意无意地贬低一下自己，这体现的是中国"贬己尊人"的礼貌准则，如"你这个主意不错，我就没想到。""你真行，我要是有你一半能干就好了。"

回应赞美的方式上，中国人常常用"哪里哪里、不敢当、过奖了"等否定形式，而西方人会欣然接受对方的称赞并表示感谢。当然我们也要看到，随着时代的变化和西方文化的影响，现在的年轻人也会大方地说"谢谢"。这样的变化，我们在编写汉语教材、进行汉语教学和跟外国人交际的时候，都可以向对方说明。

#### 4.2.2.6 寒暄语

寒暄语，英语中叫"small talk"，人们见面时，常常谈一些无关紧要的事情，以创造轻松自在的交谈气氛，再转入正题。而闲聊时话题的选择在跨文化交际中非常关键。中国人常常给西方人留下喜欢探听和干涉别人的私事、爱给人"下命令"的印象，如中国人喜欢询问对方的年龄、收入、婚姻状况、家庭情况、个人健康、所购物品的价格等私事，还常常以父母照顾未成年的子女的口吻说"你该多穿点""多喝点水""吃点 XX 药""得去医院看看"等。这样的交际冲突，实际上是中西方群体隐私观和个体隐私观的差异造成的。

中国集体主义的价值取向和西方个体主义的价值取向有一个明显的差异就是对内团体和外团体的态度。集体主义文化会严格区分内团体和外团体，对内团体的人，也就是所谓的"自己人"，人们会竭尽全力予以帮助、给以关心和照顾，体现在人际交往中，大家会通过询问对方的个人情况来了解对方，看是否能提供帮助，在中国人看来，对对方基本信息的询问，是想多些了解；对方身体不舒服，要提供尽快恢复健康的建议；对方没有男/女朋友，要利用自己的人脉尽力帮忙解决问题……这都是在拉近与对方的关系、增强内团体凝聚力，是把对方当成了"自己人"，因此从某种程度上来说，西方文化中所谓的个人隐私在内团体中具有不同程度的"公共性"。相反，如果对对方的情况不闻不问，摆出一副"事不关己高高挂起"的姿态，则表明对方是外团体的人，与自己没有什么关系。而在西方社会，维护隐私是尊重个性和人权，是崇尚个人主义的表现。因此，在跨文化交际中，在与男士交谈时，选择诸如体育竞技、汽车、旅游等娱乐活动话题为宜，与女士可谈论服饰、美容、音乐、烹饪、孩子教育等，实在不知道聊什么，天气是最保险的话题。在教学中，汉语教师也要借助课文对话、主题讨论等方式，向学生介绍中国人在日常谈话中的话题选择问题，向学生说明中国人的动机和心态，并教给学生恰当的应对方法，以避免跨文化误解和冲突的出现。

汉语中所包含的文化内涵几乎无法穷尽，语言系统中的各个要素无不或多或少、或隐或现地蕴涵着文化的信息。语言交际是一个民族的习俗观念、价值观念、民族人际心理、社交交际利益、思维偏向等多重因素长期影响的结果，许多民族的交际文化之所以不易为外国人很快理解、掌握，其原因便在于它是深层文化的产物。因此在进行汉语教学时不能只停留在语言表面的意义和用法上，还应该介绍语言中所包含的文化内容，尤其是要呈现在真实文化语境中具体使用的情况，透过语言文化内涵开展对外汉语教学，消除汉语习得中的文化盲点。

## 4.3 地域文化融入文化教学

中国地域宽广，来中国学习汉语的留学生往往分散在全国各地，地域文化是他们能够直接接触和感受到的文化环境，是他们认识中华文化的窗口，我们完全可以充分利用当地资源，将地域文化纳入文化教学内容当中。

### 4.3.1 地域文化的含义及其与中华文化的关系

关于地域文化的定义，各家有不同的表达。郭锦桴（2010）认为，中华民族有主体传统文化，但同时又有各种地域变异的分支文化，它反映各地区人文、地理的文化特征、风俗习惯[①]。周琳娜（2014）认为，地方文化是在地理环境、自然环境和人文环境的综合影响下，在一定区域范围内，在长期的生产和生活实践中积淀形成的价值取向、思维方式和行为模式[②]。可见，地域文化是指某一特定地理范围之内，受自然环境、社会生产生活的影响长期形成的独具特色的物质财富和精神财富的总和，它体现在饮食、生活用具、建筑风格、名胜风光、方言、民风民俗、行为模式、价值取向等各个方面。三晋文化、齐鲁文化、燕赵文化、荆楚文化等都属

---

① 郭锦桴. 汉语与中国传统文化 [M]. 北京: 商务印书馆, 2010: 200.
② 周琳娜. 地域文化因素与对外汉语教学研究: 以辽宁为例 [J]. 黑龙江史志, 2014 (11): 332.

于地域文化的典型代表。

地域文化与中华文化相互交融、密不可分。首先，地域文化是中华文化的根基和源泉。历史悠久的中华文化，是一个由不同类型的地域文化组成的复合型文化体系，是地域文化几千年不断融合与碰撞的产物；同时，不同地域文化的交流也是中华文化不断更新与发展的重要源泉。其次，地域文化体现了中华文化的丰富性和多样性。中国地域辽阔，每个地域都有着自己的地域特色，"十里不同风，五里不同俗"的文化现象非常普遍。不同的地域文化就像中华文化这条大河的支流，最终都要汇入主流当中。留学生在选择留学居留地时，已经对留学地的情况提前做了了解，留学生来到中国，每天所接触的人、所看到的事、所面临的日常生活无一不打上留学地的地域印记，因此，留学生所接触的"中国文化"，其实恰恰就是"地域文化"。可以说，地域文化是进行中华文化教学的切入口[①]。

### 4.3.2 地域文化融入文化教学的意义

#### 4.3.2.1 提高学生的文化适应能力，缩短跨文化适应过程

留学生来到中国学习汉语，必然会面临文化适应的问题。文化适应是一个复杂、动态的发展过程。美国文化人类学家奥伯格（1960）将跨文化适应过程分为蜜月期、挫折期、恢复期和适应期四个阶段。大多数进入陌生文化环境的人在最初的新鲜感过后都会受到文化冲击，产生文化休克，表现出因不适应新环境所产生的失望、沮丧、焦虑、孤独等负面情绪，这会对留学生的学习和生活产生非常大的负面影响。这个时候，如果教师能关注到学生心理状态的变化，在教学中有意识地融入地方文化因素，帮助学生了解当地的风土人情，尽快融入新的生活环境，能够极大地缓解学生的紧张情绪，提高其文化适应能力，缩短跨文化适应过程，更好地投入到汉语和文化的学习中去。

#### 4.3.2.2 丰富文化教学内容，增强学生学习动机

目前的汉语教材存在一个比较普遍的问题：提到中国饮食，一定少不了北京烤鸭、四川火锅、咕咾肉；提到名胜古迹，一定会有长城、故宫、大雁塔；提到戏曲，肯定是京剧、黄梅戏、秦腔……这些都是极具代表性的中华文化，但如果学习者不在这些地区生活，它们就只是一个个空洞

---

① 华霄颖. 地域文化资源利用：从教学者的视角转向学习者的视角[J]. 国际汉语教学动态与研究, 2008 (3): 20.

的、缺乏情感共鸣的文化符号，容易让学生产生枯燥厌倦之感。相反，如果我们在文化教学中把当地的文化融入进去，选择学生看得见摸得着的"活"的文化，比如面对在山西学习生活的学生，我们教给他手擀面、刀削面的做法，让他们去感受晋剧、威风锣鼓、小花戏，带他们去晋祠、乔家大院、平遥古城、应县木塔……带学生在课上和课后零距离接触这些文化，让学生亲自去感受当地的风土人情，领略当地文化的魅力，让学生真正能够学以致用，势必会给学生以更深的体验，引起学生的情感共鸣，激发学生的学习动机，提高学习兴趣。因此，地域文化能够将单一的课本知识与实际生活相联系，极大地丰富了教学资料和文化教学内容。

4.3.2.3　丰富教学手段，形成课上课下联动学习模式

语言学习离不开真实的交际环境，如果只是把教学环境局限在课堂当中，把教学内容局限在课本上，很难提高学生的交际水平和跨文化适应能力。教师可以充分利用地域文化的相关资源，展开各种实践活动，为学生提供交际交流的平台，帮助学生理解和练习课本上的知识，这样就降低了学习难度，形成课上课下联动学习的模式。比如，学生在课堂上了解了当地的饮食特色、自然人文景观、风俗习惯之后，当他在实际生活中碰到学过的知识时，就能够很好地巩固复习；再如，课上教师介绍剪纸、晋剧等文化艺术后，邀请剪纸非遗传承人为学生讲解授课，带领学生到戏院真正感受戏剧文化，教学效果必定事半功倍。

4.3.2.4　培养学生多元文化意识，促进多元文化交流

汉语课堂上的学生来自世界各地，来华留学生本身就处于一个多元文化交流的环境中，而他们所要了解的中华文化，也是多个地域文化的融合。当留学生走进当地人的生活，感受地方民俗风情时，"中华文化"在他们心中就已经不再是一个个抽象的符号，而是具体可感的、丰富多彩的。他们品尝到的是实实在在的当地美食，接触到的是有血有肉、个性鲜明的当地人，他们对中国的认识，将不再停留于过去的刻板印象；他们通过多样的文化体验，真实地感受到中华文化的丰富多彩，对中华文化和中外文化的异同有了更深的理解；他们在向自己的家人朋友介绍中国时，也不再局限于外国人熟知的北京、上海，而是更加生动、立体、具象的内容。他们将不同国家和地区的文化带入中国，又将多元地域文化融合而成的中华文化带向世界，使得中华文化与世界多元文化处于持续良性的文化互动沟通过程中。

#### 4.3.2.5 帮助地域文化"走出去",扩大国际知名度

留学生到某一地区学习生活,将来便会成为当地文化对外宣传的桥梁和使者。以山西为例,三晋文化历史悠久,底蕴深厚,让学生感受三晋文化的魅力,让学生充分认识、了解甚至爱上三晋文化,加深他们对山西的认同感,让他们愿意主动向自己的亲人朋友介绍山西文化,能够起到很好的宣传推广作用,有利于提高山西的国际知名度和影响力,帮助山西文化"走出去"。同时,由于地理位置、经济发展、教育条件等因素的限制,山西的国际中文教育事业起步较早但发展缓慢,将留学生变成宣传山西文化的"活名片",久而久之会形成良好的循环,从而吸引更多的留学生到山西学习,促进山西国际中文教育事业的发展。

### 4.3.3 地域文化融入文化教学的原则

地域文化资源丰富多彩,但并不是所有的文化都适合进行教学。在进行地域文化内容的选择时,我们可以参考以下原则。

#### 4.3.3.1 适度性和代表性相结合的原则

引入地域文化的一个主要目的是提高学生的学习兴趣,如果内容繁杂或过偏过难,都会适得其反。地域文化范围非常广泛,内容有深有浅,教师在选择文化内容时绝不可面面俱到,不能不加选择地将大大小小、零零散散、不成系统的文化点一股脑儿堆到课堂上塞给学生,这样很容易使课堂容量超载,增加学生学习负担;生硬的课堂填充,也容易造成语言学习与文化教学脱节,容易使学生产生反感情绪。同时我们也要注意,留学生来到中国,最主要的目的是学习运用汉语标准语进行交际、了解中国的主流文化,地域文化作为地方特色可以介绍给学生,但不能本末倒置,主次颠倒;方言的讲授也不能过量,方言词汇和俗语可以让学生作为兴趣、作为拓展内容去了解,但不能做硬性要求。

在丰富的地域文化知识中,极具地域特色的代表性文化知识是首选内容,如山西的面食文化、晋商文化,东北的冰雪文化,川渝的火锅文化,天津的曲艺文化,燕赵的侠义文化,内蒙古的草原文化,滇藏地区的少数民族文化等,教师要"取其精华,去其糟粕",注意删繁就简,选择学生易于理解和接受的内容,尽量用直观明了的方式帮助学生了解。

#### 4.3.3.2 共性与个性相结合的原则

地域文化与中华文化你中有我、我中有你,地域文化并没有脱离中华

文化的范畴,要把地域文化的教学依托于中华文化进行介绍与传播;同属于中华文化的不同地区的文化也不是完全割裂开来的,不同的地域文化既有个性又有共性,教师在教学中需要妥善处理它们之间的关系。比如,同样是面食,山西有刀削面,武汉有热干面,四川有担担面,北京有炸酱面,新疆有拉条子……不同地区的面食为何有不同的制作方法与吃法?它们又有什么共性?如果我们能够启发学生在个性中寻找共性,既能帮助学生透过地域文化了解中华文化,又能让学生感受中华文化的丰富多彩,那文化教学的目的也就达到了。

4.3.3.3 趣味性与实用性相结合的原则

地域文化形式多样,每个类型都有不同的表现形式,采用单调的教学方法显然不能满足教学的需要。教师要从教学内容、教学方法、教学手段等方面认真思考,有针对性地设计教学方案。教师要尽量选取学生感兴趣的文化内容,创新思维,借助多种教学手段做不同形式的呈现,活跃课堂气氛,充分发挥学生学习的主观能动性。只有这样,才能增加文化教学的趣味性,进而提高教学效果。

实用的知识可以增加文化教学的趣味性。学生往往对学了之后能马上应用到生活中的知识最感兴趣。教师要坚持实用性原则,选择那些直观生动的内容、易于理解和接受的内容、学生所急需的内容、贴近学生生活的内容、日常交际中经常用到的内容进行教学;在教学方法上,教师要尽量运用情景式教学法、体验式教学法,设置真实性、生活化的交际场景,充分调动学生的积极性。

4.3.3.4 课堂学习与课外实践相结合的原则

为了达到良好的教学效果,地域文化的教学,除了课上的讲解和文化活动,还要充分利用当地资源,在确保安全的前提下带领学生走出校园,参加课外文化实践活动。这样,学生就能够身临其境地感受本土文化,对地方文化的整体感知会更加立体和深入。比如,在课堂上给学生介绍完中国传统节日——春节的来历及代表性习俗后,可以适时带领学生参与山西庙会,观看锣鼓、秧歌、小花戏、舞狮、社火、打铁花等民间文艺表演,参与饺子、油糕、花馍等年节食品的制作,让学生切身感受过年的氛围。让课堂文化教学与课外文化实践互为补充、相辅相成,才能使文化教学更加立体和饱满。

### 4.3.4 三晋文化融入中华文化教学

三晋文化即山西地区的文化。春秋时期，山西所在地为晋国所有，到战国时韩、赵、魏三家分晋，故后世用三晋代指山西。山西是黄河流域文化的中心，是中华文化的重要发祥地，有着深厚的历史底蕴。在丰富多彩的文化中，哪些项目适合作为教学内容介绍给学生呢？笔者认为，在文化教学中可以推介的山西文化有以下几方面：

自然地理环境。教师不需要像给中学生上地理课一样一板一眼地告诉学生山西的位置境域、地形地貌、气候特征等，而是要介绍由于客观的自然环境而产生的特殊地域文化，如偏硬的水质让山西人养成爱吃醋的习惯，小麦的大面积种植为面食文化提供了物质基础，相对封闭的"表里山河"地理状况造成山西人安土重迁、保守本分的性格等。

旅游名胜。名胜古迹、旅游景点都是学生了解地域文化非常好的途径。在山西，自然景观有恒山、壶口瀑布、太行山大峡谷，历史人文景观有娘子关、太原古县城、平遥古城、乔家大院、晋祠博物馆、关帝庙、皇城相府，还有反映佛教文化的云冈石窟、悬空寺、应县木塔、五台山、蒙山大佛等，教师可以在课堂上利用多媒体资源进行介绍，也可以带领学生进行文化体验，将抽象的历史文化知识融入真实可感的建筑和文物当中，帮助学生感悟中华文化的精华。另外，教师除介绍旅游资源，有必要告知学生学校附近的大型超市、商业区、车站、机场的位置及交通方式，以方便学生的日常生活。

建筑文化。山西有"中国古代建筑艺术博物馆"之称。比如，山西的大院是汉族民居建筑的典范，在山西，元明清时期的民居现存近1 300处，特别是晋中一带的晋商豪宅大院，像乔家大院、王家大院、三多堂等，建筑雄伟，集木雕、石雕等多种艺术于一体，从中可领略汉族传统民居建筑的精妙；同时，学生还能了解到晋商文化背后蕴含的艰苦创业、勤勉奋进、敬业诚信等精神。再如，窑洞也是山西省的传统民居之一，是黄土高原的产物，窑洞冬暖夏凉，既节省土地，又经济省工，是因地制宜的建筑形式，学生也可以从中感受中国人民的勤劳与智慧。

饮食文化。饮食是学生在日常生活中首先要面对的问题。中华美食享誉世界，八大菜系特色鲜明，而山西尤以面食文化闻名，素有"面食王国"之称。山西人几乎每顿饭都离不开面食，山西面食从制法到食法都十分讲究。教师可以在课上用多媒体进行展示，之后启发学生用学到的汉语进行表达，如让学生介绍自己喜欢的面食，介绍自己喜欢的饭馆，介绍一个自己的拿手菜，介绍自己国家的饮食特色等，这样既能提高学生的语言表达能力，又尊重了文化差异，还能激发其对中华饮食的兴趣，当然如果有机会带学生去当地的山西面馆亲身体验效果更好。教师还可以带学生品尝各种地方小吃特产，如清徐灌肠、浑源凉粉、右玉羊肉、莜面栲栳栳、碗托、平遥牛肉、太谷饼、牛肉丸子面、闻喜煮饼等，让学生用味蕾体验多彩的山西饮食文化，感受山西人民的创造才能和热爱生活的情趣。在中高级阶段，教师还可以将饮食文化与餐桌礼仪、宴请招待、酒桌文化以及背后的等级观、家庭观等深层文化意蕴结合起来讲解。

特色民俗文化。民俗文化是一个民族、地区的民众为满足自己的生活和审美需求而创造、共享、传承的风俗生活习惯和艺术形式，最能体现地域文化特色。山西的民俗文化艺术涵盖范围广泛，种类丰富、形式多样，比较有代表性的有民间剪纸、社火、威风锣鼓、炕画、面塑、祁太秧歌、晋剧等，形成了独特的风土民情。以剪纸为例，作为传统民间艺术的代表，山西剪纸有其独特的风格和镂空艺术，造型各异、寓意美好的剪纸与当地风俗相结合，蕴含了丰富的文化民俗信息。在山西，不管是岁时节令、婚丧嫁娶还是居家装饰，都少不了不同风格题材的剪纸，且剪纸成本低廉、工具简单易得，非常适合在汉语课堂上开展教学。学校还可以聘请一些当地优秀的民间艺术家、非遗传承人作为兼职教师进行教学，或者带学生到非遗传承基地等地方进行体验。山西戏曲也独具特色，四大剧种蒲剧、晋剧、北路梆子和上党梆子合称为"山西四大梆子"，具有浓郁的乡土气息，可谓山西民间艺术的集大成者。在文化教学中，教师可以给学生简单介绍戏曲的情况，播放著名戏曲的选段，讲解其背后的文化故事，并启发学生将中国戏曲与外国戏曲、歌剧做比较，从文化背景、表现形式、人物塑造、价值取向等方面进行解读，帮助学生对戏曲背后的文化内涵有更深层次的理解。

以上地域文化项目是对留学生最有影响且较适合进行文化教学的几个。教师在选择文化教学内容时，除优先考虑这些方面外，也要结合学生的具体需求和当时当地的实际环境灵活增添或删减地域文化项目。

山西历史悠久，文化资源丰富，我们的教师除了具备扎实的专业基础和知识储备量，还要树立地方文化意识，根据学生的特点和需求选择合适的山西文化内容，创新教学模式，并采用丰富多样的教学方法，使得三晋文化教学更好地服务于对外汉语教学。

# 5 文化教学对象研究

## 5.1 传播学视域下文化教学与传播对象分析

文化传播领域有一种现象叫"文化折扣",指因文化背景差异,国际市场中的文化产品不被其他地区受众认同或理解而导致其价值降低。语言、文化背景、历史传统等都可以导致文化折扣。文化折扣现象的实质就是传播对象也就是受众对传播效果的影响。无论是从文化教学与传播内容的选择、传播过程还是预期达到的最终效果来看,受众都是整个传播过程中的关键一环,能否满足受众的需要,获得受众的理解、得到受众的支持、吸引受众的主动参与,关系到这一过程的最终效果。

受众并不是被动的接受者,他对信息的注意和理解是有选择的。跨文化传播领域中的受众因意识形态、文化背景、思维方式、使用语言等的不同而显现出更大的选择上的差异。在文化教学与传播过程中,教师必须分析教学对象所处的文化环境,分析教学对象之间的差异,针对不同的对象,采取不同的教学策略。

### 5.1.1 文化传播受众的类型

与国内受众相比,跨文化传播受众具有广泛性、复杂性、多样性等特点。基于此,受众的类型可做如下划分:按受众对传播者的重要程度,可以将受众划分为重点受众、次重点受众和一般受众;按受众对传播者的态度,可以将受众划分为顺意受众、逆意受众和中立受众;按受众行为的发展过程,可以将国际传播受众划分为潜在受众、知晓受众和行动受众。在文化传播过程中,传播主体在策动传播时,首先要确定自己的重点受众,调动一切传播资源对其施加影响,争取重点受众的支持;在稳定顺意受众的基础上,努力扩大其范围,促使中立受众朝着顺意受众的方向转变,同时应通过多种手段消除逆意受众的误解与偏见,使其尽快转变态度;对于潜在受众,运用多种手段增加信息输入渠道,及时、准确地传递信息,扩大传播内容的影响,并着力扭转知晓受众、行动受众中持负面态度或行为的情况[①]。

具体到中华文化的传播,按受众对传播者的重要程度划分,江心培(2015)认为,对外传播应以控制着管理权力或引导着国家价值观舆论的对象国中上层人群(包括政界人士、商界人士和知识分子等)和意见领袖、媒体记者等为重点对象;海外华侨、华人和我国在外的留学生可以起到独特的桥梁和"辐射"作用,他们是中华文化对外传播的次重点受众;由他国一般民众组成的受众可视为一般受众,他们的特点是数量多,分布广,在传播内容接受选择上有较大的随意性,易受到本国意见领袖影响[②]。

受众对传播者不同的态度直接决定了他们对传播者所要传播内容的认可程度、接受程度。两国的外交关系很大程度上会影响到当地民众对对象国的看法。从外交史上各国与中国的关系而言,因近代历史原因与中国关系交好的国家如巴基斯坦、匈牙利等国家,在地域上与中国邻近、历史上交往密切、文化传统有诸多相似之处的泰国、马来西亚、越南等亚太国家,跟中国保持着浓厚的传统友谊、在发展道路上相互支持、真诚合作的非洲等第三世界国家,中国在这些国家民众心目中树立了亲善友好的大国形象,这些国家的大部分民众可视为我国文化传播的顺意受众,应以其为突破口传播中华文化,扩大中国国际影响。而欧美等发达国家由于历史原因、意识形态的差异以及近年来中国迅速崛起带来的他们认为的"威胁",与中国的关系有诸多波折,这些国家的部分民众对中国存在一定的误解或偏见,我国文化对外传播的绝大多数逆意受众也存在于这些国家。如何让这样的受众了解并接受中华文化,需要我们做好长远规划,不断努力。从民众个人对中华文化的态度来说,对中华文化有着深刻感情的海外华人、华侨和留学生,以及喜爱中华文化、已经开始学习中华文化与语言、想要通过到中国访学工作等方式更深入地了解中国、融入中国的海外友好人士等人群,他们兼具传播者与接收者的双重身份,在某种程度上已经是中华

---

① 程曼丽. 国际传播学教程 [M]. 北京:北京大学出版社,2006:186-193.
② 江心培. 以受众为中心的对外文化传播策略研究 [D]. 长沙:湖南大学,2015:30.

文化对外传播的桥梁，是我们的核心受众。另外，有了解中华文化的愿望、希望通过中华文化了解中国当前的社会发展状况的人群也是我国文化对外传播中需要高度重视的群体。

在对外文化传播过程中，受众往往会处在不同的发展过程，不同的发展过程对于中华文化内容的需求层次、反馈表现也是不一样的。从受众行为的发展过程来说，潜在受众指的是所有有机会有条件接触到中华文化的受众，在现代社会最典型的当属互联网使用者。他们可以通过网络接触到丰富的中华文化资源，其特点是分布广泛，层次多元，且对中华文化的接收具有较大的随意性。知晓受众是指本身对中华文化存在一定的好奇心理，有了一定的了解，愿意进一步主动接触的人群。行动受众指的是对中华文化已经形成正面的或负面的认知，且可能会进一步采取行动的人群。在对外文化传播过程中，我们要善于甄别受众处于哪种发展过程，才会最大程度地用不同的内容和表现形式维持他们对中华文化的兴趣。

具体到国际中文教育中的文化教学，学习汉语、了解中华文化的广大汉语学习者是其主要受众，我们也可以将其划分为预期受众、现实受众和潜在受众三种类型。预期受众是教材编写人员在编写教材时、节目制作人在策划节目时，甚至教师在备课时预先假想的将要阅读教材、收看节目或者听课的人，在进行相关文化活动之前，做好传播受众的调查工作，收集反馈信息，进行前期评估，能够大大提升教学效果。例如，在编写面向儿童的教材时，如果不考虑受众的年龄认知水平，加入诸如《红楼梦》、《高山流水》、孔孟之道、绿色经济、"一带一路"这样的文化因素，学习者不仅理解不了，学习兴趣也会受到打击；但如果加入孙悟空、大熊猫这样生动具体的形象，《找朋友》《丢手绢》这类朗朗上口的汉语儿歌，"老鹰捉小鸡"、拼七巧板、功夫这样的休闲娱乐活动，这样的教材一定会受到孩子们的欢迎，也会吸引更多的预期受众向现实受众转变。现实受众是指已经开始学习汉语和中华文化的人。一方面，国际中文教育的现实受众难以数计且分布广泛，需要我们关注其个体差异；另一方面，我们也要警惕现实受众的流失。汉语与西语属于不同的语系，再加上难识、难写、难记的汉字让不少汉语学习者望而却步，而且目前多数国家还未将汉语列入国民教育体系中，汉语课仍属于兴趣课，在外在动机不足的情况下能真正坚持的学习者非常有限。在这种情况下，只有丰富汉语课堂，发挥文化在语言教学中的作用，才能在最大程度上保留现实受众。潜在受众指那些还未开始学习汉语，但是因为工作、旅游、爱情、文化作品、中国国际地位提升等原因对中华文化感兴趣、有学习意向的人群，他们在遇到合适的契机时就会转变为现实受众，而我们要做的就是通过各种手段为他们提供这个契机，帮助他们实现身份的转变。

### 5.1.2 受众多样性的影响因素分析

中华文化对外传播时面对的是文化背景各不相同的国际受众，把握传播对象的文化内涵，采取合理的传播策略进行有效的沟通，是跨文化传播中的焦点问题。

关于文化的多样性，学界的认识有所不同。联合国教科文组织通过的《世界文化发展十年》的研究报告，将当代世界文化划分为八个文化圈：欧洲文化圈、北美洲文化圈、拉丁美洲与加勒比地区文化圈、阿拉伯文化圈、非洲文化圈、俄罗斯和东欧文化圈、印度和南亚文化圈以及中国和东亚文化圈[①]。美国学者塞缪尔·亨廷顿在其专著《文明的冲突与世界秩序的重建》一书中对当今世界文化作了这样的划分：一是中华文明，二是日本文明，三是印度文明，四是伊斯兰文明，五是西方文明，六是东正教文明，七是拉丁美洲文明，八是非洲文明。季羡林、汤一介等学者则认为当代世界文化分为四大体系：一是中华文化体系，二是印度文化体系，三是阿拉伯文化体系，四是欧美文化体系[②]。

多样性的文化孕育了各个国家和民族不同的价值取向、思维方式、宗教信仰、政治模式、语境文化和生活方式，从而产生了独特的文化接受规律和习惯。

#### 5.1.2.1 价值取向不同

价值观是文化的核心和基础，体现了一种文化的本质特征。价值观是关于行为的规则，是用来判断和指导人们的行为的标准系统。价值观属于深层文化，它不是个人的喜好或倾向，而是一种集体的文化意识。

关于价值观的理论研究，影响较大的一个是克拉克洪与斯特罗德贝克（1961）的价值取向理论，另外一个是霍夫斯塔德（2001）的文化尺度理论。前者认为，无论一个人来自哪种文化，他都必须面对人类的五个最基

---

① 拉兹洛. 多种文化的星球：联合国教科文组织国际专家小组的报告 [M]. 戴侃，辛未，译. 北京：社会科学文献出版社，2001：6.
② 汤一介."文明的冲突"与"文明的共存" [N]. 文汇报，2004-12-24（02）.

本问题，即人性的本质、人与自然的关系、时间的取向、行为的取向、人与人的关系各是怎样的，如何回答这五个基本问题就表现了不同的价值取向。后者则总结出四种区别不同价值观模式的文化尺度，即个体主义与集体主义、权力距离、男性文化与女性文化、不确定性回避。其中，个体主义和集体主义是区别不同价值观和文化模式最重要的文化尺度，也是比较中西方文化的核心理论框架之一①。

一般来说，现代工业化国家更多地体现了个体主义文化的特点，如美国、加拿大、西欧国家、澳大利亚、新西兰等；而传统的农业化国家大多是集体主义文化，如亚洲、非洲、拉丁美洲的大多数国家。个体主义文化和集体主义文化最主要的区别是对自我与集体关系的认识。个体主义文化中个人与群体、社会的关系松散，相互依赖程度弱，把个人看作独立的存在，突出自己的与众不同，强调个人的权利、独立性、自我实现、首创性和隐私。而集体主义文化强调的是集体的和谐，把个人看成集体的成员，强调个人对集体的归属、融合与忠诚，以及集体对个人的保护和支持②。中国与美国正是体现两种不同价值取向的典型国家。中华文化崇尚集体主义，从"忠恕之道"与"和为贵"的做人准则，到"先天下之忧而忧，后天下之乐而乐"的政治境界，再到强调集体利益的社会主义原则，集体主义价值观贯穿中国人社会生活的方方面面。个体主义是美国人最重视的价值观，也是美国文化最突出的特点。美国人往往表现出强烈的自信心和主动精神，追求个人的自我实现，不愿意别人干涉个人的决定和隐私。

正因为价值取向的不同，西方国家的受众在听到"愚公移山""精卫填海"这样的民间故事时，在看到"四世同堂""421家庭"这样的社会现象时，在面对中国人的住房观念、饮食观念、择业观念、贬己尊人的礼貌原则时……往往会感到困惑甚至提出质疑，这时我们如何回应和解释，直接影响到受众对中华文化和中国人的态度，需要慎之又慎。

#### 5.1.2.2 思维方式不同

思维方式是人们看待事物的角度、方式和方法，受不同文化、个人知识结构、社会与工作环境及习惯等方面的影响而形成。例如，中国人倾向于综合、整体型思维，喜欢用形象、类比、直观的方式看待事物，注重对立面的辩证统一，不重视对细节做理性的分析；英美人倾向于分析型思

---

① 祖晓梅. 跨文化交际 [M]. 北京：外语教学与研究出版社，2015：19.
② 祖晓梅. 跨文化交际 [M]. 北京：外语教学与研究出版社，2015：58.

维，喜欢用概念、逻辑的方式看待事物，注重对立面的二元对立。由一种思维方式组织起来的一套语言信息发出后，接收者以另一种思维方式去破译或者重新组织，就可能发生歧义或误解①。

思维方式的差异会渗透进社会生活的方方面面，可能造成跨文化交流中的障碍。由于中国人偏好整体思维，才会有"元辅音整合"的音节结构模式，才会有大小、国家、长短、年月等由"大概念"到"小概念"的语素排列顺序，才会有"形音义整合"的构型文字——汉字，才会有表示宗族血统的姓在前、表示个人称谓的名在后的习惯，才会有谋篇布局上先引经据典、铺陈排比，做好铺垫再引入自己观点的语篇结构。而英语正好相反，在描述时间、空间时总是将小概念放到前面，在叙述问题时总是先直截了当地摆明自己的观点，再一条一条地提出分论点进行论证。正因为如此，中国学生写的英语文章常被认为是思路比较混乱、不符合逻辑的，而英语国家的人写的文章又被中国人认为观点过于犀利、没有引经据典因而不那么有说服力。为什么用汉语写的文学作品很难获得诺贝尔文学奖？如何解答"李约瑟难题"？这些问题的答案，我们都可以从思维方式的差异上得到一些启示。也正因为如此，在文化传播过程中，如何让传播信息更有效地呈现与传递，一定要考虑不同接受国思维方式的特点。

#### 5.1.2.3 语境文化不同

霍尔把文化类型分为高语境文化和低语境文化。在高语境文化中，语言传递的信息非常少，重要的信息通常靠情景性的隐性线索来传递（地点、时机、情景、关系、文化背景等）；在低语境文化中，信息通常靠明确的语言交流来传递。有学者把东方人的思维方式比作"垫脚石式"，作者（讲话人）不把自己的意思直接地表示出来，而是采取迂回、隐含的方法，犹如在水中投下一块一块的垫脚石，使读者（听话人）借助于"垫脚石"悟出作者的意思；而把西方人的思维模式比作"桥式"，作者（讲话人）组织思想的方式是为了直接明白地把自己的意思传达给对方，犹如一座桥，读者（听话人）只要从桥这头走到桥另一头就把意思弄清楚了②。要提高对外传播的效果，就必须对语境文化有较深了解，否则用高语境的文化方式在低语境的国家传播，对方可能觉得传播方有所隐瞒、不真诚、难以捉摸；同样，如果采取低语境的方式在高语境的国家传播也会被认为

---

① 关世杰. 跨文化交流学 [M]. 北京：北京大学出版社, 2015: 103.
② 胡文仲. 跨文化交际学概论 [M]. 北京：外语教学与研究出版社, 1995: 81.

咄咄逼人、不懂得和谐关系的建立，令接受者很不适应。

#### 5.1.2.4 宗教信仰不同

宗教是一种特殊的文化现象，它对人们的思想、行为、习俗等都产生了深远的影响。世界上大的文化群体常以基督教文化、东正教文化、伊斯兰教文化、印度教文化、儒家文化加以划分。宗教的差异常是引起不同信仰人们之间发生冲突的重要原因[①]。

宗教是一种社会规范，它的规范性体现在宗教仪式、戒条及教义等各个方面。在跨文化传播中，只有正确认识和对待各国宗教信仰，才能处理好国际关系，避免触及宗教禁忌，产生文化冲突。例如，中国人常常被外国人质疑是"没有信仰"的，面对这样的不理解，我们该如何回应？当我们在海外遇到向自己传教的情况时，我们该如何处理？当对方的宗教信仰与我们的文化相互抵牾时，我们该如何应对？只有充分了解对方的宗教信仰，充分考虑各国的文化差异，提前做好应对各种敏感问题的预案，才能有效进行文化传播。如果宗教问题处理不当，必然会产生文化冲突，对中华文化走出去产生消极影响。

#### 5.1.2.5 习俗与禁忌差异

中国有句俗语："十里不同风，百里不同俗。"习俗具有地域性，任何人任何时候都要受到特定环境中习俗的影响，它渗透到了人们生活的方方面面，对人们的社会行为具有强大的约束力，因而在跨文化交际中，要尽量做到入乡随俗。禁忌是相关群体在心理和行为上的"禁区"，是习俗重要的组成部分。语言符号中的禁忌是最能体现不同文化范畴的要素。例如，在英语文化中"胖（fat）"是禁忌词，如果形容一个人胖可以用"overweight"来代替。再如在美国提到黑人的时候不能用侮辱性的词语"nigger/negro（黑鬼）"，而应该用"African American"，以避免种族歧视之嫌。在文化教学中，汉语教师要有充足的文化储备，在备课时一定要考虑到当地的习俗禁忌问题，如不随意用"××很胖，××很瘦"举例，在交际中不随便使用数字"13"等。

#### 5.1.2.6 民族性格差异

民族性格是指各民族在形成和发展过程中凝结起来的表现在民族文化特点上的心理状态，是一个民族的共同特征。每个民族都有着鲜明的民族

---

① 关世杰. 跨文化交流学 [M]. 北京：北京大学出版社，2015：130.

性格和民族特征。西方人体现出明显的外向型性格，他们强调以自我为中心，追求自由、个人享受和自我实现，鼓励创新和与众不同；在人际交往中，他们情感易外露，说话坦诚，行为直率。以中华文化为代表的东方文化则具有极强的内向型性格，在公共场合，中国人一般比较内敛，说话委婉含蓄，不愿意轻易流露自己的感情；不愿意公开发表意见，不愿意与人直接起冲突，即使表达自己的想法，也要引经据典，贬己尊人，表现出谦虚谨慎的风格。因此，两种不同类型的民族交流时，常常发生误解和冲突。特别是在汉语作为第二语言的课堂上，两类学生的差异非常明显。当教师提问时，欧美国家的学生总是争先恐后地回答问题，竞争意识极强，因而课堂气氛非常活跃，学生课堂参与度高，会获得更多口语练习的机会；而东方国家特别是日韩的学生在课堂上则比较沉默，即使心中已经有了非常确定的答案，可能也不会主动回答教师的问题，因而课堂气氛往往显得沉闷，但他们的阅读、写作技能往往要高于欧美学生。

5.1.2.7 国家政策与舆论引导差异

世界各国与中国在历史渊源、亲属关系、意识形态等方面的差异，导致每个国家在对华政策、舆论引导上也各有不同，进而影响到民众对中国的态度。比如，新中国成立以来，同为第三世界国家的中国和非洲一直保持着良好的外交关系，特别是近些年来中国迅速崛起，为非洲国家提供了多方面的援助，而"中国模式"也已经被许多非洲国家借鉴，因此，中华文化在非洲传播，受众的疑虑和误解要远远少于其他地区。新中国成立后，尤其是21世纪初以来，非洲国家对汉语学习的需求迅速提升，汉语教学蓬勃发展，孔子学院数量快速增加，不少国家已将汉语纳入国民教育体系；同时，随着中非政治、经济等各领域合作交流的增加，越来越多的非洲年轻人把学习汉语看作改变人生命运的途径之一，"中文+""+中文"职业汉语教育需求巨大，这对国际中文教育事业的发展、中华文化的传播有强大的推动作用。

5.1.2.8 受众个体差异

前面我们从宏观上说明了影响受众的因素，实际上受众之间的个体差异也会对文化传播的效果产生影响。受众之间的个体差异包括年龄、性别、职业背景、社会地位、家庭环境、接触异文化的动机、情感状态，以及个人接收信息的方式如学习风格、学习策略、学习观念、认知方式等因素。例如，从年龄上来说，青少年、儿童更容易对生动有趣、活泼可爱的文化符号感兴趣，而成年人更倾向于通过阅读、访学、工作等方式对某一文化做深入了解；女性可能更喜欢了解梁祝这样的爱情故事，男性可能更喜欢看动作电影；出生在华人家庭的孩子，对汉语和中华文化会有一种天然的亲近感，不管是从动机上还是从情感上来说都要更强烈；倾向于视觉型学习风格的人更喜欢通过图片、视频等视觉渠道接收信息，而倾向于动觉型学习风格的人更喜欢通过肢体的感受、通过亲身参与获取信息。当面对不同人群时，我们要对症下药，通过恰当的途径和手段进行文化信息的传递。

除了上述差异，不同民族在语言上的差异也会造成跨文化传播的误解，前文已有阐释，这里我们不再赘述。

### 5.1.3 构建以学习者为中心的文化教学模式

在文化传播过程中，针对不同国家的受众，我们应开展有效的受众分析，有的放矢地调整传播策略，从而达到传播效果的最大化。在文化教学中，基于语言文化学习者的巨大差异，无论是教学内容的选取还是教学方法的选择，我们都要站在学习者的角度来考量。

#### 5.1.3.1 转变传播观念

在说到文化的对外推介时，我们更倾向于用"传播"而不是"推广"。这是因为，"传播"更像是文化的主动对外扩散，而"推广"的"推"，给人一种主体国强势推出、受众被动接受的感觉。唐宋以前，中国古代文化"自然溢出"的盛况，正是因为当时的中国文明先进、国力强大，其他国家抱着取经的心态主动来了解学习。在文化传播中，我们要跳出"中国人"的限制，以客观的态度向世界介绍中华文化，极力避免民族虚无主义和文化沙文主义两种文化心理；也要坚持"己所不欲勿施于人"的价值取向，坚持"和而不同"的原则，平等对待受众，要让对象国民众在欣赏中主动、自愿去接受、了解我们的文化，而不是给人以居高临下甚至强迫、征服的感觉。

#### 5.1.3.2 从受众需求出发

美国社会学家卡茨（1974）曾提出"使用与满足"理论，它强调受众的能动性，突出受众的地位。受众有不同层次的社会和心理需求，在进行文化传播时，应考虑不同层次的文化产品如何满足受众不同层次的需求。我们现阶段的文化教学，一个很大的问题就是以教师和课本为中心，教师想到什么、对什么文化比较了解，或者课文提到什么，我们就给学生讲什么，而学生喜欢的、希望学的文化内容往往没有被列入教学内容中，这说明我们并没有做足够的前期调查，并不清楚学习者想了解的是什么。"厚古薄今"就是最典型的表现，我们以自己灿烂辉煌的古代文明为傲，往往会不自觉地对传统文化做更多介绍，殊不知更多的学习者是被当代中国的快速崛起所吸引，想要了解当代中国的发展状况、当下中国人的社会生活情况，如果我们一味地给学习者讲解四大发明的贡献、中国几千年的历史，学习者可能不但不感兴趣，甚至还会产生反感情绪。应该建立一个比较完整和系统的中华文化和国情大纲，建设全面、不断更新的文化资源库，分国别分地域做好前期的调查研究工作，转变教师的教学观念，创新文化教学方法，千方百计满足学习者的需求，文化教学和传播效果才会更好。

5.1.3.3 尽量贴近或符合当地文化

斯特劳哈尔（1991）曾提出"文化接近性"（cultural proximity）理论，指的是受众基于自身的文化背景，在文化传播中较倾向于接受与自身文化、语言、风俗接近的文化内容。也就是说，文化传播内容要想被受众所接受，必须尽量贴近或符合当地文化。这一原则在文化教学中同样适用。文化具有民族性，但不同的民族文化也具有许多相似性。两种不同的文化中共性的或接近的部分可能更容易被异文化者理解、认同和接受。例如，高铁、共享经济、无现金支付、网上购物这样的现代生活方式给人们带来了极大的便利，受众愿意去了解，也希望它们能进入自己的生活；中国文化中的"和谐"观可以用来处理人与自然、人与人、国家与国家之间的关系，是被大家所普遍认可的、我们极力追求的价值取向，符合绝大多数海外受众的诉求，很容易获得认同；墨家思想中的兼爱、非攻、尚贤等思想，某种程度上来说与西方的平等观念更贴近，反而是儒家思想中的忠、礼、孝等等级意味比较明显的观念难以被西方国家理解与接纳，容易引起误解；但如果给日韩等受中国传统文化影响较深的国家受众介绍儒家思想，却非常容易引起共鸣。世界各国文化差异巨大，与中国的关系有亲有疏，要遵循"外外有别"的原则，要参考"他者"文化对中华文化进行阐释，用受众熟悉的话语、认同的价值向其传播中华文化理念，切忌一刀切，否则不仅会影响文化传播的效果，还可能造成交际误解和文化冲突。

### 5.1.3.4 充分考虑受众的个体差异

在文化教学和传播时,我们要从宏观上关注国家和地区的差异,也要从微观上考虑受众的个体差异。汉语学习者有中小学生,也有大学生及成人;有企业职工,也有公职人员;有文化差异巨大的欧美学生,也有血统上与中国人一脉相承的华人华裔……文化背景、母语背景、年龄、职业、社会阶层、学习动机和需求等各方面的差异要求文化教学的具体方法和内容要各有侧重。

本书仍以《参考框架》为例。《参考框架》分初、中、高三个层级,即小学、中学、大学及成人阶段的划分,其主要依据就是学习者的认知水平和接受能力,而不是文化内容本身的难易程度。我们在三个一级项目中随机选取一些二级文化项目,通过对比每个项目不同阶段的教学内容、教学目标和文化点来体会《参考框架》以学习者为中心的理念。如"饮食"文化项目,初级(小学)阶段的教学内容和目标是了解北京烤鸭、火锅等主要食物以及口味偏好和进食工具等能被具体感知的内容,中级(中学)阶段需要了解地方菜系和餐桌礼仪,高级(大学及成人)阶段就涉及饮茶饮酒等成年人才有的活动和健康饮食观念层面的内容;"文学"文化项目,初级阶段可以带着学生了解女娲补天、木兰从军这样的神话故事、民间传说,中级阶段就可以了解唐诗宋词、《西游记》、《三国演义》等古典文学及其与历史、社会生活的关系,高级阶段则可了解《诗经》《楚辞》《红楼梦》《水浒》等难度更高的文学作品,理解其与时代的关系和对中华文化的影响;"地理"文化项目,小学阶段只需要了解长江、黄河等名山大川,大熊猫、金丝猴等珍稀动物,中级阶段要了解中国的地形、气候、行政区划、重要城市,高级阶段则涉及经济发展、环境保护以及地理与文化特征、民族性格的关系等。所有文化内容的选择和教学目标的制订,都遵循了由具体到抽象、由物质层面到观念层面的规律,都考虑到学习者对所学领域的熟悉程度,都与学习者的年龄和认知水平相适应,同时对具体文化项目的学习深度也有明确的区分。

总之,在文化教学与传播过程中,要充分考虑中外文化的差异,考虑学习者的感受,与学习者的真正需要相适应,选择学习者能顺利接受的视角和表达形式,把自己摆在与学习者平等的地位上来传播文化。

## 5.2 以学习者为中心的文化教学模式个案研究

在国际中文教育领域,对"三教"(教师、教材、教法)的研究正方兴未艾,而对学习者和教学环境的研究则相对较少。目前,世界各地的汉语学习者难以数计。从学习环境看,有在中国也就是目的语环境下学习汉语的学习者,还有更多分布在各个国家和地区、在非目的语环境下学习汉语的学习者;从学习形式看,有学历教育和非学历教育;从年龄看,学习者在各个年龄层次都有分布,且有向低龄化发展的趋势;从职业分布看,学习者的职业分布也非常广。国际中文教育因各国的国情、需求等方面的不同而呈现出多样化的发展趋势。针对不同的国别、地区开展研究分析,不仅符合当地汉语教学与文化传播工作的现状和要求,也对促进国际中文教育的持续健康发展有重要意义。本节内容基于笔者的实践经历,第一部分以非目的语环境中的学习者——保加利亚中学生为调查对象,针对学习者的学习风格进行阐释并据此提出相应的文化教学和传播策略;第二部分以目的语环境中的学习者——山西中医药大学来华医学留学生为调查对象,针对学习者的汉语学习观念进行研究并说明其对文化教学的启示。

### 5.2.1 保加利亚中学生汉语学习风格调查

#### 5.2.1.1 研究目的与研究意义

保加利亚在汉语教学方面有着很长的历史。位于保加利亚首都的索菲亚大学是新中国成立后建立的首批国外汉语教学点之一。1952 年 9 月,中国著名语言学家朱德熙先生到访索菲亚大学;1953 年 3 月索菲亚大学正式开设汉语课,建立了保加利亚第一个汉语教学点;1991 年,索菲亚大学正式设立"汉语言文学"本科专业,并逐步建立起了汉语本科、硕士、博士教育体系。在孔子学院设置方面,索菲亚孔子学院于 2007 年 6 月 22 日正式揭牌成立并运营,目前已成为全球二十四所示范孔子学院之一;2012 年 10 月 10 日,保加利亚第二所孔子学院——大特大学孔子学院正式揭牌成立。与此同时,孔子学院下设的教学点也在不断发展壮大,汉语课堂所面对的学生,已不仅仅局限于大学生及社会人士,中小学生已经成为汉语学习的主力军。为了在保加利亚中小学推广汉语教学并加强教学交流与督导,保加利亚汉语教学学校联盟于 2012 年 9 月 26 日在索菲亚成立,该联盟涵盖了索菲亚、普罗夫迪夫、瓦尔纳、鲁塞、维丁等 7 个保加利亚主要城市的 9 所重点示范学校。

汉语教学事业的蓬勃发展,使保加利亚对汉语教师志愿者的需求不断增加。笔者曾有幸被选为赴保加利亚汉语教师志愿者并在保加利亚西北部的维丁市教授中学生汉语。在赴任之前,笔者非常希望能从各个途径更多地了解保加利亚及其汉语教学,为赴任后工作的开展做好铺垫。但遗憾的是笔者能够得到的信息仅限于与历任志愿者的一些感性交流,基本找不到关于保加利亚汉语教学及文化传播方面的文章。由此可见,尽管保加利亚汉语教育事业起步较早、发展较快,但基于当地现实情况的研究还非常少,因而开展针对保加利亚汉语教育的国别化研究,特别是针对保加利亚中学生的研究,是非常必要的。

每一个受众接收信息的方式受多种因素的影响,在自身的生理特点如认知能力、性格倾向等的基础上,每个受众都在长期的信息接收过程中形成了自己独特的学习风格,而不同的学习风格又会使学习者倾向于采用与之相关的学习策略及学习方法。学生对自身学习风格越了解、越能充分利用,他们接收信息就会越高效。因此,教师可以通过有效的风格测试量表,帮助学生了解自己独特的学习风格,并有针对性地采用有效的学习方法,提高其接收信息的质量和效率。同时,作为国际中文教育中的文化传播主体,每个教师都有自己的教学风格。教师首先要对自己的教学风格有全面的了解,而且也要充分意识到,教师和学生之间发生风格的冲突是无法避免的。这个时候,通过探究学习者学习风格的总体倾向及其差异,才能进行高效的、有针对性的教学,从而实现教学风格与学习风格的有机匹配,帮助教师提高汉语教学水平和文化传播效率,完善个人教学风格。

5.2.1.2 学习风格概述

(1) 学习风格的含义和特点。

学习风格是学习者在一定的生理特征基础上,在长期的学习活动中逐步形成的相对稳定的吸收、处理和储存信息的方式,具有鲜明的个性特征。学习风格具有以下特点:第一,独特性。学习风格的形成受到学习者个体发展的多种变量或因素的影响,包括学习者自身的因素、成长环境和教育形式等,它既反映出个体独特的生理特征,又反映出环境对个体的影响。第二,稳定性。学习风格是学习者在长期的学习过程中逐渐形成的,一经形成，即具有持久稳定性，很少因学习内容、学习环境的变化而变化。第三，可塑性。学习风格的稳定性并不表明它不可改变。已经形成的学习风格，也会因个人认知水平的提高和环境的变化而发生一定程度的变化。第四，直接参与性。学习者的学习风格会直接参与学习活动过程，而诸如能力、性格等个体差异对学习的影响都是间接的，它们都必须通过学习风格这一中介才能对学习过程发生作用。第五，相对性。学习风格并没有好坏之分，只是某些学习风格可能更适于完成某些学习任务或者获得某种技能。即学习风格不同于智力、能力等个体差异，它不反映水平的高低，只反映方式的不同①。

（2）学习风格的基本类型。

由于对学习风格的含义及构成要素并没有完全一致的看法，研究者们在风格分类上也观点各异。本书从认知技能发展的角度出发，主要参考Reid（1984）提出的六种学习风格类型对汉语学习风格进行了分类。①视觉型学习风格：通过视觉器官接收信息能够有效地学习；②听觉型学习风格：通过听觉器官可以更有效地学习；③动觉型学习风格：通过全身的参与可以更有效地学习；④触觉型学习风格：学习者通过动手可以更有效地学习；⑤小组型学习风格：学习者通过和他人合作学习可以取得更好的效果；⑥个人型学习风格：学习者更喜欢一个人学习。

研究中笔者发现，Reid 在其"perceptual learning-style preference questionnaire"测试量表中，将动觉型学习风格描述为"学习者在积极参与课堂游戏、实地考察、角色扮演等体验性活动时能更有效地记忆信息"，将触觉型学习风格描述为"利用相关材料动手制作模型、做实验、参与肢体活动时更能有效记忆信息"。由此可见，动觉型和触觉型两种学习风格都强调学习过程中的实践性和操作性；考虑到在汉语教学和文化传播中，会更多地运用游戏、角色扮演等体验性活动，而非与理工科联系更为紧密的模型制作、做实验等教学方法，因此笔者将两个类型的学习风格合并为"动觉型"一个风格类型。同时，将合并后的五种风格类型按照其不同属性再次划分为两大类。第一类为感知型学习风格，每个学习者都会有使用某些不同感觉器官来感知和接受外界信息的偏好，从而表现为不同的感知

---

① 谭顶良. 学习风格论［M］. 南京：江苏教育出版社，1995：17.

型学习风格，包括视觉型学习风格、听觉型学习风格、动觉型学习风格；第二类为社会型学习风格，学习总是在一定的社会环境中进行的，学习者总是偏向于这样或那样的社会环境，从而表现为不同的社会型学习风格，包括小组型学习风格和个人型学习风格。

5.2.1.3 研究设计

（1）研究对象。

笔者在保加利亚西北部边境城市维丁市最大的综合学校 Tsar Simeon Veliki 任教。该校建于 1882 年，至今已有 132 年的历史，以在保加利亚第一帝国时期对整个国家的发展做出卓越贡献、将保加利亚带入文化发展黄金时期的国王 Tsar Simeon Veliki 命名。该校开设小学、中学的所有课程，共设有 12 个年级，其中在七年级到十一年级的学生（14 岁至 18 岁）中开设了汉语课。笔者是该校第一名汉语教师志愿者，在此之前该校没有开设过汉语课，因此教学对象均为零起点学生，每周上两个课时，每课时 40 分钟。本次研究便以这一年龄段选修汉语课的学生为研究对象，基于国内外关于学习风格的相关研究，根据文化传播的特点及保加利亚中学生的实际情况，制定出适合保加利亚中学生汉语学习者的学习风格类型及测试量表并进行调查分析，旨在发现保加利亚中学生学习风格的总体倾向及产生原因，并为汉语教学和文化传播提出相应的教学对策和建议。

（2）学习风格量表设计及问卷调查情况。

本研究中的学习风格量表主要参考了已被广泛应用于语言学、教育学、跨文化交际等各研究领域，内部一致性系数 α 达到 0.873 的 Reid 的感知学习风格量表。当然，为了使量表更加切合保加利亚中学生的特点，笔者在设计量表时，不仅参考了国内外其他信度、效度较高的量表，特别是 Oxford（1995）的学习风格量表，而且尽量结合汉语教学和文化教学中所应采取的手段和策略、中学生的年龄和认知特点以及学生平时的课堂表现、对学生的访谈等进行设计，以保证量表的全面、客观。同时，由于被调查者是母语为保加利亚语的中学生，汉语学习处于初级阶段，汉语水平有限，而笔者是当地第一位也是唯一一位汉语教师，当地也没有会说保加利亚语的中国人，为了增加量表的可懂性，笔者首先将量表翻译为英文，然后请学校的英文教师将量表翻译为保加利亚语，再将已翻译的问卷交给另外一位英文教师进行校对与修改，以保证量表翻译的准确性，减少语言不地道或文化误解所产生的影响。

调查问卷由以下四部分组成：

第一，调查说明。

调查问卷的开始为一封短信，简要说明了本次调查的目的与性质。这样是为了使被调查者明确调查目的，消除抗拒心理，乐于接受调查，认真回答问题，提供更加符合实际情况的答案；同时尽量避免给学生造成心理负担而影响测试结果。

第二，个人信息。

个人信息部分主要列出了姓名、性别、年级及学习汉语的动机四项基本情况，作为了解学生大致情况的切入点。

第三，问卷主体。

问卷的主体部分为保加利亚中学生学习风格量表。在量表之前，为了保证调查结果的准确性和可靠性，笔者首先对问卷的作答做了说明，即作答时被调查者应该依靠自己的第一反应快速选择答案；并给出了量表中1至5所代表的含义。

第四，结束语。

结束语表达了笔者对学生的感谢及学好汉语和了解中华文化的祝愿，使问卷有始有终。

本次调查共回收问卷50份，其中有效问卷47份，有效回收率为94%，剩余3份问卷因学生没有完整作答而失效。调查对象基本情况统计完成之后，笔者将测试量表所得所有数据输入电脑，并利用社会统计学软件SPSS13.0进行分析。

（3）结果与分析。

①调查对象基本情况。

调查完成之后，笔者对有效问卷的调查对象基本情况进行了统计，所得结果见表5.1、表5.2、表5.3。

表 5.1　被调查对象的性别比

| 性别 | 人数/人 | 百分比/% |
|---|---|---|
| 男生 | 17 | 36.2 |
| 女生 | 30 | 63.8 |
| 合计 | 47 | 100 |

表 5.2　被调查对象的年级比

| 年级 | 人数/人 | 百分比/% |
|---|---|---|
| 七年级 | 20 | 42.6 |
| 八年级 | 13 | 27.7 |
| 九年级 | 3 | 6.7 |
| 十年级 | 7 | 14.9 |
| 十一年级 | 4 | 8.5 |
| 合计 | 47 | 100 |

表 5.3　被调查对象学习汉语的动机调查结果

| 学习动机 | 人数/人 | 百分比/% |
|---|---|---|
| 想去中国 | 21 | 44.7 |
| 想和中国人交流 | 11 | 23.4 |
| 想了解中国和中华文化 | 35 | 74.5 |
| 喜欢看中国电影 | 7 | 14.9 |
| 中国越来越强大 | 24 | 51.1 |
| 学汉语很流行 | 9 | 19.1 |
| 喜欢学习不同的语言 | 42 | 89.4 |
| 将来找到更好的工作 | 32 | 68.1 |
| 父母要求我学汉语 | 7 | 14.9 |
| 其他原因 | 4 | 8.5 |

注：虽然被测试者可能存在多个学习动机，但各个学习动机之间并不产生冲突，因此在统计学习动机的百分比时采取了重复计数的方法。

②保加利亚中学生汉语学习动机分析。

调查中发现,出于"喜欢学习不同语言""想了解中国和中华文化""将来找到更好的工作"以及"中国越来越强大"的动机选择学习汉语的同学占到了总人数的一半以上。出现这样的结果可能基于以下几个原因。

第一,保加利亚教育体系的影响。保加利亚的中小学教育实行三级制,一至四年级为第一阶段,五至七年级为第二阶段,八至十二年级为第三阶段。入学后,学生必须选修至少两门外语,第二门外语可参考第一外语的框架来选择。七年级结束时,根据自身的天赋、爱好及成就,学生可以选择读取语言、数学、电子机械、音乐等专门性学校,或选择类似于国内职业高中一样的职业学校,也可以选择普通的综合性学校。但即使是综合性学校,同一个年级也会按不同的领域如语言、人文科学、计算机与信息科学、生物化学等来编班,每一个班级的课程安排都不尽相同。保加利亚非常重视学生的语言学习。保加利亚语是印欧语系斯拉夫语族中历史最悠久的语言,它有非常严谨的语法体系,在中小学阶段,学生需要花大量的时间进行保加利亚语的学习;英语则是学生的第一外语,保加利亚对英语非常重视,学生从一年级就开始学习英语,有些甚至在课下参加英语补习班,有的学校还会开设全英文授课的课程;除了将英语作为学生的第一外语,由于保加利亚地处欧洲,学生有更多的机会学习德语、法语、西班牙语、俄语等语言,很多学校还开设了日语、汉语等课程,一些学校如鲁塞中学,中文从一年级开始就作为学生的必修课。而学生也乐于学习不同的语言,譬如调查中因"喜欢学习不同语言"而选择学习汉语的学生比例高达89.4%。

第二,中华文化的吸引力。中国与保加利亚距离遥远,至今都没有直通航班,两国人民难以直接接触彼此的语言环境和文化。保加利亚学习者了解汉语和中华文化的主要渠道是网络和电影,且都会以保语或英语作为媒介语。笔者所在城市地处偏远,之前也从来没有中国老师开设过汉语课,因此学生对中国和中华文化非常好奇,于是学习者选择学习汉语,希望能够使用汉语和中国人进行直接交流,并以汉语为媒介更好地了解中华文化,从而对中华文化及中国社会有更直接、更深入的了解。在调查中,因为想了解中国和中华文化而选择学习汉语的学生占到总人数的74.5%。笔者刚到任教学校时,校长便提出建议,一定要多向学生介绍中华文化,这是吸引学生非常好的方式。

第三,中国国际地位的提高。近年来,中保两国在国际学术交流、文化活动等各方面多有合作,截至2020年年底,大特尔诺沃大学及大特孔子学院已连续承办了七届"中国与中东欧政治、经济、文化关系国际研讨会",还联合政府部门、社会各界开展了多达120余场中华文化和语言推广活动,取得的成就被新华社、保加利亚《今日中国》报社等媒体多次报道和转载[①]。在"一带一路"倡议下,中保两国之间的经贸、文化联系不断增多。随着中国国际地位的提高、在保加利亚影响的扩大以及两国合作机会的增加,越来越多的保加利亚人开始关注中国、想要了解中国,也有越来越多的保加利亚人认识到汉语在未来职业生涯规划及求职计划中的作用,68.1%的学习者认为学习汉语能够为自己日后的职业生涯拓宽道路。

③保加利亚中学生学习风格总体倾向。

本次调查中,每种学习风格包含十个题目,参考Reid的说法,如果某种学习风格各个题目之和的均值在38到50之间(含38与50),那么这个风格就是该学习者的主要学习风格(major learning style preference);如果均值在25至38之间(含25),那么这个风格就是该学习者的次要学习风格(minor learning style preference);如果均值在25以下,那么这个风格在该学习者身上就是可以忽略的(negligible learning style preference)。以此为依据,笔者利用统计学软件测出每种学习风格的最大值、最小值、平均值、标准差、中位数及众数,并对结果进行了分析,见表5.4。

表5.4 保加利亚中学生汉语学习风格总体倾向统计结果

| 风格类型 | 最大值 | 最小值 | 平均值 | 标准差 | 中位数 | 众数 |
| --- | --- | --- | --- | --- | --- | --- |
| 视觉型 | 42 | 25 | 32.7 | 4.4 | 33 | 28 |
| 听觉型 | 43 | 22 | 34.3 | 5.1 | 34 | 34 |
| 动觉型 | 36 | 17 | 25.5 | 4.0 | 25 | 22 |
| 小组型 | 48 | 26 | 38.8 | 5.5 | 40 | 42 |
| 个人型 | 34 | 14 | 23.3 | 4.7 | 24 | 26 |

表5.4显示了保加利亚中学生汉语学习风格总体倾向的分布情况。不管是从平均值、标准差还是中位数来看,保加利亚中学生汉语感知型学习

---

① 肖珊,徐成慧.保加利亚中文教学发展现状及前瞻研究[J].国际中文教育(中英文),2022,7(1):92-95.

风格的总体倾向为听觉型>视觉型>动觉型，这是保加利亚中学生的次要学习风格；保加利亚中学生汉语社会型学习风格的总体倾向为小组型>个人型，其中小组型学习风格为保加利亚中学生的主要汉语学习风格。

本书认为，保加利亚中学生的学习风格是在学习者自身特点及其文化背景的共同作用下形成的。

第一，学习者自身特点的影响。面向海外受众的国际中文教育，其教学对象的低龄化已经成为未来的发展趋势。此次被调查者为14~18岁的中学生，处于这一年龄段的学生有着某些共同的特点，他们精力旺盛，热情活泼，乐于参加各种活动，课堂表现积极；他们好奇心强，渴望被集体认可，渴望结交更多朋友，因此在课堂上能够积极地参与到集体中去，与朋友共同完成学习任务；与成年人相比，他们不怕犯错、勇于尝试、敢于提问；他们想象力丰富，具象思维能力强，对视觉型信息有很强的接受能力，图片、表格、视频等通过视觉器官输入信息的方式能够激起他们很大的兴趣。这些特点使他们在小组型学习风格、听觉型学习风格、视觉型学习风格上较为突出。且被调查者都是汉语零起点学生，能够使用的汉语非常有限，这促使他们希望通过更多的途径，特别是视觉途径来学习汉语、了解中华文化，这是学生视觉型学习风格突出的一个重要原因，在访谈中就有学生表示，看汉语视频生动有趣，是了解中华文化的非常好的方法。同时学生的性格特点也有影响，外向的学生更多倾向于小组型学习风格，内向的学生则倾向于个人型学习风格。

第二，保加利亚民族文化的特点。保加利亚地处欧洲东南部的巴尔干半岛，其民族属于南斯拉夫人的一支，在约公元7世纪到10世纪曾经有过辉煌的帝国时期，领土面积扩展到最大，文化发展达到鼎盛，斯拉夫文字得以被创造，但从14世纪末开始，保加利亚受到了奥斯曼土耳其帝国长达五百年的黑暗统治，如今的保加利亚文化，是斯拉夫文化与土耳其文化的融合；同时，保加利亚也是一个宗教国家，约88%的人信仰东正教，其余的人信仰犹太教和伊斯兰教，保加利亚人的生活方式和传统文化习俗因此也受到不同宗教的影响。诸多因素的作用，让保加利亚人形成了热情开朗、自由开放、积极乐观的性格，他们总是保持着非常高的民族自豪感和乐观的生活态度。他们喜欢用节奏明快的歌舞来表达自己的情感，有着悠久的音乐传统、舞蹈传统并十分重视对歌舞传统的继承和发展，每一所学校都会开设专门的音乐课与民族舞蹈课，还会有人自发组织各种社团免费教授民族乐器与舞蹈，生长在这样的环境中使几乎每一位保加利亚人都能歌善舞。无论是国家庆典、节日派对还是私人晚宴，保加利亚都会播放民族音乐，跳起传统的民族舞蹈，这是活动中最亮丽的一道风景。以传统保加利亚晚宴为例，他们的晚宴更像晚会，往往一顿晚饭要从晚上七点一直持续到午夜两三点，音乐声伴随始终，吃晚饭只是活动的一个部分，人们会利用这段时间聊天交际，而最重要的活动是跳舞。这种民族性格对他们生活的各个方面都产生了深远的影响。他们喜欢为每一件小事庆祝，喜欢与朋友分享，即使物质生活再贫乏，他们也能尽情地享受生活。他们喜欢结交新的朋友，喜欢闲暇的时候与朋友坐在一起喝咖啡聊天，喜欢开派对，喜欢唱歌跳舞，喜欢与朋友分享自己的生活。这样的民族特点，对学生的学习风格无疑会有很大的影响。

第三，保加利亚的教育模式。受文化的影响，保加利亚的教育模式非常人性化、自由化。首先，学生有充分的自由选择自己的学习方向，教育的目的不是为了取得高成绩，而是培养学生的兴趣和能力，学生并没有每天被束缚在课堂当中，而是有大量的机会参加各种集体活动，小到学校组织的"运动日"、万圣节晚会、圣诞节派对、语言游戏日，大到全国范围的排球比赛、唱歌比赛、辩论赛，一系列的活动培养了学生较强的合作互助精神，因而也对小组型学习风格的形成有深刻的影响。其次，师生关系更加轻松随意，教师扮演的不只是传道授业的角色，还是学生的朋友，是学生可以交流倾诉的对象，因此课堂气氛也比较轻松活跃，学生有问题乐于和老师、同学沟通，也愿意积极地参与到课堂中去；多数学生都喜欢有幽默感、有激情、精力旺盛的老师，这样的老师能够将课堂气氛很好地调动起来，同时帮助小组学习产生更多的互动；而一个沉闷的、无精打采的老师，则会让学生感觉很无聊，甚至昏昏欲睡。

5.2.1.4 *对文化教学的启示*

了解学习者的学习风格，对我们有的放矢地选择文化教学内容和手段有非常大的参考价值。

前文提到，文化可分为表层文化、中层文化和深层文化。在文化教学中，面对中小学生这一特殊群体时，如果直接在课堂上讲授中国的国土面积、中国的政治制度、中国的哲学精神、中国人的价值取向和宗教信仰，恐怕没有多少学生愿意听下去。相反，他们对中国书法、绘画、武术、唱歌和美食等可展示的、实用性强的体验类文化特别感兴趣。虽然这些体验类文化活动都属于表层文化，但是教师完全可以以表层文化为平台，将深层文化融入进去，这样既能吸引学生，又能减少文化冲突。

在选择文化传播手段时，也应该充分考虑学生的特点和偏好。文化传播手段要丰富，一是要多运用多媒体教学手段，通过视觉和听觉多通道刺激学生感官；二是利用学生小组型、动觉型学习风格的特点，多组织体验型文化活动，让学生在与同伴合作参与体验活动中获取文化信息。例如，在讲中国饮食文化时，可以用PPT给学生介绍中国菜、给学生播放《舌尖上的中国》、将筷子作为教具教学生使用，笔者当时还利用学校邻近中餐馆的便利，带领学生在中餐馆体验包饺子的乐趣，从和面、擀皮、包饺子到吃饺子，孩子们完整地体验了中餐的魅力，在体验活动的过程中，笔者还趁机向学生介绍中国人什么时候会吃饺子，为什么会吃饺子，饺子在中国有什么特殊含义等，从而将中国人的饮食习惯以及重视团圆、热爱家庭等价值观念传播给了学生。再如，春节时，用福字、对联、红灯笼等物件装饰汉语教室，让学生感受春节的氛围；课上给学生播放春节联欢晚会的片段，并引导学生体会节目中蕴含的中华文化特色；带学生参加当地中国人举办的相关庆祝活动等，通过各种各样的方式让学生感受中国人过年的热闹氛围。再如，我们还可以通过在学校、广场等醒目的地方进行中华文化图片展、作品展，设立汉语角定期组织体验活动，摆放能体现中华文化的手工艺品、乐器、服装开展义卖活动等，用潜移默化的方式传播中华文化。

在文化教学中，还要注重实现中华文化的本土化。汉语教师要尽量发现中华文化与当地文化的契合点，将文化内容与当地实际情况相结合，使中华文化逐渐走进当地社会。例如，笔者任教期间正值学校组织活动庆祝世界地球日，活动主题是展示不同国家的文化特色。几位学习汉语的学生找笔者寻求帮助，借此机会，笔者教学生唱了《茉莉花》和《送别》并在活动上展示，不仅帮学生完成了小组任务，而且借此机会向全校师生做了宣传。再如，三月节是保加利亚一年中最盛大的节日之一，在这一天，亲朋好友们会相互赠送"三月花"，也就是用红白两色丝线扎成的小娃娃或者编成的线手镯，以寄托健康和幸福的美好祝愿，汉语教师在介绍中国结时，可以把中国结的文化与当地的这种结绳文化作对比，告诉学生"结"的寓意和红色的内涵，教学生编中国结并鼓励他们把亲手编的中国结作为礼物送给自己的家人、朋友，让学生感受中保文化中的共通之处。有意思的是，在笔者刚到保加利亚时，正赶上任教学校举办万圣节晚会，晚会结束后，学生竟然邀请我一起去放孔明灯，详细了解后才发现，虽然学生不知道放孔明灯的做法是从什么时候开始的，但这个活动已经成为他们每年万圣节晚会后的固定节目。当刚参加完万圣节化妆晚会，看着化着或搞笑或吓人的妆容、穿着千奇百怪的衣服的保加利亚学生点燃蜡烛，虔诚地许愿，然后将孔明灯放飞，这种中西文化交融的场景让人感觉非常奇妙。

### 5.2.2 山西中医药大学医学留学生汉语学习观念研究

任何学习者都有自己的一套学习观念系统，只不过学习者对自己学习观念的认知有的清晰，有的模糊；有的可以利用学习观念解释自己的学习经历、指导自己的学习活动，有的则会在学习过程中无意识地利用学习观念选择对应的学习策略，进而影响自己的学习。

不同的研究者给学习观念下过不同的定义，怀特（2008）认为，跟语言学习相关的学习观念的范畴是"学习者关于他们自身的，关于语言的，关于语言学习的和关于学习者作为语言学习者和使用者置身其中的语言学习环境的一些理念。"文登（1991）将语言学习观念的特征概括如下：稳定性、可描述性、易错性、交互性[①]。那么，如何对存在于人的头脑中的学习观念进行研究呢？一般来说，我们可以从学习者的行为上进行推测，或通过科学的量表引导学习者对所持的学习观念有更清晰的认识。学习观念量表中，最有影响的是 Horwitz（1985、1987）的"语言学习观念调查表"（Beliefs About Language Learning Inventory，简称 BALLI），本书使用的正是这一量表。

本书拟回答两个问题：一是山西中医药大学来华医学留学生整体汉语学习观念如何？二是学习者的汉语学习观念对我们国内的文化教学有何启示？

#### 5.2.2.1 调查对象及调查工具

（1）调查对象。

本书的研究对象为山西中医药大学 2018 级国际学生，共 44 人，其中男生 24 人，女生 20 人；22 人来自印度，22 人来自巴基斯坦。这些学生大学所学专业是医学，但因为语言的障碍，学校要求学习者必须通过汉语水

---

① 丁安琪. 汉语作为第二语言学习者研究 [M]. 北京：世界图书出版公司，2011：97.

平四级考试才能跟中国学生一起学习医学专业课程。因此刚入学者就会被安排半年到一年的汉语预科学习。截至调查时间，学生已经学习了五个月左右的汉语。

（2）调查工具。

Horwitz 的调查表是典型的李克特量表，学习者需要在量表上记录下自己对每条学习观念的态度。该量表有五个级别：1 为非常赞成（strongly agree），2 为赞成（agree），3 为既不赞成也不反对（neither agree nor disagree），4 为不赞成（disagree），5 为非常不赞成（strongly disagree）。

问卷第一部分调查说明，简要介绍调查的目的、说明问卷要求；第二部分要求学生提供姓名、性别、年龄、国籍、汉语学习时长等个人信息；第三部分为问卷主体。该调查共有 34 个题目，每题表述一个学习观念，这些题目共分为五组，内容包括"外语学能""语言学习的难度""语言学习的性质""学习和交际策略"及"动机"五个方面。我们在 BALLI 的基础上结合汉语学习的特点对部分题目进行了微调，一是将量表中部分涉及"外语（foreign language）"或指代不明确的"语言（language）"的表述改为"汉语（Chinese language）"。二是由于本次的调查对象是医学生，他们学习汉语是要为将来专业课的学习做准备，因此我们将涉及学生学习动机的题目改得更贴合学生实际情况，如将问卷中与学习动机相关的第 23 项由"如果我学好一门语言，就有很多机会去使用它"改为"学习汉语很重要，因为它是学校培养方案的一部分"；第 27 项由"如果我学好这门语言，可以找到更好的工作"改为"汉语说得好可以帮助我发展自己的医学事业"；第 30 项由"XX 国人觉得会说一门外语很重要"改为"我喜欢上汉语课，因为我喜欢我的汉语老师"；将 31 项"学习一门语言可以更好地了解说这门语言的人"改为更加具体的"学习汉语可以更好地了解中国人和中华文化"。

为了让学生能很好地理解我们的题目，问卷使用的语言为学生所在国家的官方语言英语。本问卷于 2019 年 6 月发放，学生现场填写并收回，由于填写时有教师监督指导，因此发放的问卷全部收回，全部为有效问卷，有效率为 100%。有效问卷中有个别漏填选项，在数据整理时均按中间值 3 处理。

5.2.2.2 调查结果与分析

本书利用 SPSS16.0 进行统计分析，按照"外语学能""语言学习的难度""语言学习的性质""学习和交际策略"及"动机"五个方面来讨论。

（1）"外语学能"调查结果及分析。

学生在"外语学能"调查中各项均值、标准差及对各个选项的回答占所有回答的比例如表5.5所示。

表5.5 "外语学能"调查情况表

| 序号 | 内容 | 均值 | 标准差 | 比例/% 1 | 2 | 3 | 4 | 5 |
|---|---|---|---|---|---|---|---|---|
| 1 | 儿童比成人更容易学会一门语言 | 2.18 | 0.824 | 29.5 | 47.7 | 9.1 | 2.3 | 11.4 |
| 2 | 有些人具有学习外语的特殊能力 | 2.43 | 0.803 | 18.2 | 54.5 | 6.8 | 6.8 | 13.6 |
| 10 | 已经会讲一门外语的人更容易学会另一门语言 | 2.88 | 0.926 | 13.6 | 31.8 | 13.6 | 34.1 | 6.8 |
| 15 | 我有学习外语的特殊能力 | 2.84 | 0.724 | 9.1 | 29.5 | 34.1 | 22.7 | 4.5 |
| 22 | 女性比男性更善于学习外语 | 3.48 | 1.12 | 9.1 | 2.3 | 36.4 | 36.4 | 15.9 |
| 29 | 擅长数学和自然科学的人，不擅长学外语 | 3.57 | 1.01 | 6.8 | 6.8 | 36.4 | 22.7 | 27.3 |
| 32 | 会说一种以上语言的人很聪明 | 2.30 | 0.534 | 20.4 | 38.6 | 34.1 | 4.5 | 2.3 |
| 33 | 我的国家的人擅长学外语 | 2.32 | 0.628 | 22.7 | 43.2 | 22.7 | 2.3 | 9.1 |
| 34 | 每个人都可以学会一门外语 | 2.14 | 1.023 | 29.5 | 45.5 | 13.6 | 4.5 | 6.8 |

表5.5中的问题是关于"外语学能"的观念，主要涉及两个方面的内容，一是语言学习的特殊能力，二是成功或不成功学习者的信念特征[①]。由表5.5可以看出，总的来说，学生比较赞同的观点主要有"每个人都可以学会一门外语""儿童比成人更容易学会一门语言""会说一种以上语言的人很聪明""我的国家的人擅长学外语""有些人具有学习外语的特殊能力"；认为"我有学习外语的特殊能力""已经会讲一门外语的人更容易学会另一门语言"的同学也比较多；而倾向于不太赞成的观点主要是"擅长数学和自然科学的人，不擅长学外语"以及"女性比男性更善于学习外语"。

---

① 丁安琪,吴思娜. 汉语作为第二语言学习者实证研究[M]. 北京：世界图书出版公司，2011：55.

换句话说，虽然多数学习者可能并没有学习过第二语言习得的相关知识，但大部分汉语学习者能够感知到或承认"语言学能"的存在。语言学能，即"学习第二语言所需要的特殊认知素质"①，第二语言学习者不同程度地具备这些能力。语言学能还受个人智力、外语学习经验、社会文化背景的影响，而与学习者的性别和专业背景关系不大。但在调查中，超过半数的学习者认为自己并不具备学习汉语的语言学能。另外，多数被调查者赞同或比较赞同"儿童比成人更容易学会一门语言"，说明他们同意年龄会对外语学习造成影响，这一结果与语言学家提出的"语言习得关键期假说"相一致，但对于非语言学专业的普通汉语学习者来说，他们对这些理论研究并不了解，他们的观念可能大多来自对周围儿童和自己或同伴学习外语的比较。对此，作为教师我们应该避免学生将自己在学习上遇到困难及最后无法取得较好成绩归因于自己过了学习外语的适宜年龄段，鼓励学生利用自己先前的学习经验和较成熟的认知能力去应对汉语学习，帮助他们克服学习中的困难。语言习得的关键期，同时也是文化习得的关键期，生活中我们会发现，年龄越小的儿童在进入一个陌生的文化环境中时越容易适应。因此在文化教学中我们也应该抓住这一关键期，帮助学生更快度过文化适应期。

（2）"语言学习难度"调查结果及分析。

学生在"语言学习难度"调查中各项均值、标准差及对各个选项的回答占所有回答的比例如表5.6所示。

表5.6 "语言学习难度"调查情况表

| 序号 | 内容 | 均值 | 标准差 | 比例/% 1 | 2 | 3 | 4 | 5 |
|---|---|---|---|---|---|---|---|---|
| 3 | 有些语言较容易学，有些则较难 | 2.02 | 0.83 | 38.6 | 38.6 | 11.4 | 4.5 | 6.8 |
| 4 | 汉语是一门容易学习的语言 | 2.07 | 0.64 | 40.9 | 25 | 27.3 | 0 | 6.8 |
| 6 | 我相信我可以学会汉语 | 1.84 | 0.71 | 36.4 | 47.7 | 13.6 | 0 | 2.3 |
| 14 | 你认为如果每天学一个小时的汉语，学多久你的汉语就会比较流利？ | 2.95 | 0.78 | 13.6 | 38.6 | 13.6 | 6.8 | 27.3 |

---

① 刘珣. 对外汉语教育学引论 [M]. 北京：北京语言大学出版社，2000：211.

表5.6(续)

| 序号 | 内容 | 均值 | 标准差 | 比例/% | | | | |
|---|---|---|---|---|---|---|---|---|
| | | | | 1 | 2 | 3 | 4 | 5 |
| 24 | 说一门外语比了解一门外语更容易 | 2.94 | 1.12 | 6.8 | 38.6 | 11.4 | 27.3 | 13.6 |
| 28 | 汉语阅读和写作比汉语口语和听力理解更容易 | 3.16 | 0.89 | 11.4 | 29.5 | 13.6 | 22.7 | 22.7 |

由表5.6可知，在"语言学习难度"上，多数学习者对第3项持赞同或比较赞同的态度，说明多数学生承认语言有难易之分。值得注意的是，在看待汉语是否难学的问题上，与我们传统认为的"汉语难学"的观念相反，调查中65.9%的学习者认为汉语是一门较为容易学习的语言，27.3%的学习者持中立态度，只有6.8%的学生认为汉语非常难学。正因为如此，84.1%的学习者非常有信心或比较有信心学好汉语。对于需要多长时间才能学好汉语，我们也进行了调查，发现学生的看法并不太一致，以每天学习一个小时汉语计算，13.6%的学生认为要达到汉语比较流利的水平只需不到一年的时间，38.6%的学生认为需要1到2年，20.4%的学生认为需要3到5年甚至10年的时间，而27.3%的学生认为每天学习一个小时的汉语很难达到流利的程度。印度和巴基斯坦学生的母语印地语、乌尔都语以及他们比较熟练的英语都属于印欧语系，无论是词义、语法还是文化背景及思维方式，都与属于汉藏语系的汉语及汉文化有非常大的差异，这是他们认为汉语难学的最主要原因。尽管如此，大多数学生对自己学好汉语仍有很强的自信心，对汉语学习效果持积极态度的学习者占到84.1%。这种既没有低估汉语的难度，又对学习汉语抱有信心的观念是教师在语言文化教学中要多去鼓励和强化的。

此外，不少学生认为，"说一门外语比了解一门外语更容易"，这说明学习者对价值取向、思维方式等深层次文化因素在语言表达中的作用有一定的认识。语言是交际的工具，我们可以不了解所学外语属于什么语系、它的语法结构是怎样的，只要会说，就能达到交际的目的，但想要真正了解蕴含在语言背后的文化寓意，则需要学习者下更多的工夫。在对汉语技能的掌握上，不少学生认为汉语阅读和写作比汉语听力和口语难度要更大，这与语言的性质、汉字的特点以及学校课程的设置都有关系。口语是交际中最常用、最直接、最便捷的交际方式，也是刚到中国的留学生要想克服文化休克、融入中国社会文化急需掌握的工具，学生愿意花更多的时间去提升自己的听说能力，学校在课程安排上也更重视听力和口语课；汉字是一种音、形、意相结合的表意文字体系，汉字的学习一直是汉语学习的难点，因而涉及汉字的阅读和写作对学生来说也就非常有难度。这个时候，教师就要充分利用文化因素，利用汉语和汉文化之间的有机联系，帮助学生在文化适应过程中去感知、了解汉语的性质和特点，强化学习汉语的信心，消除学习者的焦虑情绪和畏难心理。

（3）"语言学习性质"调查结果及分析。

学生在"语言学习性质"调查中各项均值、标准差及对各个选项的回答占所有回答的比例如表 5.7 所示。

表 5.7 "语言学习性质"调查情况表

| 序号 | 内容 | 均值 | 标准差 | 比例/% |||||
|---|---|---|---|---|---|---|---|---|
|  |  |  |  | 1 | 2 | 3 | 4 | 5 |
| 5 | 汉语和我的母语不一样 | 1.34 | 0.89 | 84.1 | 6.8 | 4.5 | 0 | 4.5 |
| 8 | 学习汉语必须了解中华文化 | 2.57 | 0.88 | 15.9 | 36.4 | 27.3 | 15.9 | 4.5 |
| 11 | 最好在中国学汉语 | 1.61 | 0.93 | 54.5 | 36.4 | 4.5 | 2.3 | 2.3 |
| 16 | 学汉语最重要的是学习词汇 | 1.80 | 0.89 | 31.8 | 61.4 | 4.5 | 0 | 2.3 |
| 20 | 学汉语就是学很多语法 | 2.43 | 0.81 | 22.7 | 38.6 | 15.9 | 18.2 | 4.5 |
| 25 | 学汉语跟学别的学科不一样 | 1.66 | 0.92 | 47.7 | 47.7 | 0 | 0 | 4.5 |
| 26 | 学习汉语最重要的是学会如何将母语翻译成汉语 | 2.39 | 1.12 | 15.9 | 52.3 | 15.9 | 9.1 | 6.8 |

由表 5.7 可知，在"语言学习性质"上，学生普遍认为，学汉语跟学别的学科不一样，因为汉语和他们的母语印地语、乌尔都语分属不同的语系，因此差别非常大。第 8 项和第 11 项是关于语言沉浸和文化接触在语言学习中的作用，多数学生认为身处汉语环境当中并充分了解中华文化对汉语的提高会有非常大的帮助。由此可见，多数学习者能够认识到语言与文化之间的相互关系，认识到语言文化环境对语言学习的重要性，非常赞同学习汉语必须了解中华文化。学习者来到中国，每天除了完成学习任务外，还要在生活中有意识或无意识地亲身体验中华文化，完成教师布置的交际任务。这些都有助于学习者提高文化意识。

关于汉语学习的重点，词汇、语法及翻译能力都受到学生的关注，进一步作比较，词汇的受重视程度最高，其次是语法，最后是翻译。词汇是语言学习的基石，是学生用汉语顺利交际的基础，我们对学生汉语水平的评价也主要以词汇量为标准，如山西中医药大学的学生要通过汉语水平四级考试才能学习专业课，也就是其词汇量至少要达到1 200个，因此在平时的汉语教学中，老师们会有意无意地将教学的重点放到词汇上来，这些无形中都会影响学生的汉语学习观念。

（4）"学习和交际策略"调查结果及分析。

学生在"学习和交际策略"调查中各项均值、标准差及对各个选项的回答占所有回答的比例如表5.8所示。

表5.8 "学习和交际策略"调查情况表

| 序号 | 内容 | 均值 | 标准差 | 比例/% 1 | 2 | 3 | 4 | 5 |
|---|---|---|---|---|---|---|---|---|
| 7 | 说汉语时语音纯正很重要 | 1.84 | 0.73 | 45.5 | 34.1 | 15.9 | 0 | 4.5 |
| 9 | 用汉语不能正确表达的东西就不要用汉语讲 | 3.32 | 0.96 | 15.9 | 15.9 | 6.3 | 43.2 | 18.2 |
| 12 | 如果我听到有人说汉语，我会跟他们一起说 | 1.95 | 0.63 | 29.5 | 52.3 | 13.6 | 2.3 | 2.3 |
| 13 | 如果我有一个汉语词语不认识，我会根据汉字猜它的意思 | 2.66 | 0.59 | 18.2 | 31.8 | 25 | 15.9 | 9.1 |
| 17 | 大量重复和练习是重要的 | 1.32 | 0.49 | 75 | 22.7 | 0 | 0 | 2.3 |
| 18 | 我羞于同别人讲汉语 | 2.55 | 0.95 | 18.2 | 36.4 | 22.7 | 18.2 | 4.5 |
| 19 | 如果允许初学者犯错误，那么他们以后就很难讲正确 | 2.84 | 0.92 | 22.7 | 22.7 | 13.6 | 29.5 | 11.4 |
| 21 | 在语音实验室练习汉语很重要 | 2.84 | 0.83 | 20.5 | 22.7 | 18.2 | 29.5 | 9.1 |

由表5.8可知，在"学习和交际策略"部分，学生普遍认为要想学好汉语，"大量的重复和练习"非常重要，这与语言学习的特点和语言教学中的精讲多练原则是相一致的。语音是语言的物质外壳，发音标准，可以给交际对方留下比较好的印象，发音不纯正，很可能会影响口语的表达进而阻碍交际的顺利进行，第7项说明学生非常重视语音的纯正与否，且认为在语音实验室中练习汉语可以帮助他们提高听说能力。第9项和第12项说明，学习者使用汉语进行交际的意愿比较强烈，而且即使不能用汉语准

确表达也不会放弃。第 18 项显示，部分学习者在缺少语言环境、教师鼓励或对自己的语言水平缺乏信心的情况下，还是会羞于同别人讲汉语，这需要教师多加关注，多给学习者创造表达的机会。第 19 项显示，学习者对错误的容忍度观点各不相同，对于教师来说，在汉语学习的初级阶段一定要给学习者正确的示范，在合适的时机场合以恰当的方式及时纠正错误，这样才能避免后期出现较严重的化石化现象。

（5）"学习动机"调查结果及分析。

学生在"学习动机"调查中各项均值、标准差及对各个选项的回答占所有回答的比例如表 5.9 所示。

表 5.9 "学习动机"调查情况表

| 序号 | 内容 | 均值 | 标准差 | 比例/% |  |  |  |  |
|---|---|---|---|---|---|---|---|---|
|  |  |  |  | 1 | 2 | 3 | 4 | 5 |
| 23 | 学习汉语很重要，因为它是学校培养方案的一部分 | 2.36 | 0.53 | 27.3 | 40.9 | 9.1 | 13.6 | 9.1 |
| 27 | 汉语说得好可以帮助我发展自己的医学事业 | 1.91 | 0.56 | 38.6 | 40.9 | 13.6 | 4.5 | 2.3 |
| 30 | 我喜欢上汉语课，因为我喜欢我的汉语老师 | 2.07 | 0.73 | 29.5 | 50 | 11.4 | 2.3 | 6.8 |
| 31 | 学习汉语可以更好地了解中国人和中华文化 | 2.09 | 1.02 | 15.9 | 65.9 | 13.6 | 2.3 | 2.3 |

第二语言学习动机包括融合型动机和工具型动机，调查中两类动机都有所涉及。一方面，因为学校人才培养方案的要求，学习者有比较大的语言学习压力，如果不努力学习汉语通过考试，对自己的学业以及未来的工作事业影响都非常大，因此学习者的外在动机普遍比较强；另一方面，学习者也非常愿意通过汉语学习去了解中国人、体验中华文化，反过来说，将文化教学融入语言教学之中，让文化内容去丰富语言课堂，是维持学生学习动机的主要途径之一。同时，教师在激发和维持学习动机上起到了非常关键的作用，一个好的汉语教师，可以创造良好的课堂学习氛围，吸引学生的注意力，调动学习者的积极性，有利于他们的汉语学习。

5.2.2.3 对文化教学的启示

通过上述数据分析，我们可以看出，山西中医药大学来华医学留学生在汉语学习观念上有如下特点："外语学能"方面，相信学习语言的特殊能力即语言学能的存在，对自己国家的人和个人学习外语的能力比较自信；"语言学习难度"方面，认为语言有难易之分，但汉语属于比较容易学习的语言，并对自己的汉语学习有较强的信心；"语言学习性质"方面，承认汉语与其母语的差异，并认识到文化因素和目的语文化环境对汉语学习的重要性；"学习和交际策略"方面，重视语音的作用，清楚重复练习对语言学习的重要性，并有比较强烈的使用汉语进行交际的意愿；"学习动机"方面，融合型动机与工具型动机相互交织，汉语水平考试、中国文化及汉语教师在激发学习者的学习动机方面都发挥着不可忽视的作用。

了解学生的汉语学习观念，一方面可以帮助教师了解学习者对语言学习的想法，帮助学习者形成适合自身情况及教学情况的科学观念，进而有的放矢地进行语言文化的教学；另一方面也是引导学习者对自己的观念和想法有更清楚的认识，从而有针对性地继续坚持或适当改变学习观念，以便提高学习效率。在以上针对山西中医药大学医学留学生的汉语学习观念调查中我们发现，52.3%的学习者赞成或比较赞成文化对汉语学习的作用，81.8%的学习者学习汉语是受到文化因素的影响。社会文化环境与第二语言习得之间到底是怎样的关系？20世纪70年代，美国著名学者舒曼在自己的社会实验基础上提出文化适应模式假说，其核心内容是：第二语言习得只是文化适应的一部分，学习者始终处于从不适应过渡到适应的连续统中，学习者对目的语群体的文化适应程度将决定其习得目的语的水平；社会距离和心理距离是影响文化适应程度的主要因素[1]。尽管这一假说提出后有不少争议，但它重视文化因素在第二语言习得中所起的作用的核心内涵对我们有非常大的启发。鉴于语言文化之间的相互关系以及学习者对中华文化的肯定，在教学过程中，教师就应该有意识地渗透中华文化，丰富课堂内容，营造轻松活泼的课堂气氛，利用学习者对文化的理解力，促进文化词语的学习、语法规则的记忆和语用规则的理解运用，维持学习者的学习动机，利用文化教育促进学生汉语学习；同时，充分利用目的语学习环境，鼓励学习者走出课堂、走进社会，主动与当地中国人交流，了解当地文化，增加汉语输出，不断提升自己的汉语交际能力，加深对中华文化的理解和认识。

---

[1] 王建勤. 第二语言习得研究 [M]. 北京：商务印书馆，2014：154.

# 6 文化教学方法研究

## 6.1 文化教学的途径和方法

吕必松（1995）认为，进行文化教学至少有三条途径，一是语言课中的文化教学，语言教学不能脱离文化的教学，语言课的层次越高，涉及的文化因素越多；二是汉语言专业中开设的系统的文化课教学；三是汉语言专业以外的其他专业教学，尤其是人文学科各专业的教学[①]。陈莹（2013）提出，文化教学有两种固有的模式，一是在语言课程中加入文化因素教学的"融合模式"，二是在语言课程之外开设专门的文化知识课的"兼并模式"[②]。另外，现在还兴起一种综合互动的"综合模式"，学习者通过调查、表演、研究、汇报等互动形式在专门的跨文化交际课程中完成不同的文化任务。吴勇毅（2022）将文化教学分为两种不同的情况，一种是中国国内对来华留学生的文化教学，主要体现在中文课程、专设的中华文化类课程及各类讲座和文化活动中；另一种是海外的中华文化教学，除了前述三种形式，还包括与当地学校的历史、地理等社会学课程相结合的形式[③]。

不同的教学途径或模式各有特点，各有所长。融合模式与语言教学结合紧密，文化教学依托并服务于中文教学，成为教学的有机组成部分；教学形式比较灵活，往往采用隐性教学途径；但因为文化因素的选择主要参照汉语教材中的知识点，碎片化程度较高，系统性不强。兼并模式依托专

---

[①] 吕必松. 在对外汉语教学的定性、定位、定量问题座谈会上的讲话[J]. 世界汉语教学，1995（1）：9-13.
[②] 陈莹. 国际汉语文化与文化教学[M]. 北京：高等教育出版社，2013：148.
[③] 吴勇毅.《国际中文教育用中国文化和国情教学参考框架》与教材编写[J]. 国际汉语教学研究，2022（4）：4-7.

门的中华文化类教材,对文化的学习比较系统,当然系统的学习要求学生达到一定的认知水平,有一定的汉语基础,否则就需要大量借助学生母语。综合模式受众参与度高,体验性强,形式多样,趣味性强,能较好地培养学生的跨文化交际能力,激发学生学习兴趣,但在教学时间、实施条件和环境等方面有一定的要求。选择哪种教学模式要从学习者的实际情况出发,当然如果三种模式能互相借鉴、互相融合,会更符合文化教学多元化的特点,将是更理想的状态。

本书认为,无论是处于目的语还是非目的语的环境中,文化教学主要通过语言课中的文化渗透、课堂中的文化活动以及课堂外的文化实践三种途径进行,下面将分别进行阐释。

### 6.1.1 语言课中的文化渗透

相比母语汉语教学,对外汉语教学含有更深的文化学内容,一是由学习者的文化背景差异所决定的,二是由汉语的人文特质决定的,三是由留学生渴望了解中华文化的强烈愿望决定的。语言课中的文化教学主要依托中文课程大纲和中文教材中的课文内容,参照教材中的文化知识点进行,以便对外国汉语学习者起到潜移默化、耳濡目染的影响。除了教师讲解,根据学生水平和学习需求,教师也可以通过影视作品、新闻报道、短视频等现代教育手段补充文化资源,丰富课堂形式[①]。

6.1.1.1 语言课中的文化教学原则

(1)服务性原则。

在国际中文教学学科体系中,应以语言教学为基础,文化教学要服务于语言教学,这已经在学界达成了共识。一方面,汉语教学的直接目的是提高学习者的汉语交际能力,凡是有利于语言学习和应用的文化教学都可以被纳入语言教学体系中。文化教学应采取相应的策略以更好地切合语言教学。另一方面,文化教学不能喧宾夺主,避免将汉语课堂变成宣传文化的附庸,避免过度宣传和夸大式的讲解,避免以灌输式的教学强加给学习者,否则会引起学习者对汉语的抵触。

(2)随机教学原则。

随机教学是指在教学大纲、教材安排计划之外根据现行教学环境和时

---

① 邓时忠. 对外汉语教学的文化学思考[J]. 云南师范大学学报(对外汉语教学与研究版), 2006 (4): 1-4.

机灵活转变或拓展教学环节或方式的教学活动①。教师要有足够的文化积累，还要能抓住机会，随机应变，灵活调整教学安排，将文化因素见缝插针地融入课堂中。比如，文化教学的内容可以根据时事动态适时调整，在遇到中国传统节日时，教师可以先将这些教学内容提前，让学生身临其境地了解、感受传统习俗；在遇到情人节、圣诞节等西方节日时，教师可以引导学生做中西方节日文化的对比；像上海世博会、北京冬奥会、杭州亚运会等重大活动的举行，教师可借此机会介绍中国各大城市的风土人情……这样，不仅能让学生更充分地了解语言背后的文化内涵，还能增加课堂的趣味性和教学信息量，最终达到语言教学和文化教学的良性互动。

（3）实践性原则。

坚持实践性原则，即在课堂中结合教学内容安排实践活动。课堂上的文化教学形式也可以多种多样，可以让学生进行角色扮演、排练话剧、围绕话题展开讨论和辩论、进行资料整理、撰写报告、完成实践性作业等，也可以邀请当地的汉语母语者走进课堂，与学生交流分享，通过这些语言文化实践活动，学生的汉语交际能力和跨文化交际能力都会得到提升。

（4）适用性原则。

有用不等于适用。文化教学中常见的一个误区就是"一提到动物，就有一个动物园"。很多汉语教师抱着满腔的热情去教学，生怕自己讲得不够多、学生了解得不够多，恨不得每个语言点都深挖三尺，把它背后的文化意义不加选择地展示出来。比如，"笔、鞋、豆腐、裤子……"这些简单的词汇，我们干脆是用英文的"pen, shoes, tofu, pants…"来注释，还是深挖开去？中国的笔有好多种：毛笔就分大楷小楷、狼毫羊毫，写文章时的"败笔"并非我们的书写工具；鞋也是名目繁多，除了草、布、皮以外，是不是应该也谈到"A给B穿小鞋"的文化含义？是不是也应该指出"破了的鞋"和"破鞋"的区别？要不要帮助学生理解"吃豆腐"的真正含义与饮食无关、"穿一条裤子"与衣着无关？很显然，汉语教师要有强烈的文化意识，要从学生的视角出发，选择适合学生的内容和方法，介绍文化要画龙点睛，不要画蛇添足，节外生枝。

---

① 冯萍. 春节习俗文化在汉语国际教育教学中的应用研究［D］. 南昌：江西科技师范大学，2022.

(5) 阶段性原则。

每一阶段的汉语文化教学都有不同的内容侧重，因而要有与内容相适应的方式或手段。初级阶段的汉语课以传授知识语言、交际文化为主，语言以外的文化内容少一些为好；学生汉语水平不高，教师不宜用目的语进行大量的文化知识的介绍，可以利用例句、语言训练、简单的注释、学生母语的简短专题介绍等方式呈现。到了中高级阶段，文化内容的比例要逐级增加，文化内容的系统性也要照顾到，同时文化教学的方法也要更加丰富。因为随着学习者语言水平的提高，语言交流障碍带来的限制逐渐减少，中华文化的各个领域都可以涉及，介绍、讨论、对比、报告等多种形式均可采用。这一阶段，教师要避免单向的灌输，给学生更多的参与机会，让学生用目的语表达自己的观点。

### 6.1.1.2 课堂教学中语言文化一体化教学的实现

如何使"文化"进入汉语教学的课堂，曾先后出现"导入说""揭示说""融合说""有机化合说"，其中影响较大的是导入说。赵贤州（1989）在《文化差异与文化导入论略》中提出了"文化导入说"，并对文化导入的原则作了研究和探讨[1]，之后他又在《关于文化导入的再思考》中首次提出从文化差异的角度导入影响交际的文化因素，在文化导入时必须遵循"阶段性、适度性、规范性和科学性"的原则，认为"文化导入必须纳入语言教学体系"[2]。导入方法方面，陈光磊（1992）提出了"直接阐释、交互融合、交际实践、异同比较"四种方式[3]；孙欣欣（1997）提出了因材施教法、今昔对比法、中外比较法、系统归纳法、序列展示法等方法[4]。导入说提出以来，尽管有学者对其表示异议，认为"导入"这样的提法似乎是人为地割裂了语言和文化的联系，但其实不管是"导入"也好，还是"揭示""融合"也罢，都是想通过有效的方法和途径实现语言和文化的有机结合，把语言中承载的文化因素传递给学生，进而实现语言文化传播的目的。张德鑫曾提出："对外汉语教学的最佳模式就是语言文化一体化教学，将文化教学渗透、融化在语言教学之中。"

下面我们以一篇课文为例，说明在实际教学中如何做到语言和文化的有机融合。

---

[1] 赵贤州. 文化差异与文化导入论略 [J]. 语言教学与研究, 1989 (4): 76-83.
[2] 赵贤州. 关于文化导入的再思考 [J]. 语言教学与研究, 1992 (9): 31-39.
[3] 陈光磊. 语言教学中的文化导入 [J]. 语言教学与研究, 1992 (3): 19-30.
[4] 孙欣欣. 对外汉语教学初级阶段文化导入的方法 [J]. 世界汉语教学, 1997 (3): 85-87.

**课文：约会（《初级汉语课本》第34课）**

玲玲：你看看，已经几点了？

正生：呦，都十点了，真对不起！其实，我7点半就出来了。没想到等了半个钟头才上了汽车。一下车，我就跑来了。你等了我半天了吧？

玲玲：看你，衣服都湿了。我给你扇子。这儿有个冷饮店，咱们先去吃冰激凌吧。

正生：公园里也有冷饮店，我先去买票吧。

玲玲：我一来就买了。

正生：票好买吗？

玲玲：不好买。我排了10分钟的队，才买到票。我买了票，等了你半个钟头，你才来。我刚才都有点儿生气了。我想你一定不来了。

正生：我怎么可能不来？以后，我提前两个半小时就出来！——咱们进去吧。

（1）《约会》涉及的文化因素。

《约会》是一篇只有二百多字的日常对话，表面看来似乎并不涉及传统意义上的文化信息，但仔细分析，我们就会发现其实其中涉及以下文化因素：

①道歉的言语行为。

课文是围绕正生迟到向玲玲道歉这一情境展开的。上文提到，常见的道歉策略有明确道歉、解释说明原因、承担责任、对未来做出承诺四种。课文对话中，正生在道歉时使用了直接道歉（真对不起！），解释或说明原因（其实，我7点半就出来了……一下车，我就跑来了。），做出承诺（以后，我提前两个半小时就出来！）三种道歉策略。

②时间观念。

霍尔（1976）曾提出单时制和多时制两种不同的文化模式，两种文化模式在对待准时、计划性、预约、最后期限等方面有很大的差异。不同文化的人对准时的理解不同，对于不准时现象的容忍度也不同。传统的中华文化更倾向于多时制文化，对迟到的容忍度更高，但年轻人受到现代化生活节奏的影响，时间观念越来越强。因约会迟到，男主人公不断道歉便可见一斑。

③男女交往的习俗。

在不同文化中男女约会的习俗是否有差异？如约会的地点一般选择什

么样的地方？约会中的费用由一方承担还是双方分摊？约会中双方的地位如何？这都是我们在教学中可以给学生以提示的。

④性别角色定位及言语交际特征

荷兰心理学家霍夫斯特德（Hofstede）文化尺度理论中的一个尺度为男性文化与女性文化，该尺度用来衡量一种文化中男性特征和女性特征的表现和受重视程度。男性文化强调严格的性别角色和分工。性别角色（gender role）指社会对男女两性的行为期望，也是男女两性的行为规范准则。在典型的男性文化中，男性应该是勇敢、刚强、理性、有责任心的，女性要温柔、贤惠、重感情、需要被照顾等。不同的角色定位，还会影响双方的言语交际特征和风格，一般来说，男性文化中女性表达时更倾向于使用间接的言语行为。中国属于男性特征比较明显的国家。课文中我们发现，女主人公玲玲对正生迟到内心很不满，但她仅仅是在语言上非常含蓄地说明自己等了半个小时对方"才"来，自己"有点儿"生气，用"我想你一定不来了"表达自己当时失落的心情。但尽管如此，玲玲还要表现出自己作为女性温柔贤惠、周到细心的一面，会提前排队买票，会注意到热得出汗的天气给对方扇子、买冰激凌。试想，课文中如果是玲玲迟到了，双方的话语表达会有怎样的变化呢？

(2)《约会》教学建议。

以上课文中所涉及的文化因素，并不需要刻意讲解，教师完全可以设计成与课文内容相关的问题，通过师生互动的方式给学生以启发。教师可以这样引导：

①道歉的言语行为。

a) 正生迟到了半个小时，他是怎么道歉的？
b) 如果张正生只对玲玲说"对不起"，可以吗？为什么？
c) 正生用了哪些道歉策略？
d) 如果你是正生的话你会怎么道歉？

②时间观念。

a) 你们国家是怎样看待"迟到"的？
b) 如果你的朋友约会迟到了，你会等他/她多长时间离开？
c) 在你的国家，一个约会计划要提前多久制订？

③男女交往的习俗。

a) 在你们国家，男女朋友经常在哪里约会？

b）正生和玲玲约会是谁买的门票？

c）在你们国家，男女约会一般谁付钱？为什么？

d）在你们国家约会时双方有哪些需要注意的地方？

④性别角色定位及言语交际特征。

a）正生迟到了半个小时，玲玲生气了吗？她说了什么？

b）如果你是玲玲，你会生气吗？

c）如果你是玲玲，迟到了半个小时，你会怎么向男朋友道歉？

通过以上问题的引导，既可以帮助学生熟悉课文内容，又可以通过角色转换、文化对比等方式让学生感受不同文化的特征与差异，可谓一举两得。此外，教师也可以通过让学生以"约会""迟到"为主题编写对话、进行角色扮演、表演小话剧、与中国人进行情景模拟等方式让学生更直观地体会。

以上四个方面实际上是层层递进的，由交际中的语用层面，到非语言交际中的时间观念，再到社会交往习俗，再到背后所反映的价值取向差异，一篇短短的对话就可以将四个层面的文化内容串联起来，如果我们的汉语教师能将这些文化因素挖掘出来，并运用恰当的方法呈现给学生，也就达到了"语言文化一体化"的目的。

### 6.1.2 课堂中的文化活动

课堂中的文化教学可以是教师讲解、渗透的形式，也可以由教师设计、组织丰富的文化活动。第二语言课堂教学中的活动，指学习者在第二语言社会文化环境中的集体互动、交流合作等语言实践和社会实践[①]。文化活动是一种实践性强、体验感好的文化教学方式，本节将通过具体案例就文化活动的设计实施展开讨论。

#### 6.1.2.1 文化活动的设计和实施

文化活动的设计和实施分为活动前、活动中、活动后三个阶段。活动前，教师首要要想清楚，什么时候开展活动最合适？开展什么样的活动既能培养语言交际能力，又能渗透文化知识？活动要达到什么样的目的？活动前都要做哪些准备？活动的具体流程是什么？活动中，教师的工作和职责是什么？应如何调动每位学习者的积极性，让所有人都参与其中？活动

---

① 闫亭. 国际汉语课堂管理［M］. 北京：高等教育出版社，2013：151.

中可能出现哪些可预设与非预设问题，该如何解决？活动后，如何对活动进行自我评价和改进？

首先，如何设计一个语言文化活动，教师可以建立模块观念，每个模块代表活动设计可能涉及的不同方面。比如，教师可以建立"活动参与者""活动环境""语言实践方式"三个模块，每个模块又包含具体的元素[1]。活动参与者方面，教师要考虑学习者的组合方式如何，是单人活动、双人组合、小组活动还是全班参与？有没有除了学习者之外的参与者如家长或其他人？活动环境方面，首先要考虑语言环境，是在目的语还是非目的语环境中？其次，物理环境。活动是在教室内还是教室外？活动场所的面积大小、桌椅布置、多媒体设备等能不能满足要求？语言实践方式，要在考虑学生年龄、认知水平、语言水平、兴趣爱好、班级人数等因素的基础上选择合适的实践方式，语言实践的形式包括但不限于各种语言比赛、作报告、讲故事、写日记、做演讲、演小品、唱歌比赛、广告推销、电影配音、演戏剧、做海报、利用社交软件写博客/发朋友圈等。确定好三个模块的基本要素后，教师就要制订一个详细具体的活动策划方案，包括活动目的、准备工作、活动流程、活动中可能出现的问题等。

只有明确文化活动的目的，活动的最终目标才有可能达成。教师要时刻提醒自己，文化活动相对于单纯的语言活动来说，其目的既包括学习者语言的发展，涉及语音、词汇、语法、汉字等语言要素知识的学习和听、说、读、写等语言技能的提高；还包括学习者文化知识的增长、合作能力的培养、跨文化交际能力的提高和跨文化意识的提升，教师要将活动目的贯穿于活动的始终。

开展活动一般分为以下流程：说明规则、规则演示、学生分组、分组准备、成果汇报、教师点评。活动开始前，教师要跟学生说明分组要求、活动的要求、准备时长、活动汇报的方式，还可以提前将可能用到的语法点、词汇以及跨文化方面的注意事项告知学生，并根据活动性质制订一些奖惩措施。在说明规则时，教师可以根据学生语言水平选择使用汉语或学生母语，而且最好能由教师或一组能力较强的学生进行规则的演示。学生的分组也有讲究，教师需要考虑到学生的汉语水平、文化背景、学习能力、个性特点等因素，做好组员的搭配分工，特别是涉及文化对比的文化

---

[1] 闻亭. 国际汉语课堂管理[M]. 北京：高等教育出版社，2013：159.

活动，将不同文化背景的学习者分配在一组效果更好。分好组后，要根据活动内容和难度给学生留足准备时间，并能根据学生的准备进度及时调整。成果汇报的形式可以多样化，鼓励每个学生都有机会参与其中，并给予适当的奖励措施。

活动中，教师要注意各个环节的紧凑性和学生的能动性。整个过程中教师都要考虑如何分配把控好时间，如何调动学生的积极性、让所有学生都能参与进去，如何在活动中引导提示学生，如何处理活动中的突发状况，并能及时记录活动中学生出现的语言和文化的错误，选择合适的时机进行纠正，且及时给予学生以鼓励和点拨。

活动结束后，教师还要及时反思，如本次活动目标是不是明确，有没有达到语言和文化教学的双重目标？活动的流程设计有没有问题？活动规则是不是足够细致，有没有漏洞？活动规则描述得够不够清晰，学生有没有听懂？分组情况是不是理想？活动中哪个环节没有处理好？时间把握得如何？活动点评是不是到位？每次活动之后，教师最好能根据自己的反思撰写比较完整的教学日志，不断对活动进行打磨，总结经验教训。

6.1.2.2 文化活动案例与分析

（1）中国文化技能体验——剪纸。

教学对象：汉语水平为初级的各个年龄段学生。

活动目标：语言方面，帮助学生掌握常见颜色的说法，学习"喜欢不喜欢""好看不好看"等句型；文化方面，帮助学生了解代表性颜色和图案的文化意义，了解剪纸艺术概况。

活动准备：彩色卡纸，剪刀，剪纸样稿等。

活动步骤：

①通过口头讲解、视频图片等方式引入教学主题。

②教师拿出不同颜色的卡纸，请学生选择自己喜欢的颜色的卡纸，并说明理由。

③教师选择红色卡纸，并说明选择的原因是红色在中华文化中代表吉利、喜庆的意思；同时拿出提前准备好的红色"囍"字，介绍"囍"字剪纸的用途和寓意，展示"囍"字的基本剪法。

④教师指导学生进行个人创作和分组协作。

⑤学生剪纸作品展示和介绍。

以剪纸为代表的民间艺术是表达中华文化习俗与价值取向的典型文化符号。剪纸以纸张、剪刀或刻刀为基本工具，不受教学环境的限制，教学成本低；制作工艺简单，易操作、易呈现、易体验，是学习者了解中华文化的重要途径。设计活动时，教师要注意以下几点：第一，虽然是剪"纸"，但活动中能够利用的素材可以是剪纸作品（实物），可以是剪纸图片、视频，可以是以剪纸为素材的动画、游戏，可以是剪纸在现实生活中的应用（如服饰、瓷器、包装设计上的花纹），也可以是剪纸与其他艺术如印染、刺绣的结合等，教师要利用好多媒体技术，让学生充分感受剪纸的艺术特色和审美取向。第二，要以剪纸为载体，将中国的颜色文化、民俗文化及中外文化对比融入教学中，如中国人"尚红忌白"的文化观念，再如"囍"字图案涉及中国的婚俗文化，"春""福"、窗花涉及节日文化，动物剪纸涉及生肖文化，蝙蝠、桃子、鱼涉及吉庆文化、谐音文化等。第三，在活动中要遵循以学生为中心的原则，教师要根据学生的年龄、语言水平、文化背景、认知水平等对教学内容和方式做适当的调整，还可以给学生一定的自主选择权，引导学生根据自己的审美喜好创作剪纸作品。第四，活动结束后，鼓励学生留存、展示自己的作品，可以在教室专门开辟出一个区域呈现作品。

（2）中国饮食文化体验——包饺子。

*教学对象*：汉语水平为初级或中级的青少年、成人。

*活动目标*：语言方面，帮助学生学习掌握相关词汇和语法点；文化方面，帮助学生了解传统食物饺子的特点、制作方法及相关民俗文化知识。

*活动准备*：食材、水、餐具、锅具等。

*活动步骤*：

①说明活动主题、内容，带领学生提前熟悉相关语言点；

②根据学生情况分组，分发准备好的食材；

③教师为学生展示包饺子的方法，同时呈现相关词语和"把"字句等语言点；

④指导学生一边包饺子，一边用汉语说明制作过程，练习语言表达；

⑤饺子包好之后，教师要及时鼓励学生，还可以通过用"这里有多少个饺子？""你喜欢吃……吗？"等句型提问学生来进行活动总结；

⑥煮饺子，请大家一起品尝，下课后学生还可以将亲手制作的饺子送给其他教师或家长，一起感受中国美味。

饺子是中国饮食文化中最具代表性的传统食物，在课堂上让学生亲身体验包饺子、吃饺子的过程能够全方位调动学生的感觉器官，寓教于乐，让学生印象深刻，对中国饮食文化有更深的感受。活动可以达到双重目的，一是能让学生熟练掌握相关词汇，如包饺子时使用的面粉、蔬菜（白菜、韭菜、胡萝卜、葱、姜、蒜等）、肉类（牛肉、猪肉、羊肉、海鲜等）、调味料（油、盐等）之类的名词，擀、包、切、剁、蒸、煮等动词，以及"这是什么？""有多少个饺子？""你喜欢吃……吗？""把"字句等句式；二是帮助学生了解饺子的寓意以及与饺子相关的习俗，如年夜饭要吃代表团圆的饺子，吃到包硬币的饺子会好运连连、财源滚滚，出门饺子回家面等。

包饺子活动相对于剪纸来说需要更多的道具和更高的条件要求，也更容易出现各种各样的状况。第一，在策划这种饮食类活动前一定要了解当地学生的饮食禁忌，看看有无因宗教信仰不吃特定食物的、有没有素食主义者、有没有对特定食物过敏的情况等，以帮助自己选择食材，必要时可以多准备几种饺子馅儿。第二，要考虑到学校和教室的实际情况，最好提前跟校方沟通，确认这种活动是否合乎校规、能否得到校方的许可，确认所在教室是否具备开展活动的条件，如果不被允许或条件不具备，就要考虑更换活动场所。第三，活动过程中一定要时刻注意卫生和安全问题。第四，如果出现一些非预设事件导致活动确实无法进行，教师还要有备用方案，比如，如果食材受限，可以用超轻黏土、小麦泥等作为替代品让学生感受饺子的外形和制作方法；可以找与饺子相关的视频、图片，让学生通过多媒体资源了解相关信息；也可以在家中提前包好或者买速冻水饺让学生品尝。

(3) 中外交往习俗对比、讨论。

教学对象：中、高级汉语水平的青少年、成人。

活动目标：语言方面，学习交往习俗相关的词语和语法点；文化方面，通过对比帮助学生了解所在国与中国在见面寒暄、宴请招待、馈赠礼物等方面的交往习俗差异。

活动准备：提前了解当地交往习俗，准备适合讨论的题目并列出讨论提纲，整理相关语言点。

活动步骤：教师通过语言提示、多媒体资源呈现等方式启发学生思考中外交往习俗文化差异；各小组根据表格提示（见表 6.1）进行讨论对比，完成表格并进行小组汇报。

表 6.1　中外交往习俗对比

| 情景 | 交往习俗 中国 | 交往习俗 我的国家 | 语法/生词 |
|---|---|---|---|
| 见面寒暄 | | | 握手、鞠躬、拥抱、亲吻、熟人、陌生人、介绍、名片、多多关照、天气、隐私观 |
| 宴请招待 | | | 邀请、约、劝、丰盛、餐具、中餐、西餐、买单、AA 制、浪费、谦虚、…是…的体现 |
| 馈赠礼物 | | | 礼物、红包、纪念品、包装、看重、推辞、当场、感谢、人情、值钱、重…轻…、亲手 |

　　人们在社会交往中需要遵循社交礼仪和规则，如果不了解对方的交往习俗，非常容易引起误解，冒犯到对方。笔者在保加利亚时，有次应邀参加一个有保加利亚文化部部长参加的正式宴会。因为是在场唯一的中文教师，宴会期间部长先生过来与我交谈，其间问到我是否喜欢保加利亚的饮食，我很肯定地说喜欢，但他却看看我面前没怎么动过的肉菜露出疑惑的表情。事后我与邻座的英语老师交谈，才意识到问题所在：我并不习惯晚上吃太多肉菜，只是尝了一下，同时为了照顾到对方的"面子"，即使饭菜不合口味也会说好吃；但对方却认为这是不诚实的表现，如果喜欢应该会大快朵颐。跨文化交往中的刻板印象和偏见往往都是在这样无意识的交往中产生的。类似的交往习俗，如果在文化教学中提前让学生留意，能够避免不少交际误解的出现。对比的视角除了上面涉及的见面寒暄、宴请招待、馈赠礼物，还包括打电话、排队、付小费等，学生可以自主选择其他方面进行对比。另外，交往习俗的差异可以让学生进行讨论，也可以要求学生通过表演的方式进行呈现。表演相对于讨论来说需要准备的时间要更长、难度更大、对学生的要求更高，相对地也需要教师做更充分的准备。一是要帮助学生明确小组分工，每×人一组，每个人都应该有足够的台词，每个组员的分工可以这样安排：组长统筹整个小组活动，安排组员职责、排练时间等，编剧负责设计故事、编写剧本，语言负责人与编剧一起工作、核对所用语法和生词，旁白一起参与剧本创作、表演时要介绍故事背

景，道具负责剩余工作，准备道具、多媒体素材等。二是要明确说明表演活动的要求，如每个节目的时长要控制在15~20分钟，节目要介绍中国人在交往习俗方面的特点，要能反映中外交往习俗上的不同，表演中要尽量用到教师提供的词汇和语法点等。三是要在说明活动规则的基础上，给学生留足课前准备时间，课上主要进行作品的呈现和教师的点评。

（4）关于男女平等的辩论。

教学对象：高级汉语水平的中学生、大学生及成人。

活动目标：语言方面，学习与"男女平等"相关的词汇和语法点；文化方面，熟悉中文辩论流程，了解中国现代社会男女平等的现状并与自己国家的情况作对比。

活动准备：选择适合辩论的题目，列出相关生词和语法点。

活动步骤：

①教师说明活动主题，布置辩论题目：现代社会男女平等了吗？其中，正方观点为"男女已经平等了"，反方观点为"男女还没有平等"。

②带领学生熟悉可能用到的生词和语法点。

辩论常用词汇和句式：

正方（affirmative side）；反方（negative side）；一辩（debater 1）

对方辩友，……

我方认为，……

以……为例，……

我很难同意对方辩友的观点，在我方看来……

请问对方辩友，……?

③教师说明辩论流程：

陈述本方观点（opening statement）：5分钟；

自由辩论（cross-examination）：15分钟；

总结陈词（summary）：4分钟。

④学生分组，确定主席、正反方成员和组员分工。

⑤各方准备，其间，教师要把控好时间，对学生适时指导点拨。

⑥辩论并选出获胜方、最佳辩手等，并予以奖励。

到了语言学习的高级阶段，学生已经能够比较好地运用汉语表达自己的观点，组织一场辩论赛是非常不错的选择。学生在准备中需要思考论点、收集论据，可以增加知识储备；辩论中会不断激发灵感，促使他们灵活应变，组织语言进行反驳，能够提高口语水平；辩论中接触到不同的观点，可以拓宽视野、发散思维；同时组员间的密切配合还能培养团队合作精神。总之，辩论赛是适合在高级阶段使用的一举多得的好方法。组织中文辩论赛时需要注意：第一，辩题要选择贴近学生生活、学生比较感兴趣、同时容易引起争议的话题，不能选择一方有巨大优势的辩题。第二，活动开始前，教师可以先对班上学生对辩题的看法进行调查，在分组时，可以按照学生的真实想法来分，也可以抽签分配。为了使各组成员实力均衡，教师可以对分组做适当的干预。第三，外国学生的课堂辩论赛，由于时间和学生汉语水平的限制，其流程不必像普通的辩论赛一般复杂，可稍微简化，使学生将更多精力投入到语言表达上。整个过程中，教师都要控制好时间，同时及时记录学生偏误，便于结束后及时纠错。

### 6.1.3 课堂外的文化实践

课外的相关文化活动是文化教学很好的补充形式，是国内外汉语教学的重要组成部分，它在海外孔子学院、孔子课堂中所占的分量甚至会超过语言教学的比例。汉语教师应该充分利用课下的学习机会，有意识地安排学生参与文化实践活动，帮助他们巩固并拓展课堂所学。常见的课外文化活动有下列几类：

（1）鉴赏类活动。

各种文化讲座、表演示范、文学创作以及书法、中国画、茶艺的展览呈现等。

（2）技能类活动。

技能类活动包括传统手工艺如剪纸、中国结、灯笼制作等；传统艺术如书法、国画、泥塑、民族舞、民族乐器、舞龙、京剧等；传统运动如太极拳、武术等；传统游艺类活动如抖空竹、滚铁圈、象棋、围棋等。技能类活动要尽量让学习者直接参与，如动手制作工艺品、学习传统艺术、参与游艺活动等，这样学习者的印象会更深刻，感受更强烈。

（3）文化考察类活动。

在非目的语环境中，海外华人社团一向是华文教育的积极创办者和有力支持者，我们可以积极寻求与华人华侨社团的合作，带学生参与到传统节日庆典、民艺展出等民俗文化活动中，或者要求学生到当地的中餐馆，学习中国菜的做法等，还可以充分利用网络资源进行一定主题的资料搜集和整理工作；在目的语环境中，能够利用的文化资源更丰富，可以让学生到茶馆、公园等地做随机采访，可以组织学生参观名胜古迹，可以通过所在中国家庭或学校参与各类文化活动，并在活动结束后完成调查报告、采访报告等书面总结。

（4）表演竞赛类活动。

鼓励学生在当地举办的文艺联欢活动中进行戏曲、歌舞、武术、民乐、相声表演等，积极组织学习者参与以中国为主题的绘画比赛、"我与中国/我与汉语"讲故事比赛、学唱中文歌比赛、诗歌朗诵比赛、写作比赛、中华文化知识竞赛、趣味运动会等竞赛活动，或者鼓励、帮助学生报名参与"汉语桥"世界大学生中文比赛等大规模国际性赛事。

（5）系列活动。

汉语教师要充分利用孔子学院、华人社区、当地政府及中国政府带来的文化资源，举办或参与中华文化周、文化月、中华文化节等大型系列语言文化推广活动，或当地的多元文化节日。笔者在保加利亚时，每年春节汉语学习者最多的鲁塞中学都会举办春节联欢会，孔子学院各级教师、志愿者、当地华人社团、汉语学习者等都会参与到这一盛会之中，除了表演，还有中国美食、茶艺、传统艺术的现场体验等，让当地人感受中华文化；再如，每年六月的第一个星期天是保加利亚的玫瑰节，这一天在保国的卡赞勒克市玫瑰谷会有玫瑰采摘、"玫瑰小姐"评选、玫瑰花车大游行等传统活动，甚至保加利亚的总统都会亲自参与其中，孔子学院及当地华人会充分利用这样的国家性活动，通过舞龙舞狮、武术表演等形式参与其中，扩大中华文化在当地的影响力。

需要说明的是，课堂中的文化活动和课外活动中的文化实践并不是截然分开，而是互有交叉的。比如，同样是剪纸，放到课上作为教学内容来学习就属于课堂中的文化活动，放到课外面向更广泛的人群举办展览、体验或到非遗基地参观就属于课外文化实践；同样是采访，在课堂上采访自己的同学属于课上文化活动，将采访地点换成公园商场、将采访对象换成社会人士就属于课外文化实践。因此，教师在实际文化教学中不必拘泥于文化活动的类型，要根据教学环境和实际情况灵活处理。同时，教师还要避免文化活动中的橱窗化和舞台化，海外中华文化活动由于条件的限制可能每次都局限于功夫表演、舞龙舞狮等项目，如果不注意创新文化活动的方式、不挖掘表层文化背后的深层含义，这些项目在各类文化活动中的反复亮相反而极易使学生对中华文化的认识也停留于此，让学生产生中华文化也不过如此的想法，从而失去对中华文化的好奇与新鲜感，产生厌烦甚至不屑的态度，这是需要我们特别警惕的。

## 6.2 现代教育技术在文化教学中的应用

当前，世界上正在进行着一场前所未有的信息技术革命。受到科学技术快速发展的影响，随着互联网技术的日益成熟及线上教学平台的不断完善，教育也迎来了前所未有的发展机遇，传统的语言文化教学在教育理念、教学方式、师生角色上都发生了翻天覆地的变化。原国家汉办主任许琳早在2007年就指出，国际中文教育事业的发展要实现体制、机制、对象、教学类型、教材和教法六个方面的转变，其中，教学方法要实现从纸制教材面授为主向充分利用现代信息技术、多媒体网络教学为主转变。随着信息技术的日益普及，掌握信息技术的人越来越多，教育信息化、现代教育技术应用于语言文化教学已经是大势所趋。

现代教育技术是应用现代教育理念和现代信息技术，通过对教与学过程和教与学资源的设计、开发、利用、管理和评价，以实现教育优化的理论和实践。现代教育技术目前主要指计算机技术、数字音像技术、电子通信技术、网络技术、卫星广播技术、人工智能技术、虚拟现实技术以及多媒体技术等[1]。现代教育技术在教育教学中的应用优势巨大。第一，现代化教学手段使文化教学内容呈现出不同的表现形式，并且有利于教师对教学内容的加工和再创造。传统课堂中的语言、文字的传授，只能借助语义、语调及声音的抑扬顿挫、轻重缓急来表现事物的特征；图片、幻灯片可以将教学内容进行静态的画面呈现；而录像、影视、动画、实景演绎则能够以活动的图像，从各个角度呈现事物的特征，并且不受时间和空间的限制。教师利用多种教育技术，对教学内容进行收集与整合，直观形象地展现文化内容，能够多方面刺激学生感官，帮助学生充分调动自身视觉、听觉、动觉各方面能力来高效接受新信息，从而调动学生的积极性，提高教学效率。第二，教育技术的运用能提高教学的交互性和学生的参与性。

---

[1] 傅钢善. 现代教育技术 [M]. 北京：高等教育出版社，2015：15.

传统的教学只是一种单向的传播，多样化的教育技术在教学情境的创设方面有着极大的优势，有着较强的表现力和感染力，通过创造更加逼真的教学情境、更直观的文化讲解、贴近现实的仿真文化体验，帮助学生在行为上和情感上参与文化教学活动，进而实现师生之间的有效互动。第三，现代教育技术还带来教学方式的变革。近年来，网络课程、慕课、微课、翻转课堂等教学方式的运用发展，使传统课堂教学的变革成为必然。特别是新型冠状病毒感染疫情暴发以来，大范围的汉语课堂由线下转入线上，教师利用远程指导、资源共享等方式为学生提供了一种全新的学习环境。

在国际中文课堂中，常用的教育技术包括多媒体资源、影视节目、在线教育、教学资源网、新型移动教育技术及新媒体的运用等，下文我们将进一步阐述如何将教育技术应用于文化教学之中。

### 6.2.1 音视频资源

音视频资源包括录音、歌曲等音频资源及电视栏目、电影、情景剧、动画片等影视节目。习近平总书记于 2014 年 10 月 15 日在文艺工作座谈会上谈道："国际社会对中国的关注度越来越高……这些光靠正规的新闻发布、官方介绍是远远不够的，靠外国民众来中国亲自了解、亲身感受是很有限的。而文艺是最好的交流方式，在这方面可以发挥不可替代的作用，一部小说，一篇散文，一首诗，一幅画，一张照片，一部电影，一部电视剧，一曲音乐，都能给外国人了解中国提供一个独特的视角，都能以各自的魅力去吸引人、感染人、打动人。"[①]

#### 6.2.1.1 中文歌曲

20 世纪 90 年代，就有学者提出将中文歌曲引入汉语教学。早期的研究重点主要是放在文化方面，近年来，学者们将研究的重点放在了中文歌曲在汉语学习的词汇、语法、语用等方面。将中文歌曲用于课堂教学，从教师教学的角度来说，作为一种深受大家喜爱的艺术形式，中文歌曲能够营造轻松活跃的课堂气氛，避免课堂氛围变得过于严肃沉闷，同时提高学习者对汉语学习的兴趣，增强学生学习的积极性，使得学生能够在轻松愉快的环境中更有效地学习；从学生习得的角度来说，学习者在跟唱或者复述过程中能够敢于开口、不断纠正发音，在文本学习中能够紧密结合语言

---

① 习近平. 习近平谈治国理政：第二卷 [M]. 北京：外文出版社，2017：315-316.

情境积累词汇，在体会歌曲主题情感时能够将晦涩的语法规则形象化、具体化，从而进一步提高学习者的听说能力和语言表达水平。

在文化教学中，中文歌曲也发挥着不可替代的作用。比如，在词汇教学方面，随着社会的发展进步，新词语应运而生，汉语教学也要紧跟时代潮流，教师要善于捕捉新词语，及时教授给学生，帮助学生通过对新词语的学习了解中国当代社会。中文歌曲的创作贴近生活，新词新语和口语化现象非常丰富，如歌曲《倍儿爽》中的"倍儿爽"是近年来很火的网络用语，实际上是"feel 倍儿爽"的省略，用于表达自己的愉快心情。通过这类歌曲的学习，学习者对相关词语的掌握会更加轻松，运用时也会更加贴切。此外，歌曲大多是抒发感情，经常会有大量的语气词和感叹词的出现。通过中文歌曲，会让学生对各类叹词、助词的用法更加熟悉，理解各类词语在具体语境中的用法。再如，中文歌曲的旋律和歌词中，有的蕴含了大量中国人千百年来积淀下来的中国传统文化，有的则包含了时下社会中的流行元素，我们可以借用《但愿人长久》讲解中秋节赏月团圆的习俗，借用《孟姜女》帮助学生理解长城的历史及文化内涵，也可以借用《龙的传人》《青花瓷》《本草纲目》等更受年轻人喜爱的流行歌曲帮助学生了解中华文化。

中文歌曲数量庞大，质量也参差不齐，并非所有的歌曲都适用于课堂教学。本书认为，选取合适的中文歌曲用于课堂教学，应遵循以下几条原则。一是歌曲内容要与语言文化相关联，要能体现中国人积极正面的价值取向，要能反映中国传统的或当代的文化因素，切忌选择质量低下、哗众取宠的"口水歌"。二是要注意歌曲歌词和发音的规范性，应当尽量选择发音清晰、字正腔圆的歌曲，一些方言歌曲或粤语歌曲等就不适合在汉语课堂中使用。三是要考虑学习者的语言水平、年龄认知等个体因素，如果学习者语言水平较低的话，不宜选择歌词词汇、语法难度大的歌曲，学习者年龄较小的话，可以考虑学习经典的儿歌，情歌等不适宜的歌曲切忌出现在课堂上。四是要注意实用性。选择歌曲时要考虑所选歌曲是否能让学生用于日常生活交际，是否是学生当下所需要的，是否有利于教师开展教学工作。比如，学习了《祝你生日快乐》，学生就可以在朋友生日时送上中文祝福；学习了《甜蜜蜜》，学生可以表达对一个人的爱恋之情，同时学会"甜蜜蜜"一词的构词方式；学习了《恭喜发财》，学生可以恭祝他人财源广进，了解中国人的祝福语和对待金钱的态度；学习了《朋友》，学生可以唱给自己的朋友，表达自己对友情的珍惜等。

总之，把中文歌曲融入课堂教学，借助歌曲动听的旋律与节奏感，能够吸引学生的关注，让学生积极投入到学习中去；同时还能帮助学生提高汉语听说能力，了解中华文化，可谓一举多得。

### 6.2.1.2 纪录片

纪录片是选取真人真事为表现对象，对真实的生活素材进行艺术加工与展现的电影或电视艺术形式。纪录片的素材真实而直观，非常符合文化教学的需要。近年来，关于中华文化的优秀纪录片不断涌现，如由中国中央电视台（CCTV）和英国广播公司（BBC）联合摄制的《美丽中国》，以中国独具特色的野生动植物、风景保护区和民族生活故事为对象，展现了中国的自然景观和人文景观，向世界民众展示了中国人"天人合一"思想价值取向的魅力。由中央电视台中文国际频道出品的《走遍中国》，"讲百姓身边事，看中国新变化"，展示了中国自然与人文地理中的民族特色与东方特色，可以帮助学生深入了解当代中国。中央电视台出品的《舌尖上的中国》，以美食为媒介，串联起中国各地的风土人情、风俗习惯、生存状态、人际关系、价值取向，一经播出便在海内外引起极大的反响。教师可以根据教学需要，选取纪录片的片段请学生观看，观看时间不宜过长，最好控制在 15 分钟以内，因为纪录片毕竟不像电影电视有更吸引人的故事情节，时间过长容易消磨学生最初的新鲜感，也容易喧宾夺主，影响课程的整体进度。

### 6.2.1.3 文化类节目

近年来，文化类节目在党和国家相关政策的扶持下，在媒体人的不断创新与突破中充满了生机与活力。有的文化类节目以汉语教学和文化对比为特色。如央视中文国际频道出品的汉语教学电视节目《快乐汉语》，以"学说中国话，朋友遍天下"为口号，采用情景剧的形式展现当代中国的现实生活场景，让观众在实际情境中快乐学汉语；由江苏卫视制作的谈话类节目《世界青年说》，邀请外形与学识兼备的来自 11 个国家的青年，选用年轻人喜爱的表现方式，围绕当下年轻人最关心的议题展开讨论，来自不同文化背景的青年对不同文化特色的呈现和不同价值观的碰撞，能够启发学生进行文化对比和跨文化的思考。有的文化节目则以淋漓尽致地展现中国优秀传统文化为特色。这类节目的典型代表，有河南卫视连续推出的《唐宫夜宴》《端午奇妙游》等"中国节日"系列原创节目，以国际化的表达方式阐释传统节日的内在价值和中国人对传统、宗族、家庭、礼法的重视；有呈现中国传统舞文化的《舞千年》，节目"以史串舞、以舞叙史"，用翩然的舞姿勾勒出绵延千年的华夏文明史；聚焦优秀中华文化典籍的《典籍里的中国》，通过时空对话的创新形式，把典籍变成有情感、有温度的故事，折射出中国人的人文精神与浪漫情怀。在涉及相关内容的文化教学中，指导学生观看文化节目，向学生解释背后所体现的中国人的审美与人文精神，会让学生对中华文化有更深层次的了解。

6.2.1.4 影视作品

影视作品既可以作为文化教学的内容，也是常用的文化教学手段。影视作品通过摄影技术将听觉与视觉有效融合，具有真实的交际场景、生活化的语言材料、立体的人物形象、曲折的故事情节、浓厚的文化色彩，它可以穿越古代与现代，跨越国内与海外，通过社会文化生活场景和情节故事的呈现向观众展示文化内涵，能够让学生身临其境地感受语言交际场景及中华文化，非常适合教师在选择、剪辑后，将其作为教学资源引入文化教学中。

以国产电视剧为例。为学生播放电视剧片段，或给学生推荐有代表性的电视剧来观看都是可行的。情景喜剧就是一个不错的选择。相较普通剧集，情景喜剧每集都有一个主题，主题覆盖了日常社会生活的方方面面，情节氛围轻松愉快，使用的语言非常生活化，情景代入感强，比较经典的有《我爱我家》《家有儿女》《爱情公寓》，都是非常好的学习资源。在给学生推荐电视剧时，还要考虑到不同文化背景学生的兴趣偏好。例如，欧美地区观众喜欢脉络清晰的故事走向、直截了当的叙事风格，故而定位明确、节奏感强的犯罪悬疑剧如《白夜追凶》《河神》《无证之罪》等相对而言更加贴近欧美观众的偏好，这与欧美国家低语境的文化背景有关；非洲与中国同属集体主义文化，重视家庭族群间的复杂关系，同时都属于男性化社会，社会性别角色明确，同样的社会处境使得非洲观众对于反映中国现代家庭伦理关系与老百姓日常生活的现实主义题材电视剧如《媳妇的美好时代》《咱们结婚吧》《奋斗》等更有共鸣；深受儒家观念影响的亚洲国家观众则对反映中国独特的历史文化背景，包含家庭、等级、孝悌等儒家传统观念的《甄嬛传》《延禧攻略》《步步惊心》等古装历史剧更有认同感。

相对于电视剧，电影将故事情节浓缩在一个半到两个小时的时长内，其中的文化蕴意也愈加浓厚。电影的选择，要考虑到观影体验是否良好、文化蕴涵是否丰富、与教学主题是否契合、与学生年龄和认知水平是否相匹配等因素，比较经典的有反映东西方文化冲突与文化适应的《刮痧》《推手》《孙子从美国来》，有表现中国传统文化和价值观的《霸王别姬》《英雄》《卧虎藏龙》，有反映当代社会生活的《那些年》《中国合伙人》，有从当代视角重新演绎的中国故事《花木兰》《功夫熊猫》《大圣归来》，以及外国人非常喜爱的功夫类电影《叶问》系列、《新警察故事》系列、《功夫梦》等，不一而足。

在实际教学中，教师可以先为学生介绍电影的故事梗概，然后选择其中的经典片段给学生播放，并通过提问、讨论等方式引导学生关注其中的语言文化要素和文化差异，这种方式不会占用太多的课堂时间，对教学进度影响较小，操作方便灵活，但缺点是可能会破坏叙事的整体性，没有足够的铺垫，会显得突兀，学生理解起来可能有困难。教师也可以为学生播放一部完整的电影，这样学生可以更好地融入故事情节和人物的情感状态中，对其中的文化也会感受更深。采用这种教学模式，教师切忌一放了之，要通过提问、讨论等方式引导学生进行深入的思考，发掘其中包含的思想观念、价值取向和文化差异。比如，《大红灯笼高高挂》是由张艺谋执导、巩俐主演，反映封建礼教背景下男女平等问题的经典电影，在给学生观看时，教师可以为学生列出以下问题引导学生理解：

《大红灯笼高高挂》讨论

根据电影的内容，讨论下面的问题

第一部分　夏

a）四太太（颂莲）是一个独立的女性吗？为什么？

b）陈家有几个太太，她们分别是什么样的人？

c）在陈家，点灯笼意味着什么？

d）每天黄昏，陈家有什么样的规矩？你怎么看这个规矩？

e）为什么四太太（颂莲）和丫鬟（雁儿）的关系不好？

f）四太太（颂莲）和二太太、三太太的关系怎么样？你是怎么知道的？

第二部分　秋

a）老爷把四太太（颂莲）的笛子怎么了？他为什么要这么做？

b）四太太（颂莲）和二太太之间发生了什么事？

c) 四太太（颂莲）的院子为什么开始点了长明灯，后来又封灯了？

d) 现在的四太太（颂莲）和刚来的时候有什么变化？为什么会有这样的变化？

第三部分　冬—第二年夏

a) 丫鬟（雁儿）是怎么死的？

b) 三太太是怎么死的？

c) 四太太（颂莲）是怎么发疯的？

d) 你如何看待电影中各位女性的命运？

学生通过回答问题，对故事情节进行了重新梳理，锻炼了口语表达能力，对电影所要表达的思想观念也会有更深层的理解。再如，2019年上映的《流浪地球》，是中国科幻电影创作的重大突破，学生需要关注的不仅是电影的大场面、大制作，还要思考中国的科幻电影理念与西方的科幻电影理念有何不同？我们可以这样引导学生：当世界发生空前灾难之际，中国人选择怎样的方式来化解这个世界性灾难？如果是西方人来拍的话，他们又会选择怎样的方式？不同方式的选择背后反映的是怎样的价值观念差异？故事的深层内核，与愚公移山、精卫填海、女娲补天等中国神话有何共通之处？这样，学生才能突破文化语境的限制，明白在中国电影中没有具有超能力的超级英雄凭一己之力拯救世界的西方个人主义取向，中国式的英雄，是在面对灭顶之灾时坚守职责、拼尽全力、勇于自我牺牲的普通人，是充满家国情怀、秉持集体主义价值取向的普通人。影片的最后，各国救援队齐心协力拯救地球，又将人类命运共同体理念形象地传递给观众，相信学生通过观影会对这些深层文化有更好的理解。

### 6.2.2　新媒体

现代科技的迅猛发展使人类迈入了以网络媒体、社交媒体和自媒体为代表的新媒体时代。新媒体是与传统媒体相对而言的，它以互联网技术、数字媒体技术和移动通信技术为基础，以计算机、平板电脑、手机等通信工具为载体，传播内容丰富直观，信息实时更新，传播范围广泛，形式灵活多样，交互性强，能为用户提供个性化功能服务和丰富的文化体验，具有极大的社会影响力。具体来说，短视频、微博、微电影、视频 App、网络直播及应运而生的各类门户网络平台都属于新媒体。

6.2.2.1　实境直播

我们先来看 2022 年 8 月 5 日人民网上的一则报道：

《沪上街巷，"云"上课堂》

日前，由中外语言交流合作中心支持、华东师范大学承办的"2022年英国大学生暑期中文学校夏令营"结营。营员中，除了来自英国诺丁汉大学、杜伦大学、兰卡斯特大学、中央兰开夏大学、伦敦政治经济学院、伦敦国王学院等英国院校的中文专业大学生之外，还有来自英国的诺丁山伊令中学、玛丽皇后中学，以及立陶宛维尔纽斯大学孔子学院的中文学习者。

去年，华东师范大学开启线上沉浸式中文学习的新模式——实境直播，跳出以往的线上课程框架，将教室搬入上海的大街小巷。英国大学生暑期中文学校是华东师范大学首个采用实境直播开展的线上中文教学项目，去年学生们围绕"上海中心""校园探索""市民生活""行在中国"等主题，通过镜头与当地市民交流互动，沉浸式、立体化地学习中文。

今年，"英国大学生暑期中文学校夏令营"的主题为"游学沪上"，教学以"1 主讲+4 助教"的形式展开。

在为期两周的实境直播课上，实境直播团队设计了"上海中心""校园之旅""风味之旅""周末生活""古镇之旅""健康生活""传统文化""流行文化"等多元主题课程，探访外滩、华东师范大学校园、南翔古镇等地以及火锅店、大型商场，让学生体验上海人的"衣食住行"等，旨在让他们通过镜头领略上海城市魅力，与居民、游客交流，学习地道中文交际用语。

此外，学员还跟随镜头了解上海市民的健康生活方式，近距离感受传统文化在现代都市的生命力，探索最受年轻人欢迎的创意工坊，领略海派文化的别样魅力。

学员们记录下了每个学习交流的瞬间：一笔一画书写汉字，一词一句和上海市民对话，线上互动沉浸式点餐，师生合作设计手机壳……

来自中央兰开夏大学的学员杨萌萌说："两周时间对我来说很有意义，我们学了中文，了解了中华文化，体验了中国生活，还感受了上海之美。通过实境直播的方式，我们不仅探索了上海，还能和上海人说话，获得了非常难得的了解中国的机会。"来自伦敦政治经济学院的学员马克表示，虽然自己从未到过中国，但通过参加这次夏令营，对中国有了新的了解并学会了新的知识。

老师们表示，希望在海外学生与中华文化、真实语料之间，搭建起沟通的桥梁，真正实现以学生为中心的"云"上中文课堂。

2000年后，随着网络时代的到来，网络直播发展迅猛，特别是近年来受新型冠状病毒感染疫情的影响，直播迅速成为一种主要的教学方式。选择学习中文的学生，更愿意在真实的目的语环境中进行语言交际、了解中华文化，实境直播这种独特的教学形式让其成为可能。实境是带学习者进入真实的社会场景；直播是线上面对面实时异地交流。实境直播模式将课堂放入真实的社会环境中，通过网络连接为学习者创设了特定的学习情景（scenario）、情境（context），让学习者在校园、商场、餐厅、超市、公园、体育场等真实的情境中完成一个真实的任务[1]。例如，在讲授饮食文化时，教师可以将授课地点设在当地餐厅，让学习者在线看到真实的中餐厅环境并用中文点餐；在教授春节民俗时，教师可以走进普通中国人的家中，让学生在线观看中国人贴对联、挂灯笼、包饺子、看春晚、给压岁钱、放烟花的习俗，也可以走进社火庙会，观看舞龙舞狮等民俗表演；在讲授中国人的婚恋观时，教师可以走进公园里的相亲角进行现场采访，让学生了解普通民众的择偶观。直播期间，学生既可以使用类似于传统课堂的面对面音视频的方式与教师、直播现场人员进行互动，也可以使用弹幕、聊天室等形式实现与教师和其他学习者的交流。实境直播的形式以互联网为支撑，能够为学习者创造真实的语言文化环境，线上学习者可以得到身临其境的体验，打破了时间和空间的限制，是一种异地同步的新型教学模式。

#### 6.2.2.2 短视频

随着互联网信息技术的发展和移动终端的普及，短视频成为当前非常流行的信息传播方式。在抖音、快手、微视、西瓜、Bilibili等网络平台以及国外的YouTube、Ins、TikTok（抖音海外版）等平台上，有不少中国人以及在中国生活的外国人会制作、发布与汉语学习、中国人的社会生活、中华文化、中外文化差异及跨文化交际有关的短视频。其中不少视频从内容上来说与汉语和文化教学联系紧密、契合度高，在叙事结构上多采用断点式叙事，针对某一个或某几个关键点进行深入探究，经过剪裁加工后核心信息突出；从形式上来说，视频时长多控制在1~5分钟，短小精悍，课

---

[1] 丁安琪，王维群. 实境直播短期中文教学模式的构建与实践研究[J]. 国际汉语教学研究，2021（10）：76-85.

堂应用灵活；从制作素材上来说，短视频不局限于单一的文字或图像，而是大量使用动态的视频、动画素材，并时常加入一些特效、表情包、配乐等非语言符号，使视频变得生动活泼，轻松有趣。因此，将短视频应用于文化教学具有极强的可行性。

教师在选择短视频作为教学手段时要注意以下问题：第一，应根据课程教学目标、教学内容和教学重难点进行视频素材的选取，不能喧宾夺主、偏离课程主题；第二，不同平台上的短视频数量巨大且质量参差不齐，教师在选择时要注意区分良莠，准确甄别。课堂上所展示的视频，所使用的语言要准确规范且难度适合学生语言水平，所呈现的文化内容应该正面、当代、有代表性，所体现的思想观念应该正确、符合社会主义价值取向和人类共同价值观。以李子柒的短视频为例。李子柒是一位90后自媒体短视频博主，2015年开始拍摄短视频并上传到各大新媒体平台。她的短视频围绕中国传统乡村生活的衣食住用行展开，在YouTube上获得极大的关注，她也成为"最多订阅量的YouTube中文频道"的纪录保持者。虽然定位为美食博主，但中国传统文化中的饮食文化、服饰文化、建筑文化、器物文化、民俗文化、工艺文化、器乐文化等在其短视频中都得到了充分的展现。她将短视频的内容与每天的生活联系起来，简单而又真实，真正做到了生活纪实与艺术的完美结合。在视频中我们可以深入田间山林，感受中国西南地区秀丽的自然风光；可以通过观看美食的制作过程感受中国美食的丰富多样；可以通过极富东方意蕴的各种场景感受中华文化的独特魅力；同时，我们也能感受到她身上体现出来的中国人勤劳、务实的精神。在文化教学中，借助李子柒短视频在海外的影响力，利用学习者对视频的好感和兴趣，一方面可以将文化教学内容更好地呈现出来，另一方面也能提高学习者的学习兴趣，拉近学习者与中华文化的心理距离，帮助学习者更好地了解和接受中华文化。

### 6.2.3 慕课[①]

MOOC（慕课），即"大规模开放式在线网络课程（massive open online courses）"，是包含课程视频、在线互动、课后作业及分期测试等部分的

---

① 此部分内容为本书作者在2021年4月发表于佳木斯大学社会科学学报的《国际汉语教学中MOOC模式的发展与应用》的改写。

新型网络课程。① MOOC 模式具有较强的关联性、创新性、在线性、开放性等特点，丰富了人们对于教育需求的途径，在教育领域得到广泛发展和应用。

随着国内外越来越多学科知识通过 MOOC 平台得到更广泛的传播，国内一些大学和孔子学院也开始积极探索 MOOC 模式在国际汉语教学领域中的应用。目前，关于汉语学习的 MOOC 课程比较丰富，面向海外受众、关于中华文化的 MOOC 课程还相对较少。Open2Study 平台②上由华南理工大学国际汉语教育学院刘程教授主讲的《中国语言与文化》是我国高校第一个面向外国人全英文授课的 MOOC 中华文化课程；在 edX 平台③上，有哈佛大学开设的 China X：China's past, present and future，北京大学开设的 Chinese Culture And Communication 等课程；在 coursera 平台④上，有南京大学开设的 Chinese Culture and Contemporary China，西安交通大学开设的《中国哲学经典著作导读》等课程。另外，国内的课程平台如中国高校外语慕课平台、学堂在线、中国大学 MOOC 等也有大量的中华文化相关课程，但其受众主要是中国人。可见，目前开设的面向母语非汉语人士的中华文化 MOOC 课程还非常有限,,其在国际汉语教学领域的应用仍有待深入地研究和推广。

6.2.3.1　MOOC 模式在文化教学中的优势与问题

（1）MOOC 模式的优势。

相较于传统的授课模式，MOOC 模式在文化教学中有如下优势：

第一，打破时空界限，扩大受众群体，节约教学成本。以 MOOC 模式为载体的汉语课堂依托越来越广泛的网络覆盖和随手可及的移动终端设备，打破了时间、空间的限制。汉语学习者可以自由地注册、学习各个 MOOC 平台的任何课程，而不必在固定时间内聚集到教室进行集中学习，也不用花费时间、金钱，千里迢迢来中国学习，极大地方便了分布在世界各地的汉语学习者和汉文化爱好者，扩大了国际汉语教学的覆盖面。同时，慕课中教学资源可循环重复利用，解决了一些地区汉语师资力量不

---

① 刘娟. 慕课（MOOC）背景下的国际汉语教学和推广［J］. 学术论坛，2015（3）：177-180.
② 注：Open2Study 是由澳洲线上大学于 2013 年 4 月设立的免费 MOOC 平台。
③ 注：edX 是美国麻省理工学院和哈佛大学于 2012 年 4 月联手创建的大规模开放在线课堂平台。
④ 注：coursera 是由美国斯坦福大学于 2012 年设立的在线课堂平台。

足，配套教学设施和资源、资金缺乏的问题，极大地节约了教学成本。

第二，转变课堂模式，丰富教学内容和手段。国际汉语MOOC线上课堂的学习流程为短视频→随堂作业→测评反馈→互动交流→付费证书[①]。每节课一般为5~15分钟的短视频，要求教师的授课方式由传统的面对面传授知识变为利用有限的时间对学生进行"引导"，教学节奏更加紧凑，教学重难点更加突出，留给学生课后练习的时间更多；基于在线教学的特点，当学生在听课过程中遇到问题时，可以随时暂停、反复观看，利用互联网同步查阅资料、互动交流，进而帮助汉语学习者及时并深刻地理解课堂知识点。课堂模式的转变也要求汉语教师利用多种教学手段来丰富自己的教学内容，板书、图片、音乐、短片及各类社交软件、网站、论坛等都可以充分利用。

第三，创设互动氛围，激发汉语学习动机。与传统的讲座视频、公开课不同，MOOC不止提供静态资源，也丰富了学习者和授课者之间的互动反馈和评价方式。通过MOOC平台配套的线上测评、作业、线上互动社区等应用，学习者和汉语教师、汉语助教之间、学习者之间都能便利地交流学习、互帮互助。同时，传统的汉语课堂中，教学大纲、教学计划和进度都是既定的，学生无权选择或改变。而MOOC模式下的汉语课堂，学生能根据自己的学习风格选择适合自己的教师，根据自身的学习兴趣和需求选择教学内容，根据自己对知识的掌握程度调整学习进度，从而激发学习者的学习动机，达到更好的学习效果。

（2）MOOC模式在应用中存在的问题。

与MOOC自身的优势相对应，其在国际汉语教学的实际应用中也存在很多问题：

一是网络覆盖率低，学生在线学习难度大。MOOC模式是以"无线/有线网络+移动智能终端"为载体才能实现的，在很多国家这并非难事。然而，在诸如一些发展中国家、偏远地区、备战区等，网络覆盖率低甚至于无，极大地增加了在线汉语学习的难度。

二是课程质量参差不齐，缺乏系统性。目前在线平台准入标准仍不健全，很多汉语在线课程出现数量短缺不成体系、质量良莠不齐等问题，很多所谓的精品课程只是传统汉语学习资源和知识点的堆砌，课程间跨度较

---

① 白璐. 大数据时代下汉语慕课教学资源平台构建初探 [D]. 沈阳：辽宁大学，2015.

大，无法为学生提供系统的知识体系，对在线上课堂中需要自主选择学习内容的学生，特别是汉语初学者来说并不友好。

三是师生、生生难以即时互动。MOOC 线上课程虽有配套的互动、测评和反馈功能，但仍然无法实现传统的面对面教学中师生间答疑反馈、生生间互动交流的即时性和直接性，因此完善线下的辅助支持功能至关重要，线下汉语助教、志愿者、语伴可以承担部分答疑、测评与监督的作用。

6.2.3.2　MOOC 背景下文化教学应做出的改变

国际汉语教学把"教什么、怎样教、如何学"作为研究的出发点，基于 MOOC 平台的文化教学也要针对 MOOC 模式的特点从以上方面做出调整和改变，从而更好地进行汉语和汉文化的传播工作。

（1）教什么——丰富课堂内容，制定专业的课堂准入标准。

学习者通过 MOOC 平台学习时往往依照自己的兴趣和需求选择匹配度高的课程，因此在建设平台、开设课程之初首先要对各类汉语学习者的学习兴趣、学习动机、学习风格、学习行为和语言需求等进行大数据调查，明确平台和文化课程的建设方向，让学生能在浩如烟海的课程中找到适合自己的学习内容。工欲善其事，必先利其器，教师还应该充分利用多种现代教育技术丰富自己的教学内容，让枯燥的文化知识变得更易被理解和习得。

传统的教学体系经过几代人的努力已经比较完善，但 MOOC 这种以短视频为主的教学形式使其存在缺乏系统性等问题，相关单位应组建专业的汉语教师、学者队伍，依托现有的《国家汉语教学通用课程大纲》，共同研究制定适合 MOOC 课堂模式的教学目标、教学大纲、教学计划、知识体系、具体的课程安排和对应的考核标准。同时，面对水平参差不齐的线上课程，相关单位还应设立成熟完善的行业规范，建立专业的课程考评统一标准，严格各平台课程准入，为世界各地的学生提供优质的学习资源。

（2）怎样教——改变传统的课堂模式、教师角色和教学方法。

第一，改变传统课堂模式。MOOC 模式的特点决定了教师要面对与传统课堂完全不同的上课流程、重难点的甄选、课堂进度的把控、问题的设计、互动方式、教学方法、测试形式等，任何教学环节都要力求最大程度地适应网络平台[①]。MOOC 模式促使教师积极通过在线教学的形态，强化课堂设计，把学习内容制作成有利于学生自主学习的教学资源，从过去注重教师"我教了什么"到更加注重学生"我学到了什么""我学会了什么"，引导学生探究式与个性化学习，从单纯的知识传递向知识、能力、素质的全面培养转变。互动方面，因为不能面对面交流，教师在课上课下要充分利用网络平台配套功能与学生沟通，及时给予学生反馈。此外，还可以根据各高校、孔子学院等汉语教学单位的实际情况，建立高校联盟、汉语教学联盟，共享汉语教学资源，优势互补，彼此推进线上国际汉语MOOC 课堂的建设和线下的辅助学习，使线上、线下各司其职，共同推动国际汉语教学的发展。

第二，转变教师角色。课堂模式的转变必然要求教师角色的转变。短小精悍的视频课堂、高效的互动反馈机制要求汉语教师在授课过程中打破传统教师教学的思维定势，由"传授者"变为学生的"引导者""促进者"甚至"合作者"。同时，MOOC 课堂线上线下协同并进的特点要求更多的汉语教师、志愿者从授课型教师转型成辅助型教师。随着 MOOC 课堂的不断发展，只需要少量授课型教师面对镜头录制课程，更多的志愿者和汉语教师应该接受合理的角色分配和转型，辅助线上课堂完成线下互动、测评和答疑辅导等后续工作。

第三，提高教师多方面素质。与 45 分钟左右的传统课堂不同，MOOC 要求教师在 5~10 分钟的时间里完成对某个知识点的讲授与练习，这就需要教师将传统课堂内容进行合理的提炼、整合与重组，并选用高效的教学方法以适应 MOOC 这种浓缩精炼的授课形式，在借鉴传统教学法的同时充分利用教育技术积极创新，避免向汉语学习者进行单向的知识灌输。教师还需要有较强的进取态度和批判精神，为了适应新的教学需求，要充分了解翻转课堂、课程维基等新的教学理念，进行持续的教学总结和反思。同时，MOOC 模式要求教师不但要进行在线教学和测试，还要参与视频课程的设计、录制、后期制作等工作，因此汉语教师不仅要有深厚的语言学、教育学功底，充分了解不同学习者的学习规律和学习风格，还要跳出简单的语言教授者的身份，变成掌握有效的教学方法、熟悉现代教育技术的多面手。另外，为了建设、维护和推广汉语教学 MOOC 平台，我们也需要多

---

[①] 黄伟. 关于MOOC与对外汉语教学的几点思考[J]. 国际汉语教育，2014（2）：179-187.

方位、跨领域的各类人才，如传播类、计算机类、后期制作类、动画设计类等专业人员，以组建一支能够提供强大的技术支撑的人才队伍①。

第四，改革考核方案。基于MOOC平台的课程改革要求相应的考试方案的制订，随着无纸化考试的普及，考试中的考核方式、批改方式、监考方式等都面临新的挑战。基于MOOC平台的线上考试如何组织？如何考？学生成绩如何评定？如何保证学生考试的诚信？如何进行数据的回收和管理？这些都是我们应该思考的问题。

（3）如何学——激发学生学习兴趣，培养自主学习能力。

学习者是语言文化学习的主体，他们本身的个体因素，如性别、年龄、个性、文化程度、家庭背景、社会阅历等都会影响学习者的学习；学习者所抱的学习动机，以及在学习过程中所显现出来的学习能力、学习策略、认知心理、学习风格等，更是直接影响着学习。正因为如此，"如何学"才成为国际汉语教学研究的三个出发点之一。

从学习者的角度来说，学习者首先要明确自己学习汉语和了解中华文化的动机，比如是兴趣使然、求职需求还是短期旅行等，只有对学习目标有清晰的定位，才能更准确地选择适合自己的课程、有更强的学习推动力。与之相对应，教师在依托MOOC平台教学之前首先要做学习者的需求分析，明确学生的国别、母语背景、学习动机、学习需求、汉语水平等，以适应受众，做到有的放矢。例如，针对本土汉语教师、汉语初学者以及对中华文化爱好者，我们的教学内容应有所不同；再如，面对成年人和面对儿童的课堂教学设计也应有所区别等。只有这样，才能给学习者提供多种选择。

同时，MOOC平台课程虽然可选择性强、教学内容丰富，但其线上学习为主的特点使其缺乏完善的监督监管机制，没有课上课下汉语老师的管理和督促，学习者需要有很强的自主自觉自控能力，要通过健全平台机制、完善配套资源、加强线下教师辅助等手段让学生明白学完线上教学视频并不能万事大吉，多与老师同学互动交流、完成相关练习测试、多学多练、将所学知识内化，最终获得运用汉语进行交际的能力才是最终目的。

总之，国际汉语教学的MOOC平台建设并不是一蹴而成的，是需要多方力量支持、积极探索、精心设计的。我们期望在不久的将来，在多方支

---

① 林金锡，张亦凝. 慕课对对外汉语教学的启示[J]. 国际汉语教育，2015（1）：131-143.

持下，我们能创立专属的国际汉语教学的 MOOC 平台，制作出一批批文化教学精品课程，完善互动、反馈、测评、认证等机制，为世界各地的汉语学习者提供便利的服务，为推广国际汉语教学和传播中华文化贡献力量。

现代教育技术使文化教学在教学内容、教学手段及教学模式等方面出现新变革，而汉语教师也要顺应这一变革趋势，不断提高自己运用现代教育技术的能力和水平，与时俱进，不断创新，开创汉语和文化教学的新局面。但我们也要正确对待新的教育技术，在承认教育技术作用的同时始终牢记教育技术仅仅是一种教育工具，不能因为教育技术的使用偏离语言文化的教学目标，不能因为使用教育技术而喧宾夺主、忽视学生的主体地位，也不能过于依赖教育技术而忽视对教师基本功的培养。教师在使用现代教育技术时，一定要围绕准确呈现教学内容、培养学生的交际能力和跨文化意识的教学目的，根据当时当地的实际条件和学生的个体情况选择合适的教学手段，避免过于追求手段的多样性反而制约文化教学质量与效率的提高。

# 7 结束语

随着中国国力的不断增强以及国际中文教育事业的蓬勃发展，汉语及其承载的中华文化越来越受到外国民众的关注。回首近几十年来，国际中文教育中的文化教学由起步到广受关注再到蓬勃发展，取得了不少成绩：确定了文化教学的性质，确立了文化教学在国际中文教育中的地位和作用，明确了文化教学的目标与原则；制定了文化教学内容的参考框架，教学内容标准得以确立；汲取国外相关文化理论和教学模式，文化类课程设置得到完善，文化教学手段更加多样，文化教学资源愈加丰富；开辟了新的研究领域，如地域文化融入文化教学、现代教育技术应用于文化教学，从传播学角度对文化教学进行解读等。

虽然文化教学研究取得了一定的成绩，但仍存在不少尚待解决的问题：文化教学的定性、定位与定量问题一直以来主要依据教师的教学实践经验，虽然有学者在研究中引入了文化间性视角、人文主义教育理念、生态主义文化观等理论，但文化教学理论仍较为薄弱，理论指导不足；文化教学的研究缺少科学性的实证研究，且分区域、分国别的文化教学研究非常有限；缺少文化类精品教材，对文化教材的研究相应也非常薄弱。

我们认为，作为国际中文教育的一部分，文化教学研究的出发点完全可以套用"教什么、怎样教、如何学"这一模式，从文化教学的目标、内容、资源、模式、方法、手段以及学生个体差异等方面入手，建立起完整系统的文化教学体系。

在汉语热持续升温的同时，我们也应当看到，汉语的国际地位和影响力与英语等强势语言相比仍差距悬殊。目前，汉语仍属于"非普遍教授语言"（less commonly taught language），外国人学习汉语的热情远不及中国人学习英语的热情。其原因在于除地缘相近的国家外，中国与其他国家的语言和文化亲缘关系较远，中文和中华文化与西方国家的语言和文化的差异较为显著，这也说明，中国的对外文化传播能力还不够强大。当前的"汉语热"，其实质是中华文化热，当中华文化的独特魅力被更多的人所了解，当中国在国际上的影响越来越大，中华文化才能更好地传播，而文化的传播反过来会扩大中文的使用范围，这样汉语才能赢得应有的国际地位。

汉语国际推广是一项空前巨大的文化事业[1]，而文化教学是中华文化对外传播的主要手段。作为国际中文教师，要努力把汉语学习者培养成为了解、热爱并愿意传播中华文化的人。我们所面对的学生往往是多文化多背景的，只有不断充实自身的中外文化知识，不断提升跨文化交际能力和增强文化输出意识，具有较强的文化敏感性和移情能力，不断创新文化教学方法，才能更好地在多元文化背景的课堂中介绍、传播中华文化，塑造中国形象。

---

[1] 亓华. 汉语国际推广与文化观念的转型. 北京师范大学学报（社会科学版），2007（7）：118-125.

# 参考文献

**连续出版物**

[1] 陈力丹. "一带一路"下跨文化传播研究的几个面向 [J]. 江西师范大学学报（哲学社会科学版），2016，49（1）：69-73.

[2] 史安斌，童桐. 理念升维与实践创新：党的十九大以来国际传播与跨文化传播研究十大前沿议题 [J]. 编辑之友，2022（4）：55-62.

[3] 周静. 浅谈线上汉语教学背景下中国文化传播的嬗变 [J]. 产业与科技论坛，2022，21（5）：137-138.

[4] 王洪林. 中国文化对外传播路径重构：文化符号学视角 [J]. 浙江万里学院学报，2020，33（6）：69-74.

[5] 张洪伟，万力闻. 和而不同："一带一路"建设中跨文化传播的策略 [J]. 海河传媒，2020（6）：49-52.

[6] 莫昱荧. "一带一路"背景下文化传播与交流的实现路径探究 [J]. 社会科学家，2018（6）：156-160.

[7] 杨荣丽，崔晓霞. "一带一路"视域下的跨文化交际 [J]. 西安电子科技大学学报（社会科学版），2018，28（1）：99-103.

[8] 吴卫民，石裕祖. 中国文化"走出去"路径探析 [J]. 学术探索，2018（6）：108-114.

[9] 陆俭明. 汉语国际教育与中华文化国际传播 [J]. 同济大学学报（社会科学版），2015，26（2）：79-84.

[10] 刘利. 构建以汉学为支点的国际传播新体系 [J]. 国际人才交流，2022（10）：2.

[11] 赵歌川. 文化对外传播与汉语国际教育：成就与挑战 [J]. 潍坊

学院学报, 2020, 20 (5): 80-82.

[12] 张秉福, 齐梦雪. 我国对外文化传播能力提升论略 [J]. 新疆社会科学, 2022 (1): 121-148.

[13] 王迎春, 周华. 汉语国际传播与中国国家形象提升 [J]. 世界教育信息, 2016 (23): 63-66.

[14] 吴友富. 对外文化传播与中国国家形象塑造 [J]. 国际观察, 2009 (1): 8-15.

[15] 王刚, 陈诗文. 列宁灌输理论及其现代启示 [J]. 山西高等学校社会科学学报, 2019, 31 (11): 13-16.

[16] 刘肖, 李红. 毛泽东对外宣传思想及其现实价值 [J]. 对外传播, 2017 (5): 44-46.

[17] 杨彩霞. 毛泽东对外宣传思想的回顾与启示 [J]. 理论导刊, 2018 (7): 41-46.

[18] 董晓晨, 吕丹. 元宇宙视角下媒介变革对多元文化传播的影响 [J]. 中国广播电视学刊, 2022 (6): 30-32.

[19] 阳雨秋. 中国文化对外传播的转型方向与实现路径 [J]. 理论导刊, 2020 (9): 112-117.

[20] 金民卿. 中国特色社会主义理论对外宣传阐释的必要与可能 [J]. 青海社会科学, 2013 (5): 1-6.

[21] 王添淼. 文化定势与文化传播: 国际汉语教师的认知困境 [J]. 中国文化研究, 2011 (9): 177-182.

[22] 王雪琪. 国际汉语教师的新"三感三情": 文化对外传播中的话语体系建构研究 [J]. 现代交际, 2018 (12): 166-167.

[23] 范慧琴. 国际汉语教师传播能力的构成及培养 [J]. 现代传播, 2013 (5): 146-148.

[24] 祖晓梅. 国际汉语教师在跨文化交际能力教学中的角色和作用 [J]. 国际汉语教育 (中英文), 2016 (1): 37-43.

[25] 赵金铭. 国际汉语教育研究的现状与拓展 [J]. 语言教学与研究, 2011 (4): 86-90.

[26] 马晓娜. 中华文化的域外传播能力探析: 以国际汉语教师为视角 [J]. 汉字文化, 2021 (5): 148-152.

[27] 王皓宇. 地方应用型本科院校汉语国际教育专业课程设置初探:

以晋中学院为例［J］．汉字文化，2019（19）：33-35．

［28］王倩．凸现地方特色的汉语国际教育专业课程设置研究与实践：以晋中学院为例［J］．高教学刊，2022（12）：87-90．

［29］朱瑞平，张春燕．汉语国际教育背景下文化传播内容选择的原则［J］．云南师范大学学报（哲学社会科学版），2016，48（1）：47-53．

［30］曲凤荣，张衡．汉语国际教育视域下中华文化传播中存在的问题［J］．语文教学通讯，2017，934（3）：58-59．

［31］张英．文化教学与文化推广：国际汉语教育可持续发展中的短板［J］．世界汉语教学学会通讯，2014（3）：42-45．

［32］张英．对外汉语文化因素与文化知识教学研究［J］．汉语学习，2006（6）：59-65．

［33］戴昭铭．汉语国际教育"文化教学"的迷失与回归［J］．汉语应用语言学研究，2020（10）：12-25．

［34］肖珊，徐成慧．保加利亚中文教学发展现状及前瞻研究［J］．国际中文教育（中英文），2022，7（1）：92-95．

［35］亓华．汉语国际推广与文化观念的转型［J］．北京师范大学学报（社会科学版），2007（7）：118-125．

［36］罗青松．美国《21世纪外语学习标准》评析：兼谈《全美中小学中文学习目标》的作用与影响［J］．世界汉语教学，2006（1）：127-135．

［37］朱瑞平．汉语国际推广中的文化问题［J］．语言文字应用，2006（12）：111-116．

［38］陈光磊．语言教学中的文化导入［J］．语言教学与研究，1992（3）：19-30．

［39］赵贤州．文化差异与文化导入论略［J］．语言教学与研究，1989（4）：76-83．

［40］赵贤州．关于文化导入的再思考［J］．语言教学与研究，1992（9）：31-39．

［41］魏春木，卞觉非．基础汉语教学阶段文化导入内容初探［J］．世界汉语教学，1992（3）：54-60．

［42］孙欣欣．对外汉语教学初级阶段文化导入的方法［J］．世界汉语教学，1997（3）：85-87．

［43］张占一，毕继万．如何理解和揭示对外汉语教学中的文化因素

[J]．语言教学与研究，1991（12）：113-123．

[44]张占一．汉语个别教学及其教材[J]．语言教学与研究，1984（3）：57-67．

[45]宋晖．汉语国际教育的文化语言学接口[J]．国际汉语学报，2013（6）：8-13．

[46]吕必松．在对外汉语教学的定性、定位、定量问题座谈会上的讲话[J]．世界汉语教学，1995（1）：9-13．

[47]张英．论对外汉语文化教学[J]．汉语学习，1994（5）：46-50．

[48]周思源．论对外汉语教学的文化观念[J]．语言教学与研究，1992（3）：40-48．

[49]亓华．汉语国际推广与文化观念的转型[J]．北京师范大学学报（社会科学版），2007（4）：118-125．

[50]李泉．文化教学定位与文化内容取向[J]．国际汉语，2011（1）：14-19．

[51]邓时忠．对外汉语教学的文化学思考[J]．云南师范大学学报（对外汉语教学与研究版），2006（4）：1-4．

[52]李泉．文化内容呈现方式与呈现心态[J]．世界汉语教学，2011（3）：388-399．

[53]吴勇毅．《国际中文教育用中国文化和国情教学参考框架》与教材编写[J]．国际汉语教学研究，2022（4）：4-7．

[54]马佳楠．《国际中文教育用中国文化和国情教学参考框架》的研制背景、意义及其内容特色[J]．国际汉语教学研究，2022（4）：25-30．

[55]周琳娜．地域文化因素与对外汉语教学研究：以辽宁为例[J]．黑龙江史志，2014（11）：332-333．

[56]侯佳宝．地域文化视域下的对外汉语教学：以三晋文化教学为例[J]．汉字文化，2019（16）：79-80．

[57]史笑非．山西民俗文化在对外汉语教学中的作用[J]．北华大学学报（社会科学版），2012，13（4）：153-154．

[58]温小凤、许晓芳．试析三晋文化在高校对外汉语教学中的应用[J]．山西广播电视大学学报，2021（6）：32-35．

[59]许琳．汉语国际推广的形势和任务[J]．世界汉语教学，2007（2）：106-110．

[60] 丁安琪，王维群. 实境直播短期中文教学模式的构建与实践研究 [J]. 国际汉语教学研究，2021（10）：76-85.

[61] 陈傲雪. 国产剧对外传播内容偏好的区域性差异分析 [J]. 新闻研究导刊，2020，11（22）：129-130.

[62] 王皓宇. 国际汉语教学中MOOC（慕课）模式的发展与应用 [J]. 佳木斯大学社会科学学报，2021（4）：223-224.

[63] 刘娟. 慕课（MOOC）背景下的国际汉语教学和推广 [J]. 学术论坛，2015（3）：177-180.

[64] 黄伟. 关于MOOC与对外汉语教学的几点思考 [J]. 国际汉语教育，2014（2）：179-187.

[65] 林金锡，张亦凝. 慕课对对外汉语教学的启示 [J]. 国际汉语教育，2015（1）：131-143.

[66] 华霄颖. 地域文化资源利用：从教学者的视角转向学习者的视角 [J]. 国际汉语教学动态与研究，2008（3）：18-24.

[67] 三井明子，邵明明. 日本华裔和非华裔的汉语学习观念对比研究 [J]. 国际汉语教育（中英文），2019，4（3）：51-61.

**学位论文**

[1] 李嘉莉. 社会主义核心价值观对外传播问题研究 [D]. 太原：山西大学，2015.

[2] 张亚菲. 塑造中国国家形象的策略研究 [D]. 上海：华东师范大学，2013.

[3] 赵春燕. 灌输及其当代价值 [D]. 南昌：南昌大学，2020.

[4] 邹丽萍. 毛泽东对外宣传思想研究 [D]. 北京：中共中央党校，2015.

[5] 刘惠惠. 新时代中国特色社会主义文化建设研究 [D]. 太原：山西大学，2020.

[6] 朱鸿亮. 习近平新时代中国特色社会主义文化建设重要论述的理论体系研究 [D]. 西安：西安理工大学，2021.

[7] 刘正芳. 中国特色社会主义文化发展道路研究 [D]. 武汉：华中师范大学，2015.

[8] 朱芳瑜. 中华文化对外传播现状和策略研究：以哈罗德·拉斯韦

尔"5W"模式为视角［D］.南京：南京师范大学，2011.

［9］张泗考.跨文化传播视域下中华文化走向世界战略研究［D］.石家庄：河北师范大学，2016.

［10］唐智芳.文化视域下的对外汉语教学研究［D］.长沙：湖南师范大学，2012.

［11］代偲.传播学视域下汉语国际教育传播者研究［D］.济南：山东大学，2018.

［12］江心培.以受众为中心的对外文化传播策略研究［D］.长沙：湖南大学，2015.

［13］谢叔咏.传播学视域下汉语国际教育受众分析［D］.济南：山东大学，2016.

［14］管小蜜.保加利亚中学中国文化活动考察研究：以保加利亚索菲亚孔院各教学点为例［D］.北京：北京外国语大学，2015.

［15］夏悦.赴保加利亚汉语志愿者跨文化交际案例研究［D］.北京：北京外国语大学，2016.

［16］徐冉.地方文化在对外汉语教学中的应用研究：以开封文化为例［D］.郑州：河南大学，2017.

［17］张妙雪.地域文化融入对外汉语教学研究［D］.伊犁：伊犁师范大学，2019.

［18］李倩.对外汉语视野下的山西面食文化教学［D］.太原：山西大学，2020.

［19］冯萍.春节习俗文化在汉语国际教育教学中的应用研究［D］.南昌：江西科技师范大学，2022.

［20］谢叔咏.传播学视域下汉语国际教育受众分析［D］.济南：山东大学，2016.

［21］谢婷婷.来华预科留学生汉语学习观念、学习策略与学习成绩的关系实证研究［D］.济南：山东大学，2019.

［22］黄越.国际汉语教师与学习者语言学习观念对比研究［D］.北京：北京外国语大学，2018.

［23］李灵佳.东南亚留学生汉语学习信念与学习成绩相关性研究［D］.昆明：云南师范大学，2018.

［24］方旭.课堂情境下留学生汉语学习观念研究［D］.广州：广州大

学，2018.

[25] 孙婷婷. 初级水平留学生汉语学习观念性别差异研究 [D]. 扬州：扬州大学，2017.

[26] 杨迪. 基于启发隐喻分析的西班牙中学生汉语学习观念研究 [D]. 北京：北京外国语大学，2019.

[27] 范学刚. 现代教育技术在对外汉语教学中的应用研究 [D]. 长春：东北师范大学，2012.

[28] 白璐. 大数据时代下汉语慕课教学资源平台构建初探 [D]. 沈阳：辽宁大学，2015.

[29] 熊茜茜. 近十年来现代教育技术在汉语国际教育中的应用及趋势 [D]. 广州：广东外语外贸大学，2014.

**专著**

[1] 习近平. 习近平谈治国理政：第一卷 [M]. 北京：外文出版社，2014.

[2] 习近平. 习近平谈治国理政：第二卷 [M]. 北京：外文出版社，2017.

[3] 习近平. 习近平谈治国理政：第三卷 [M]. 北京：外文出版社，2020.

[4] 习近平. 习近平谈治国理政：第四卷 [M]. 北京：外文出版社，2022.

[5] 中共中央文献研究室. 习近平关于社会主义文化建设论述摘编 [M]. 北京：中央文献出版社，2017.

[6] 张公瑾. 文化语言学发凡 [M]. 昆明：云南大学出版社，1998.

[7] 吴应辉. 汉语国际传播研究理论与方法 [M]. 北京：中央民族大学出版社，2013.

[8] 李智. 中国国家形象：全球传播时代建构主义的解读 [M]. 北京：新华出版社，2011.

[9] 张三元. 大道不孤：中国价值的跨文化传播 [M]. 武汉：湖北教育出版社，2022.

[10] 程裕祯. 中国文化要略 [M]. 北京：外语教学与研究出版社，2011.

[11] 戴昭铭. 文化语言学导论［M］. 北京：语文出版社，1996.

[12] 韩民青. 文化论［M］. 桂林：广西人民出版社，1989.

[13] 孙英春. 跨文化传播学［M］. 北京：北京大学出版社，2015.

[14] 苏新春. 文化语言学教程［M］. 北京：外语教学与研究出版社，2006.

[15] 关世杰. 国际传播学［M］. 北京：北京大学出版社，2004.

[16] 关世杰. 跨文化交流学［M］. 北京：北京大学出版社，2015.

[17] 毕继万. 跨文化交际理论研究与应用［M］. 北京：北京语言大学出版社，2014.

[18] 祖晓梅. 跨文化交际［M］. 北京：外语教学与研究出版社，2015.

[19] 毕继万. 跨文化交际与第二语言教学［M］. 北京：北京语言大学出版社，2009.

[20] 人民日报社国际部. 大国之声：人民日报国际评论"钟声"（2016）［M］. 北京：人民日报出版社，2017.

[21] 戴熙宁. 中国引领世界：文明优势、历史演进与未来方略跨文化交流学［M］. 北京：中央编译出版社，2017.

[22] 胡文仲. 跨文化交际学概论［M］. 北京：外语教学与研究出版社，1995.

[23] 刘继红. 汉语国际教育视域下的跨文化传播［M］. 上海：中西书局，2020.

[24] 李春雨. 中国当代文化传播与汉语国际教育［M］. 北京：文化艺术出版社，2020.

[25] 刘谦功. 汉语国际教育导论［M］. 北京：世界图书出版公司，2012.

[26] 张西平. 西方汉学十六讲［M］. 北京：外语教学与研究出版社，2011.

[27] 刘珣. 对外汉语教育学引论［M］. 北京：北京语言大学出版社，2000.

[28] 朱勇. 国际汉语教学案例与分析［M］. 北京：高等教育出版社，2015.

[29] 朱勇. 跨文化交际案例与分析［M］. 北京：高等教育出版社，2018.

[30] 朱勇. 国际汉语教学案例争鸣 [M]. 北京：高等教育出版社，2015.

[31] 教育部中外语言交流合作中心. 国际中文教育用中国文化和国情教学参考框架 [M]. 北京：华语教学出版社，2022.

[32] 陈佛松. 世界文化史 [M]. 2 版. 武汉：华中科技大学出版社，2002.

[33] 孔子学院总部，国家汉办. 国际汉语教学通用课程大纲（修订版）[M]. 北京：北京语言大学出版社，2015.

[34] 孔子学院总部，国家汉办. 国际汉语教师经典案例详解 [M]. 北京：人民教育出版社，2018.

[35] 程曼丽. 国际传播学教程 [M]. 北京：北京大学出版社，2006：85-86.

[36] 谭顶良. 学习风格论 [M]. 南京：江苏教育出版社，1995.

[37] 拉兹洛. 多种文化的星球：联合国教科文组织国际专家小组的报告 [M]. 戴侃，辛未，译. 北京：社会科学文献出版社，2001.

[38] 郭锦桴. 汉语与中国传统文化 [M]. 北京：商务印书馆，2015.

[39] 李海燕. 中华文化教学研究 [M]. 北京：商务印书馆，2015.

[40] 赵长征，刘立新. 中华文化与传播 [M]. 北京：外语教学与研究出版社，2015.

[41] 王雪松. 面向第二语言教学的中华文化与跨文化传播研究 [M]. 北京：北京师范大学出版社，2014.

[42] 李泉. 对外汉语教学理论思考 [M]. 北京：教育科学出版社，2005.

[43] 罗常培. 罗常培文集：第五卷 [M]. 济南：山东教育出版社，2008.

[44] 陈莹. 国际汉语文化与文化教学 [M]. 北京：高等教育出版社，2013.

[45] 闻亭. 国际汉语课堂管理 [M]. 北京：高等教育出版社，2013.

[46] 傅钢善. 现代教育技术 [M]. 北京：高等教育出版社，2015.

[47] 雷默. 中国形象 [M]. 沈晓雷，译. 北京：社科文献出版社，2006.

［48］陆静.当代中国文化对外传播［M］.北京：经济科学出版社，2019.

［49］丁安琪，吴思娜.汉语作为第二语言学习者实证研究［M］.北京：世界图书出版公司，2010.

［50］丁安琪.汉语作为第二语言学习者研究［M］.北京：世界图书出版公司，2011.

［51］陈文力，陶秀璈.中国文化对外传播战略研究［M］.北京：九州出版社，2012.

［52］张昆，张明新，陈薇.国家形象蓝皮书：中国国家形象传播报告（2019）［M］.北京：社会科学文献出版社，2021.

［53］人民日报社国际部.大国之声：人民日报国际评论"钟声"（2016）［M］.北京：人民日报出版社，2017.

［54］人民日报社国际部.大国之声：人民日报国际评论"钟声"（2018）［M］.北京：人民日报出版社，2019.

［55］中共中央组织部.贯彻落实习近平新时代中国特色社会主义思想在改革发展稳定中攻坚克难案例：文化建设［M］.北京：党建读物出版社，2019.

**报纸文章**

［1］习近平.二〇一六年新年贺词［N］.人民日报，2016-01-01（01）.

［2］习近平.在纪念孔子诞辰2565周年国际学术研讨会暨国际儒学联合会第五届会员大会开幕会上的讲话［N］.光明日报，2014-09-25（01）.

［3］汤一介."文明的冲突"与"文明的共存"［N］.文汇报，2004-12-24（02）.

# 附录

## 附录 A  汉语国际教育专业人才培养方案（2018 版）

（专业代码：050103）

### 一、培养目标

本专业主要培养掌握扎实的汉语基础知识，具备中国文学、中外文化、跨文化交际等方面的基本知识与能力，系统掌握语言教学的基本理论和方法，能在国内外各类学校从事汉语教学及文化传播工作的应用型人才。

### 二、培养规格

（一）知识要求

1. 掌握汉语言文学的基本理论和知识，掌握中华文化和中国国情基本知识；了解外国文学、外国文化、涉外礼仪等方面的基本内容。

2. 了解语言学习的基本原理，熟悉语言教学基本原则与方法，掌握汉语作为第二语言教学基本理论。

3. 学习并了解语言学、教育学、文学艺术等相关学科的有关知识，了解有关的社会科学、人文科学与自然科学知识。

4. 了解本学科的前沿动态、发展前景和相关方针、政策、法律法规。

（二）素质要求

1. 具有社会主义民主观念和公民意识，有较高的思想修养，遵纪守法，品质优良，情操高尚，行为规范。

2. 具备教师职业道德，遵守职业道德规范，热爱汉语国际教育专业，具有本专业的专业知识和技能，具有从事对外汉语各职业岗位的实际工作能力。

3. 有良好的人文素质，有高度的事业心和责任感，有积极进取的工作态度和较强的合作精神。

4. 具有合格的身体素质，养成良好的体育锻炼和卫生习惯，达到国家规定的大学生体育和军事训练合格标准。

（三）能力要求

1. 具有较强的语言分析能力和汉语交际能力，具有符合职业需要的汉语口语和书面语表达能力；具备较强的英语听说读写能力，具有一定的对外交流活动能力。

2. 具有较扎实的国际汉语课堂教学基本功，具有较强的教学组织与课堂管理能力；了解现代教育技术，并能应用于教学实践。

3. 具备文化阐释和传播的基本能力；具有跨文化意识和交际能力，能较好地解决跨文化交际中遇到的问题。

4. 能进行教育研究，具备教育研究能力和教学反思能力；具有专业发展意识，努力寻求专业发展机会。

### 三、主要课程

现代汉语、古代汉语、语言学概论、中国古代文学、中国现当代文学、汉语国际教育概论、汉语作为第二语言教学法、中国文化概论、外国文化概论、跨文化交际等。

### 四、主要实践性教学环节

见习、生产（教育）实习、毕业论文、第二课堂等。

### 五、学制、学分、学位授予类型

学制：四年

学分：160学分

学位授予类型：文学学士

## 六、课程体系及学时、学分分配比例

学时、学分分配比例见表1。课程体系与教学计划见表2。

### 表1 学时、学分分配比例

| 课程类别 | | 课程性质 | 学分数/分 | 学时数/小时 | 理论讲授/小时 | 实验实践/小时 | 学分比例/% |
|---|---|---|---|---|---|---|---|
| 通识教育平台 | 思想政治理论课程 | 必修 | 16 | 296 | 251 | 45 | 10.0 |
| | 基本文化素质课程 | 必修 | 17 | 542 | 336 | 206 | 10.6 |
| | 通识教育选修课程 | 选修 | 8 | 136 | 136 | 0 | 4.7 |
| | 合计 | | 41 | 974 | 723 | 251 | 25.6 |
| 专业教育平台 | 学科（专业）基础课程 | 必修 | 20.5 | 353 | 333 | 20 | 12.8 |
| | 专业核心课程 | 必修 | 29.5 | 507 | 426 | 81 | 18.4 |
| | 专业选修课程 | 选修 | 25 | 422 | 252 | 170 | 15.6 |
| | 合计 | | 75 | 1 282 | 1 011 | 271 | 46.9 |
| 职业能力教育平台 | 教师教育必修课程 | 必修 | 14 | 231 | 164 | 67 | 8.2 |
| | 教师教育选修课程 | 选修 | 1 | 16 | 8 | 8 | 0.6 |
| | 合计 | | 15 | 247 | 172 | 75 | 9.4 |
| 集中实践教学环节 | 基础实践 | 必修 | 4 | | | | 2.5 |
| | 专业实践 | 必修 | 17 | | | | 10.6 |
| | 第二课堂 | 选修 | 8 | | | | 5.0 |
| | 合计 | | 29 | | | | 18.1 |
| 总计 | | | 160 | 2 503 | 1 906 | 597 | 100 |

注：总学分160分，其中课堂教学学分131分，集中实践教学环节学分29分。必修课学分118分，占专业总学分的73.8%；选修课学分42分，占专业总学分的26.3%；实践教学总学分（含集中实践、独立设置实践、课内教学实践）46.6分，占专业总学分的29.1%。课堂教学总学时2 503小时，其中理论学时1 906小时，实践学时597小时。

表 2 课程体系与教学计划

| 课程类别 | | 课程名称 | 课程代码 | 学分数/分 | 教学周数/周 | 按学期分配学时/小时·周⁻¹ 1 | 2 | 3 | 4 | 5 | 6 | 7 | 8 | 总学时/小时 | 讲授/小时 | 实践/小时 | 考核形式 | 备注 |
|---|---|---|---|---|---|---|---|---|---|---|---|---|---|---|---|---|---|---|
| 通识教育平台 | 思想政治理论课程 | 思想道德修养与法律基础 | 1600001A | 3 | 13 | 3 | | | | | | | | 39 | 33 | 6 | 考查 | |
| | | 中国近现代史纲要1 | 1600002A | 2 | 17 | | 2 | | | | | | | 34 | 34 | 0 | 闭卷考试 | |
| | | 中国近现代史纲要2 | 1600003A | 1 | 17 | | | | | | | | | 17 | 0 | 17 | 考查 | |
| | | 马克思主义基本原理概论 | 1600004A | 3 | 17 | | | 3 | | | | | | 51 | 46 | 5 | 闭卷考试 | |
| | | 毛泽东思想和中国特色社会主义理论体系概论1 | 1600005A | 4 | 17 | | | | 4 | | | | | 68 | 68 | 0 | 闭卷考试 | |
| | | 毛泽东思想和中国特色社会主义理论体系概论2 | 1600006A | 1 | 17 | | | | 1 | | | | | 17 | 0 | 17 | 开卷考试 | |
| | | 形势与政策 | 1600007A | 2 | 1-7学期，每学期安排10学时课程 | 3 | 3 | 3 | 5 | 0 | 0 | 0 | 0 | 70 | 70 | 0 | 考查 | |
| | | 小计 | | 16 | | | | | | | | | | 296 | 251 | 45 | | |
| | 基本文化素质课程 | 大学英语1 | 0300001A | 1.5 | 13 | 4 | | | | | | | | 52 | 39 | 13 | 闭卷考试 | |
| | | 大学英语2 | 0300002A | 2 | 17 | | 4 | | | | | | | 68 | 51 | 17 | 闭卷考试 | |
| | | 大学英语3 | 0300003A | 1 | 17 | | | 2 | | | | | | 34 | 17 | 17 | 闭卷考试 | |
| | | 大学英语4 | 0300004A | 1 | 17 | | | | 2 | | | | | 34 | 17 | 17 | 闭卷考试 | |
| | | 大学体育1 | 1200001A | 1 | 13 | 2 | | | | | | | | 26 | 4 | 22 | 室外考试 | |
| | | 大学体育2 | 1200002A | 1 | 17 | | 2 | | | | | | | 34 | 4 | 30 | 室外考试 | |
| | | 大学体育3 | 1200003A | 1 | 17 | | | 2 | | | | | | 34 | 4 | 30 | 室外考试 | |
| | | 大学体育4 | 1200004A | 1 | 17 | | | | 2 | | | | | 34 | 4 | 30 | 室外考试 | |
| | | 计算机应用基础 | 1100004A | 1 | 13 | 3 | | | | | | | | 39 | 26 | 13 | 闭卷考试 | |
| | | 计算机高级应用 | 1100005A | 1.5 | 17 | | 3 | | | | | | | 51 | 34 | 17 | 闭卷考试 | |
| | | 军事理论 | 3600001A | 1 | 9 | (4) | | | | | | | | (36) | (36) | 0 | 考查 | ()为网络课程 |
| | | 安全心理教育 | 3600002A | 1 | 8 | 4 | | | | | | | | 32 | 32 | 0 | 考查 | |
| | | 职业生涯规划与就业指导 | 4400001A | 1 | 17 | | | | | | 2 | | | 34 | 34 | 0 | 考查 | |
| | | 创新创业理论 | 5800001A | 2 | 17 | | | | | 2 | | | | 34 | 34 | 0 | 考查 | |
| | | 小计 | | 17 | | 13 | 9 | 6 | 4 | 2 | 2 | 0 | 0 | 542 | 336 | 206 | | |
| | | 通识教育选修课程设置人文社会科学类、自然科学类、艺术类、体育类、创新创业类等，由教务处统一组织。学生可从第四学期开始选修，毕业前应修够8个学分。其中，非师范类学生艺术类课程必须选修2学分，师范类学生音体美课程必须选修6学分。 | | | | | | | | | | | | 136 | 136 | 0 | 考查 | |
| | | 合计 | | 41 | | 16 | 12 | 9 | 9 | 4 | 2 | 0 | 0 | 974 | 723 | 251 | | |

表2(续)

| 课程类别 | 课程名称 | 课程代码 | 学分数/分 | 教学周数/周 | 按学期分配学时/小时·周⁻¹ 1 | 2 | 3 | 4 | 5 | 6 | 7 | 8 | 总学时/小时 | 讲授/小时 | 实践/小时 | 考核形式 | 备注 |
|---|---|---|---|---|---|---|---|---|---|---|---|---|---|---|---|---|---|
| 学科专业基础课程 | 汉语国际教育专业导论 | 0112001B | 0.5 | 4 | 2 | | | | | | | | 8 | 8 | 0 | 考查 | |
| | 中国现当代文学 | 0112002B | 2 | 13 | 3 | | | | | | | | 39 | 39 | 0 | 闭卷考试 | |
| | 中国古代文学1 | 0112003B | 4 | 17 | | 4 | | | | | | | 68 | 68 | 0 | 开卷考试 | |
| | 中国古代文学2 | 0112004B | 2 | 17 | | | 2 | | | | | | 34 | 34 | 0 | 闭卷考试 | |
| | 外国文学 | 0112005B | 4 | 17 | | | | 4 | | | | | 68 | 60 | 8 | 闭卷考试 | |
| | 文学概论 | 0112006B | 2 | 17 | | 2 | | | | | | | 34 | 34 | 0 | 闭卷考试 | |
| | 中国文化概论 | 0112007B | 2 | 17 | | 2 | | | | | | | 34 | 30 | 4 | 闭卷考试 | |
| | 外国文化概论 | 0112008B | 4 | 17 | | | 4 | | | | | | 68 | 60 | 8 | 考查 | |
| | 小计 | | 20.5 | | 4 | 8 | 6 | 4 | 0 | 0 | 0 | 0 | 353 | 333 | 20 | | |
| 专业核心课程 | 现代汉语1 | 0112009B | 2 | 13 | 3 | | | | | | | | 39 | 33 | 6 | 考查 | |
| | 现代汉语2 | 0112010B | 3 | 17 | | 3 | | | | | | | 51 | 39 | 12 | 闭卷考试 | |
| | 古代汉语1 | 0112011B | 3 | 17 | | | 3 | | | | | | 51 | 51 | 0 | 闭卷考试 | |
| | 古代汉语2 | 0112012B | 3 | 17 | | | | 3 | | | | | 51 | 51 | 0 | 闭卷考试 | |
| | 汉语写作 | 0112013B | 1.5 | 13 | 2 | | | | | | | | 26 | 13 | 13 | 考查 | |
| | 语言学概论 | 0112014B | 3 | 17 | | | 3 | | | | | | 51 | 45 | 6 | 闭卷考试 | |
| | 汉语国际教育概论 | 0112015B | 4 | 17 | | | 4 | | | | | | 68 | 60 | 8 | 闭卷考试 | |
| | 语音与语音教学 | 0112016B | 2 | 17 | | | | | 2 | | | | 34 | 26 | 8 | 考查 | |
| | 词汇与词汇教学 | 0112017B | 2 | 17 | | | | | 2 | | | | 34 | 26 | 8 | 考查 | |
| | 语法与语法教学 | 0112018B | 2 | 17 | | | | | 2 | | | | 34 | 26 | 8 | 考查 | |
| | 汉字与汉字教学 | 0112019B | 2 | 17 | | | | | 8 | | | | 34 | 26 | 8 | 考查 | |
| | 跨文化交际 | 0112020B | 2 | 17 | | | | 2 | | | | | 34 | 30 | 4 | 闭卷考试 | |
| | 小计 | | 29.5 | | 5 | 3 | 10 | 5 | 8 | 0 | 0 | 0 | 507 | 426 | 81 | | |

专业教育平台

表2(续)

| 课程类别 | 课程名称 | 课程代码 | 学分数/分 | 教学周数/周 | 按学期分配学时/小时·周⁻¹ 1 | 2 | 3 | 4 | 5 | 6 | 7 | 8 | 总学时/小时 | 学时分配 讲授/小时 | 实践/小时 | 考核形式 | 备注 |
|---|---|---|---|---|---|---|---|---|---|---|---|---|---|---|---|---|---|
| 专业教育平台 专业选修课程 | 第二语言习得概论 | 0112021B | 2 | 17 | | | | | 2 | | | | 34 | 30 | 4 | 考查 | 任选12学分 |
| | 英语听说 | 0112022B | 2 | 17 | | | | | 2 | | | | 34 | 17 | 17 | 考查 | |
| | 英语读写 | 0112023B | 2 | 17 | | | | | 2 | | | | 34 | 17 | 17 | 闭卷考试 | |
| | 英汉互译 | 0112024B | 2 | 17 | | | | | 2 | | | | 34 | 17 | 17 | 闭卷考试 | |
| | 第二外语 | 0112025B | 2 | 17 | | | | | 2 | | | | 34 | 28 | 6 | 闭卷考试 | |
| | 应用语言学 | 0112026B | 2 | 17 | | | | | 2 | | | | 34 | 28 | 6 | 考查 | |
| | 社会语言学 | 0112027B | 2 | 17 | | | | | 2 | | | | 34 | 28 | 6 | 考查 | |
| | 汉语修辞学 | 0112028B | 2 | 17 | | | | | 2 | | | | 34 | 28 | 6 | 考查 | |
| | 语用学 | 0112029B | 2 | 17 | | | | | | 2 | | | 34 | 24 | 10 | 考查 | |
| | 文化语言学 | 0112030B | 2 | 17 | | | | | | 2 | | | 34 | 17 | 17 | 考查 | |
| | 中国民间文学 | 0112031B | 2 | 17 | | | | | | 2 | | | 34 | 17 | 17 | 考查 | 任选10学分 |
| | 中国民俗文化 | 0112032B | 2 | 17 | | | | | | 2 | | | 34 | 17 | 17 | 考查 | |
| | 山西民俗史论 | 0112033B | 2 | 17 | | | | | | 2 | | | 34 | 17 | 17 | 考查 | |
| | 晋中民间文学 | 0112034B | 2 | 17 | | | | | | 2 | | | 34 | 24 | 10 | 考查 | |
| | 晋中戏曲文化 | 0112035B | 2 | 17 | | | | | | 2 | | | 34 | 34 | 0 | 考查 | |
| | 中国传统艺术专题 | 0112036B | 2 | 17 | | | | | | 2 | | | 34 | 34 | 0 | 考查 | |
| | 文献检索与论文写作 | 0112037B | 2 | 17 | | | | | | 2 | | | 34 | 24 | 10 | 考查 | |
| | 中华文化典籍导读 | 0112038B | 2 | 17 | | | | | | 2 | | | 34 | 24 | 10 | 考查 | |
| | 中国通史 | 0112039B | 2 | 17 | | | | | | 2 | | | 34 | 24 | 10 | 考查 | |
| | 中国思想史 | 0112040B | 2 | 17 | | | | | | 2 | | | 34 | 34 | 0 | 考查 | |
| | 国外汉学研究概况 | 0112041B | 2 | 17 | | | | | | 2 | | | 34 | 34 | 0 | 考查 | |
| | 社交礼仪 | 0112042B | 2 | 17 | | | | | | 2 | | | 34 | 24 | 10 | 考查 | |
| | 中华才艺课:书法 | 0112043B | 1 | 8 | | | | | | | | | 16 | 0 | 16 | 考查 | 任选3学分 |
| | 中华才艺课:国画 | 0112044B | 1 | 8 | | | | | | | | | 16 | 0 | 16 | 考查 | |
| | 中华才艺课:茶艺 | 0112045B | 1 | 8 | | | | | | | | | 16 | 0 | 16 | 考查 | |
| | 中华才艺课:太极拳 | 0112046B | 1 | 8 | | | | | | | | | 16 | 0 | 16 | 考查 | |
| | 中华才艺课:剪纸 | 0112047B | 1 | 8 | | | | | | | | | 16 | 0 | 16 | 考查 | |
| | 小计 | | 25 | | 0 | 3 | 0 | 0 | 12 | 10 | 0 | 0 | 422 | 252 | 170 | | |
| 合计 | | | 75 | | 9 | 14 | 16 | 9 | 20 | 10 | 0 | 0 | 1 282 | 1 011 | 271 | | |

表2（续）

| 课程类别 | | 课程名称 | 课程代码 | 学分数/分 | 教学周数/周 | 按学期分配学时/小时·周⁻¹ 1 | 2 | 3 | 4 | 5 | 6 | 7 | 8 | 总学时/小时 | 学时分配 讲授/小时 | 实践/小时 | 考核形式 | 备注 |
|---|---|---|---|---|---|---|---|---|---|---|---|---|---|---|---|---|---|---|
| 职业能力教育平台（师范类专业） | 教师教育必修课程 | 普通话 | 0100003C | 1 | 8 | | 2 | | | | | | | 16 | 16 | 0 | 普通话测试 | |
| | | 三笔字 | 0600001C | 1 | 8 | | 2 | | | | | | | 16 | 16 | 0 | 考查 | |
| | | 心理学 | 0400001C | 3 | 17 | | | 3 | | | | | | 51 | 48 | 3 | 闭卷考试 | |
| | | 教育学 | 0400002C | 2 | 17 | | | | 2 | | | | | 34 | 32 | 2 | 闭卷考试 | |
| | | 汉语作为第二语言教学法 | 0112001C | 2 | 16 | | | | 2 | | | | | 34 | 20 | 14 | 考查 | |
| | | 国际汉语教师教学技能训练 | 0112002C | 2 | 16 | | | | 2 | | | | | 32 | 0 | 32 | 考查 | |
| | | 教师职业道德与教育法律法规 | 0400003C | 1 | 8 | | | | 2 | | | | | 16 | 16 | 0 | 考查 | |
| | | 现代教育技术 | 0112003C | 2 | 16 | | | | 2 | | | | | 32 | 16 | 16 | 考查 | |
| | | 小计 | | 14 | | 0 | 2 | 3 | 9 | | | | | 231 | 164 | 67 | | |
| | 教师教育选修课程 | 国际汉语课堂组织与管理 | 0112004C | 1 | 8 | | | | | 2 | | | | 16 | 8 | 8 | 考查 | 任选1学分 |
| | | 国际汉语教学优秀案例评析 | 0112005C | 1 | 8 | | | | | 2 | | | | 16 | 8 | 8 | 考查 | |
| | | 小计 | | 1 | | 0 | 0 | 0 | 0 | 0 | | | | | | | | |
| 合计 | | | | 131 | | 25 | 27 | 28 | 27 | 22 | 16 | 0 | 0 | 247 | 172 | 75 | | |
| | | | | | | | | | | | | | | 2 503 | 1 906 | 597 | | |

| 课程类别 | | 实践教学环节名称 | 课程代码 | 学分数/分 | 周数/周 | | 学期序号 | 考核方式 | 备注 |
|---|---|---|---|---|---|---|---|---|---|
| 集中实践教学环节 | 基础实践 | 军事训练 | 3600001D | 2 | 2 | | 1-4 | 考查 | |
| | | 劳动教育 | 3400001D | 2 | | | | 考查 | |
| | | 小计 | | 4 | | | | | |
| | 专业实践 | 见习 | 0112001D | 1 | 1 | | 3 | 实习总结 | |
| | | 生产（教育）实习 | 0112002D | 10 | 18 | | 7 | 实习总结 | 生产（教育）实习前四周为专业实习 |
| | | 毕业论文（设计） | 0112003D | 6 | 10 | | 8 | 毕业答辩 | |
| | | 小计 | | | | | | | |
| 第二课堂 | | 思想政治与道德素养 | 3700001D | | | 根据《晋中学院关于加强第二课堂建设的实施意见》《晋中学院第二课堂学分认定管理办法（试行）》，由团委和学院制订活动方案和认定办法共同组织实施。 | | | |
| | | 科学研究与创新创业 | 3700002D | | | | | | |
| | | 社会实践与社会工作 | 3700003D | 8 | | | | | |
| | | 文化艺术活动 | 3700004D | | | | | | |
| | | 职业资格与技能认证 | 3700005D | | | | | | |
| | | 小计 | | 8 | | | | | |
| 总计 | | | | 160 | | | | | |

## 七、专业培养目标"能力矩阵"

专业培养目标"能力矩阵"见表3。

表3 专业培养目标"能力矩阵"

| 课程名称 | 知识 |||| 素质 ||| 能力 |||||
|---|---|---|---|---|---|---|---|---|---|---|---|---|
| | 人文社会科学和自然科学的基本知识 | 外语、数学、历史、政治等专业基础知识 | 汉语言、文学、文化和教育学基本知识 | 汉语国际教育的前沿动态、相关政策法规 | 思想道德素质 | 身心素质 | 文化素质 | 专业素质 | 国际汉语课堂教学基本功 | 现代传播技术、学习和创新能力 | 实践与应用能力，公关与社会活动能力 | 语言表达、文字写作与研究能力 | 文化阐释和传播、跨文化意识和交际能力 |
| 思想道德修养与法律基础 | √ | | | | √ | | | | | | | | |
| 中国近现代史纲要1 | √ | | | | | | √ | | | | | | |
| 中国近现代史纲要2 | √ | | | | | | √ | | | | | | |
| 马克思主义基本原理概论 | √ | | | | √ | | | | | | | | |
| 毛泽东思想和中国特色社会主义理论体系概论1 | √ | | | | √ | | | | | | | | |
| 毛泽东思想和中国特色社会主义理论体系概论2 | | | | | √ | | | | | | | | |
| 形势与政策 | | | | √ | | | | | | | | | |
| 大学英语1 | | √ | | | | | | | | | | | |
| 大学英语2 | | √ | | | | | | | | | | | |
| 大学英语3 | | √ | | | | | | | | | | | |
| 大学英语4 | | √ | | | | | | | | | | | |
| 大学体育1 | √ | | | | | √ | | | | | | | |
| 大学体育2 | √ | | | | | √ | | | | | | | |
| 大学体育3 | √ | | | | | √ | | | | | | | |
| 大学体育4 | √ | | | | | √ | | | | | | | |

表3（续）

| 课程名称 | 知识 ||||| 素质 |||| 能力 |||||
|---|---|---|---|---|---|---|---|---|---|---|---|---|---|---|
| | 人文科学、社会科学和自然科学的基本知识 | 外语、数学、历史、政治等专业基础知识 | 汉语言学、文化和教育学基本知识 | 汉语国际教育的前沿动态、相关政策法规 | | 思想道德素质 | 身心素质 | 文化素质 | 专业素质 | 国际汉语课堂教学基本功 | 现代传播技术、学习能力和创新能力 | 实践与应用能力，公关与社会活动能力 | 语言文字表达写作与研究能力 | 文化阐释和传播，跨文化意识和交际能力 |
| 计算机应用基础 | √ | | | | | | | | | | | | | |
| 计算机高级应用 | √ | | | | | | | | | | √ | | | |
| 军事理论 | | | | | | √ | | | | | | | | |
| 安全心理教育 | | | | | | √ | √ | | | | | | | |
| 职业生涯规划与就业指导 | √ | | | | | √ | √ | | | | | | | |
| 创新创业理论 | √ | | | | | | | | | | | | | |
| 汉语国际教育专业导论 | | | √ | | | | | √ | | | | | | |
| 中国现当代文学 | | | √ | | | | | √ | | | √ | | √ | |
| 中国古代文学1 | | | √ | | | | | √ | | | | | √ | |
| 中国古代文学2 | | | √ | | | | | √ | | | | | √ | |
| 外国文学 | | | √ | | | | | √ | | | | | √ | |
| 文学概论 | | | √ | | | | | √ | | | | | √ | |
| 中国文化概论 | | | √ | | | | | √ | | | | | √ | |
| 外国文化概论 | | | √ | | | | | √ | | | | | √ | |
| 现代汉语1 | | | √ | | | | | √ | | | | | √ | |
| 现代汉语2 | | | √ | | | | | √ | | | | | √ | |
| 古代汉语1 | | | √ | | | | | √ | | | | | √ | |
| 古代汉语2 | | | √ | | | | | √ | | | | | √ | |
| 汉语写作 | | | √ | | | | | √ | | | | | √ | |
| 语言学概论 | | | √ | | | | | | √ | | | | √ | |
| 汉语国际教育概论 | | | √ | | | | | | | √ | | | | |

表3（续）

| 课程名称 | 知识-人文科学、社会科学和自然科学的基本知识 | 知识-外语、数学、历史、政治等专业基础知识 | 知识-汉语言文学、文化和教育学基本知识 | 知识-汉语国际教育的前沿动态、相关政策法规 | 素质-思想道德素质 | 素质-身心素质 | 素质-文化素质 | 素质-专业素质 | 能力-国际汉语课堂教学基本功 | 能力-现代传播技术、学习能力和创新能力 | 能力-实践与应用能力，公关与社会活动能力 | 能力-语言表达、文字写作与研究能力 | 能力-文化阐释和传播、跨文化意识和交际能力 |
|---|---|---|---|---|---|---|---|---|---|---|---|---|---|
| 语音与语音教学 |  |  | √ |  |  |  |  | √ | √ |  |  |  |  |
| 词汇与词汇教学 |  |  | √ |  |  |  |  | √ | √ |  |  |  |  |
| 语法与语法教学 |  |  | √ |  |  |  |  | √ | √ |  |  |  |  |
| 汉字与汉字教学 |  |  | √ |  |  |  |  | √ | √ |  |  |  |  |
| 跨文化交际 |  |  |  |  |  |  | √ |  |  |  |  |  | √ |
| 第二语言习得概论 |  | √ | √ |  |  |  | √ | √ | √ |  |  |  | √ |
| 英语听说 |  |  | √ |  |  |  | √ |  |  |  |  | √ | √ |
| 英语读写 |  |  | √ |  |  |  | √ |  |  |  |  | √ | √ |
| 英汉互译 |  |  | √ |  |  |  | √ |  |  |  |  | √ | √ |
| 第二外语 |  |  | √ |  |  |  | √ |  |  |  |  | √ |  |
| 应用语言学 |  |  | √ |  |  |  | √ |  |  |  |  | √ |  |
| 社会语言学 |  |  | √ |  |  |  | √ |  |  |  |  | √ |  |
| 汉语修辞学 |  |  | √ |  |  |  | √ |  |  |  |  | √ |  |
| 语用学 |  |  | √ |  |  |  | √ |  |  |  |  | √ |  |
| 文化语言学 |  |  | √ |  |  |  | √ |  |  |  |  | √ |  |
| 中国民间文学 |  |  | √ |  |  |  | √ |  |  |  |  | √ |  |
| 中国民俗文化 |  |  | √ |  |  |  | √ |  |  |  |  | √ |  |
| 山西民俗文化 |  |  | √ |  |  |  | √ |  |  |  |  | √ |  |
| 晋中民间文学 |  |  | √ |  |  |  | √ |  |  |  |  | √ |  |
| 晋中戏曲文化 |  |  | √ |  |  |  | √ |  |  |  |  | √ |  |
| 中国传统艺术专题 |  |  | √ |  |  |  | √ |  |  |  |  | √ | √ |

附录 197

表3(续)

| 课程名称 | 知识 ||||| 素质 |||| 能力 |||||
|---|---|---|---|---|---|---|---|---|---|---|---|---|---|
| | 人文科学、社会科学和自然科学的基础知识 | 外语、数学、历史、政治等专业基础知识 | 汉语言学、文化、教育学等基本知识 | 汉语国际教育的前沿动态、相关政策法规 | 思想道德素质 | 身心素质 | 文化素质 | 专业素质 | 国际汉语课堂教学基本功 | 现代传播技术、学习能力和创新能力 | 实践与应用能力，公关与社会活动能力 | 语言表达、文字写作与研究能力 | 文化阐释和传播，跨文化意识和交际能力 |
| 文献检索与论文写作 | | | √ | | | | | | | | | | |
| 中华文化典籍导读 | | | √ | | | | √ | | | | | √ | |
| 中国通史 | | √ | | | | | | | | | | √ | |
| 中国思想史 | | √ | √ | | | √ | | | | | | √ | |
| 国外汉学研究概况 | | √ | √ | √ | | | | | | | | | |
| 社交礼仪 | | | | | | | √ | | | | | | √ |
| 中华才艺课：书法 | | √ | | | | | | √ | √ | | | | √ |
| 中华才艺课：国画 | | √ | | | | | | √ | √ | | | | √ |
| 中华才艺课：茶艺 | | √ | | | | | | √ | √ | | | | √ |
| 中华才艺课：太极拳 | | √ | | | | | | √ | √ | | √ | | |
| 中华才艺课：剪纸 | | √ | | | | | | | √ | | | | √ |
| 普通话 | √ | | | | | | | | | | | | |
| 三笔字 | | | | | | | | √ | √ | | | | |
| 心理学 | | | √ | | | | √ | √ | √ | | | | |
| 教育学 | | | √ | | | | √ | √ | √ | | | | |
| 汉语作为第二语言教学法 | | | √ | | | | | √ | √ | | | | |
| 国际汉语教师教学技能训练 | | | | | | | | √ | √ | | √ | | |
| 教师职业道德与教育法律法规 | | | | √ | | | | √ | | | √ | | |
| 现代汉语课堂组织与管理 | | √ | | | | | √ | | | √ | | | |
| 国际汉语课堂组织与管理 | | | √ | | | | | √ | √ | | | | |

表3（续）

| 课程名称 | 知识 ||||| 素质 ||||| 能力 |||||
|---|---|---|---|---|---|---|---|---|---|---|---|---|---|---|---|
| | 人文科学、社会科学和自然科学的基础知识 | 外语、数学、历史、政治等专业基础知识 | 汉语言学、汉语和中华文化基础知识 | 教育学基本知识 | 汉语国际教育的前沿动态、相关政策法规 | 思想道德素质 | 身心素质 | 文化素质 | 专业素质 | | 国际汉语课堂教学基本功 | 现代传播技术、语言学习能力和创新能力 | 实践与应用能力，公关与社会活动能力 | 语言表达、文字写作与研究能力 | 文化阐释和传播，跨文化意识和交际能力 |
| 国际汉语教学优秀案例评析 | | | √ | | | | | | √ | | √ | | | | |
| 军事训练 | √ | | | | | | √ | | | | | | | | |
| 劳动教育 | √ | | | | | | √ | | | | | | | | |
| 见习 | | √ | √ | √ | | | | | √ | | | | √ | | |
| 专业实习 | | √ | √ | √ | | | | | √ | | | | √ | | |
| 生产实习 | | √ | √ | √ | | | | | √ | | | | √ | √ | |
| 毕业论文（设计） | √ | √ | | | | | | | √ | | | √ | | | |
| 思想政治与道德素养 | √ | | | | | √ | √ | | | | | | √ | | |
| 科学研究与创新创业 | √ | | | | | | | | √ | | | √ | √ | | |
| 社会实践与社会工作 | √ | | | | | | | √ | √ | | | √ | √ | | √ |
| 文化艺术活动 | | | √ | | | | | | | | | | | | |
| 职业资格与技能认证 | | | | | | | | | | | √ | √ | | | |

# 附录 B　汉语学习风格调查问卷

亲爱的同学：

　　你好！这是一份关于汉语学习风格的调查问卷，调查目的是希望通过你的回答，帮助老师和你自己了解你的汉语学习风格，以便促进你的汉语学习。请根据自己的实际情况填写，答案没有对错之分。

## 一、基本信息

1. 姓　　名：＿＿＿＿＿＿＿＿＿
2. 年　　级：□ 七年级　　□ 八年级　　　□ 九年级
　　　　　　　□ 十年级　　□ 十一年级
3. 性　　别：□ 男　　　　□ 女
4. 学汉语的原因（可多选）：
　　□ 想去中国
　　□ 想和中国人交流
　　□ 想了解中国和中华文化
　　□ 喜欢看中国电影
　　□ 中国越来越强大
　　□ 学汉语很流行
　　□ 喜欢学习不同的语言
　　□ 将来可以帮我找到更好的工作
　　□ 父母要求我学汉语
　　□ 其他＿＿＿＿＿＿＿

## 二、汉语学习风格调查

　　请快速阅读每个题目，不需长时间思考，并在符合自己情况的数字上画"○"。

　　1＝从不这样　2＝很少这样　3＝有时这样　4＝经常这样　5＝总是这样

| 1 | 比起听录音，我更喜欢通过看视频（如电影、动画等）学习汉语 | 1 | 2 | 3 | 4 | 5 |

| 2 | 比起看课本，我更喜欢通过听老师讲解来学习汉语 | 1 | 2 | 3 | 4 | 5 |
|---|---|---|---|---|---|---|
| 3 | 当我一个人学习时，我学得更好。 | 1 | 2 | 3 | 4 | 5 |
| 4 | 学习汉字时，我喜欢用手指或笔跟着老师写汉字 | 1 | 2 | 3 | 4 | 5 |
| 5 | 当与别人一起学习时，我学得更好 | 1 | 2 | 3 | 4 | 5 |
| 6 | 上汉语课时，我喜欢做一个人能完成的活动 | 1 | 2 | 3 | 4 | 5 |
| 7 | 比起听老师讲解，我更喜欢通过看课本学习汉语 | 1 | 2 | 3 | 4 | 5 |
| 8 | 我喜欢在汉语课上做小组游戏、与同学练习对话 | 1 | 2 | 3 | 4 | 5 |
| 9 | 我喜欢通过听录音来学习汉语 | 1 | 2 | 3 | 4 | 5 |
| 10 | 我喜欢在汉语课上玩游戏、参加角色表演等课堂活动 | 1 | 2 | 3 | 4 | 5 |

| 11 | 在汉语课上我常常主动发言 | 1 | 2 | 3 | 4 | 5 |
|---|---|---|---|---|---|---|
| 12 | 在汉语课上，通过看板书或PPT，我学得更好 | 1 | 2 | 3 | 4 | 5 |
| 13 | 我在汉语课上表现不积极。 | 1 | 2 | 3 | 4 | 5 |
| 14 | 看汉语视频时，我主要是听内容，而不太看图像 | 1 | 2 | 3 | 4 | 5 |
| 15 | 在汉语课上，当别的同学听不懂老师的讲解时，我很乐意帮忙解释 | 1 | 2 | 3 | 4 | 5 |
| 16 | 在汉语课上，与老师和同学的交流会使我更加精力充沛 | 1 | 2 | 3 | 4 | 5 |
| 17 | 在汉语课上，听别人发言，我会学得更好 | 1 | 2 | 3 | 4 | 5 |
| 18 | 表格、图片等可以帮助我学习汉语 | 1 | 2 | 3 | 4 | 5 |
| 19 | 在小组活动中，我习惯于保持沉默，只听别人发言 | 1 | 2 | 3 | 4 | 5 |
| 20 | 汉语课上一直坐着，我会感觉很无聊 | 1 | 2 | 3 | 4 | 5 |

| 21 | 老师讲课时，我经常会和同学聊天 | 1 | 2 | 3 | 4 | 5 |
|---|---|---|---|---|---|---|
| 22 | 如果朋友不想去上汉语课，我也会受他影响 | 1 | 2 | 3 | 4 | 5 |
| 23 | 我喜欢通过学唱汉语歌、说绕口令来学习汉语 | 1 | 2 | 3 | 4 | 5 |
| 24 | 上汉语课时我喜欢一个人坐在角落 | 1 | 2 | 3 | 4 | 5 |
| 25 | 我喜欢看带有很多插图的汉语书 | 1 | 2 | 3 | 4 | 5 |
| 26 | 学习汉语生词或课文时，我喜欢跟着老师一起大声朗读 | 1 | 2 | 3 | 4 | 5 |
| 27 | 老师用图画的形式来解释汉字会让我印象更深刻 | 1 | 2 | 3 | 4 | 5 |
| 28 | 上汉语课时，我喜欢和朋友坐在一起 | 1 | 2 | 3 | 4 | 5 |

| 29 | 汉语课上，在一个小组中学习很长时间后，我会觉得很累 | 1 | 2 | 3 | 4 | 5 |
|---|---|---|---|---|---|---|
| 30 | 在汉语课上，我经常会在教室里四处走动 | 1 | 2 | 3 | 4 | 5 |

| 31 | 学习汉语时，我喜欢做笔记 | 1 | 2 | 3 | 4 | 5 |
|---|---|---|---|---|---|---|
| 32 | 如果听不懂，我会请求老师放慢语速或重复。 | 1 | 2 | 3 | 4 | 5 |
| 33 | 学习汉语时，有不明白的地方我喜欢独立思考 | 1 | 2 | 3 | 4 | 5 |
| 34 | 上汉语课时，我会在书本上涂鸦 | 1 | 2 | 3 | 4 | 5 |
| 35 | 我喜欢参加老师组织的汉语活动，包括包饺子等 | 1 | 2 | 3 | 4 | 5 |
| 36 | 参加汉语集体活动时，我经常会一个人行动 | 1 | 2 | 3 | 4 | 5 |
| 37 | 看汉语书或记笔记时，我喜欢用彩色笔做标记 | 1 | 2 | 3 | 4 | 5 |
| 38 | 学习汉语时，有不明白的地方我喜欢问老师或同学 | 1 | 2 | 3 | 4 | 5 |
| 39 | 看汉语书时，我经常会动自己的嘴唇或大声读出来。 | 1 | 2 | 3 | 4 | 5 |
| 40 | 上汉语课时，我习惯玩笔或者咬笔 | 1 | 2 | 3 | 4 | 5 |

| 41 | 学习时我需要时不时休息一下 | 1 | 2 | 3 | 4 | 5 |
|---|---|---|---|---|---|---|
| 42 | 听的时候，我的脑海里会出现相关图像、数字或文字 | 1 | 2 | 3 | 4 | 5 |
| 43 | 在安静的环境中学习我的效率会更高 | 1 | 2 | 3 | 4 | 5 |
| 44 | 我喜欢边听音乐边学汉语 | 1 | 2 | 3 | 4 | 5 |
| 45 | 上汉语课时，我喜欢较为活跃的课堂气氛 | 1 | 2 | 3 | 4 | 5 |
| 46 | 通过参与别人的对话，我很容易结识新朋友 | 1 | 2 | 3 | 4 | 5 |
| 47 | 我能记得住别人的名字，但记不住他们的长相 | 1 | 2 | 3 | 4 | 5 |
| 48 | 看着说话人能帮助我更好地理解他的意思 | 1 | 2 | 3 | 4 | 5 |
| 49 | 与很多陌生人在一起我会觉得不自在 | 1 | 2 | 3 | 4 | 5 |
| 50 | 说话时我喜欢用手势等肢体动作表达自己的想法 | 1 | 2 | 3 | 4 | 5 |

# 附录 C  汉语学习风格调查问卷（保加利亚语版）

## Въпросник

Скъпи ученици,

Този въпросник ще помогне на Вас и на Вашият учител да определите Вашият уникален стил на изучаване на китайски език, което ще допринесе да бъдат постигнати по-добри резултати в учебния процес.

Когато четете изброените по-долу твърдения, помислете какво обичайно правите, когато учите. Няма правилен или грешен отговор.

**I. Основна информация**

1. Име: _____
2. Клас:  ☐ седми клас   ☐ осми клас   ☐ девети клас
   ☐ десети клас   ☐ единадесети клас
3. Пол:  ☐ момче   ☐ момиче
4. Причини да изучавам китайски език (Можете да отбележите повече от един отговор):

   ☐ Искам да отида в Китай.

   ☐ Искам да общувам с китайци.

   ☐ Искам да науча повече за Китай и за китайската култура.

   ☐ Обичам да гледам китайски филми.

   ☐ Китай става все по-силна и по-силна държава.

   ☐ Модерно/популярно е да се учи китайски.

   ☐ Харесва ми да изучавам различни езици.

   ☐ Изучаването на китайски език ще ми помогне в бъдеще при намирането на работа.

   ☐ Родителите ми искат да уча китайски език.

   ☐ Друга причина: _____

## II. Проучване на стила на учене на китайски език

Моля оградете с кръгче отговорът, който пръв изниква в съзнанието Ви, когато четете следните твърдения:

1 = Никога    2 = Рядко    3 = Понякога    4 = Често    5 = Винаги

| | | | | | | |
|---|---|---|---|---|---|---|
| 1 | Сравнено със слушането на записи, предпочитам да уча китайски език като гледам телевизия (напр. филми, анимационни филмчета) | 1 | 2 | 3 | 4 | 5 |
| 2 | Предпочитам да уча китайски като слушам урока, който учителят преподава, вместо да чета учебника | 1 | 2 | 3 | 4 | 5 |
| 3 | Когато уча самостоятелно, научавам материала по-добре | 1 | 2 | 3 | 4 | 5 |
| 4 | Когато уча китайските знаци (йероглифи), ги изписвам с химикалка или с пръсти | 1 | 2 | 3 | 4 | 5 |
| 5 | Научавам повече, когато уча заедно със съучениците си | 1 | 2 | 3 | 4 | 5 |
| 6 | В часовете по китайски предпочитам индивидуални дейности или занимания, при които общувам директно със съученик или с преподавателя | 1 | 2 | 3 | 4 | 5 |
| 7 | Когато уча китайски език, предпочитам да чета уроците в учебника, вместо да слушам преподавания в час урок | 1 | 2 | 3 | 4 | 5 |
| 8 | В часовете по китайски език ми харесва да играя групови игри или да упражнявам диалози с моите съученици | 1 | 2 | 3 | 4 | 5 |
| 9 | Обичам да уча китайски като слушам записи (напр. CD, MP3) | 1 | 2 | 3 | 4 | 5 |
| 10 | В часовете в по китайски обичам да играя игри или да участвам в ролеви игри (да участвам в сценки) | 1 | 2 | 3 | 4 | 5 |

| | | | | | | |
|---|---|---|---|---|---|---|
| 11 | Говоря/участвам активно в часовете по китайски език | 1 | 2 | 3 | 4 | 5 |
| 12 | В часовете по китайски уча по-добре, като чета написаното на черната дъска или чрез презентации | 1 | 2 | 3 | 4 | 5 |
| 13 | Не вземам активно участие в часовете по китайски език | 1 | 2 | 3 | 4 | 5 |
| 14 | Когато гледам филм, повече слушам звука, отколкото гледам екрана | 1 | 2 | 3 | 4 | 5 |
| 15 | В часовете по китайски език, когато другите ученици не разбират урока, преподаван от учителя, съм готов/а да помогна при обясняването на новия учебен материал | 1 | 2 | 3 | 4 | 5 |

| 16 | Общуването с учителя и другите ученици в часовете по китайски ме изпълва с енергия | 1 | 2 | 3 | 4 | 5 |
|---|---|---|---|---|---|---|
| 17 | В часовете по китайски научавам по-добре, когато слушам някой да говори китайски | 1 | 2 | 3 | 4 | 5 |
| 18 | Научавам по-добре китайски език с помощта на диаграми и картинки | 1 | 2 | 3 | 4 | 5 |
| 19 | При ученето в група, обикновено не говоря много и само слушам | 1 | 2 | 3 | 4 | 5 |
| 20 | В часовете по китайски ми става скучно, ако трябва да седя неподвижненна дълго време | 1 | 2 | 3 | 4 | 5 |

| 21 | В часовете по китайски често говоря с моите съученици | 1 | 2 | 3 | 4 | 5 |
|---|---|---|---|---|---|---|
| 22 | Ако моите приятели не искат да влязат в часа по китайски, лесно се повлиявам от тях | 1 | 2 | 3 | 4 | 5 |
| 23 | Харесва ми да уча китайски език като казвам скороговорки и пея китайски песни | 1 | 2 | 3 | 4 | 5 |
| 24 | В часовете по китайски обичам да стоя сам/а | 1 | 2 | 3 | 4 | 5 |
| 25 | Харесва ми да чета книги с много картинки | 1 | 2 | 3 | 4 | 5 |
| 26 | Обичам да чета на глас заедно с учителя, когато уча нови думи и текстове | 1 | 2 | 3 | 4 | 5 |
| 27 | Впечатлява ме много, когато учителят обяснява китайските знаци с картинки (напр. "家 дом", се състои от „ къща" и „ прасе") | 1 | 2 | 3 | 4 | 5 |
| 28 | В часовете по китайски обичам да седя заедно с моите приятели | 1 | 2 | 3 | 4 | 5 |
| 29 | В клас, след като съм работил в голяма група, съм наистина уморен/а | 1 | 2 | 3 | 4 | 5 |
| 30 | В часовете по китайски обичам да се движа из стаята | 1 | 2 | 3 | 4 | 5 |

| 31 | Водя си бележки, когато уча китайски | 1 | 2 | 3 | 4 | 5 |
|---|---|---|---|---|---|---|
| 32 | Ако не неразбирам какво казва учителят, ще го помоля да говори по-бавно или да повтори | 1 | 2 | 3 | 4 | 5 |
| 33 | Ако, когато уча китайски, имам въпроси, предпочитам да потърся сам/а отговорите | 1 | 2 | 3 | 4 | 5 |

| | | | | | | |
|---|---|---|---|---|---|---|
| 34 | В часовете по китайски обичам да правя драскулки в учебниците | 1 | 2 | 3 | 4 | 5 |
| 35 | Харесва ми да участвам в общите занимания, като например приготвянето на дамплинг | 1 | 2 | 3 | 4 | 5 |
| 36 | Харесва ми да съм сам/а, когато участвам в различни занимания | 1 | 2 | 3 | 4 | 5 |
| 37 | Когато чета книги или си водя бележки, обикновено използвам цветни маркери, за да отбелязвам части от текста | 1 | 2 | 3 | 4 | 5 |
| 38 | Ако, когато уча китайски език, имам някакви въпроси, питам учителят или моите съученици | 1 | 2 | 3 | 4 | 5 |
| 39 | Когато чета книги, чета на глас или си движа устните | 1 | 2 | 3 | 4 | 5 |
| 40 | В час често си играя с моите химикалки или ги хапя | 1 | 2 | 3 | 4 | 5 |

| | | | | | | |
|---|---|---|---|---|---|---|
| 41 | Когато уча се нуждая от чести почивки. | 1 | 2 | 3 | 4 | 5 |
| 42 | Когато слушам урока си представям картинки, числа или думи | 1 | 2 | 3 | 4 | 5 |
| 43 | Мога да уча по-ефективно, когато около мен е тихо | 1 | 2 | 3 | 4 | 5 |
| 44 | Обичам да слушам музика, когато уча | 1 | 2 | 3 | 4 | 5 |
| 45 | В часовете по китайски харесвам да има много различни занимания | 1 | 2 | 3 | 4 | 5 |
| 46 | Бързо си намирам нови приятели, като се включвам в техните разговори | 1 | 2 | 3 | 4 | 5 |
| 47 | Помня имената на хората, но не и техните лица | 1 | 2 | 3 | 4 | 5 |
| 48 | Разбирам по-добре какво казват другите, като гледам към тях | 1 | 2 | 3 | 4 | 5 |
| 49 | Притеснявам се, когато около мен има много непознати | 1 | 2 | 3 | 4 | 5 |
| 50 | Когато говоря, използвам езика на тялото (напр. жестове), за да изразя своето мнение | 1 | 2 | 3 | 4 | 5 |

Благодаря за Вашето участие!

Пожелавам Ви да постигнете голям напредък в изучаването на китайски език!

# 附录 D　汉语学习观念量表（英文版）

## Questionnaire of Chinese Learning Beliefs

Dear students：

This is a questionnaire that can help the teacher and yourself to learn about your beliefs of Chinese learning. Answer in terms of how well the statement describes you. There are no right or wrong answers to these statements. Please read each statement and circle your response：

1＝strongly agree

2＝agree

3＝neither agree nor disagree

4＝disagree

5＝strongly disagree

Name：

Age：

Country：

Gender：

The Duration of learning Chinese：

1. It is easier for children than adults to learn a foreign language.

　　5　4　3　2　1

2. Some people are born with a special ability which helps them learn a foreign language.

　　5　4　3　2　1

3. Some languages are easier to learn than others.

　　5　4　3　2　1

4. Chinese is：

（1）a very difficult language，（2）a difficult language，（3）a language of medium difficulty，（4）an easy language，（5）a very easy language.

5. Chinese is very different from my native language.

　　5　4　3　2　1

6. I believe that I will ultimately learn to speak Chinese very well.
   5   4   3   2   1

7. It is important to speak Chinese with an excellent accent.
   5   4   3   2   1

8. It is necessary to know Chinese culture in order to speak Chinese.
   5   4   3   2   1

9. You shouldn't say anything in Chinese until you can say it correctly.
   5   4   3   2   1

10. It is easier for someone who already speaks a foreign language to learn another one.
    5   4   3   2   1

11. It is better to learn a foreign language in the foreign country.
    5   4   3   2   1

12. If I heard someone speaking Chinese, I would go up to them so that I could practice speaking Chinese.
    5   4   3   2   1

13. It's ok to guess if you don't know a word in Chinese.
    5   4   3   2   1

14. If someone spent one hour a day learning Chinese, how long would it take him/her to become fluent?
    (1) less than a year, (2) 1~2 years, (3) 3~5 years, (4) 6~10 years, (5) You can't learn a language in 1 hour a day.

15. I think I have a special ability to learn foreign languages.
    5   4   3   2   1

16. Learning Chinese is mostly a matter of learning a lot of new vocabulary words.
    5   4   3   2   1

17. It is important to repeat and practice a lot.
    5   4   3   2   1

18. I feel self-conscious speaking Chinese in front of other people.
    5   4   3   2   1

19. If you are allowed to make mistakes in the beginning it will be hard to get rid of them later on.

　　　5　4　3　2　1

20. Learning Chinese is mostly a matter of learning a lot of grammar rules.

　　　5　4　3　2　1

21. It is important to practice in the language laboratory.

　　　5　4　3　2　1

22. Women are better than men at learning foreign languages.

　　　5　4　3　2　1

23. Studying Chinese is important because Chinese is a necessary part of the school programme.

　　　5　4　3　2　1

24. It is easier to speak than understand a foreign language.

　　　5　4　3　2　1

25. Learning Chinese is different from learning other school subjects.

　　　5　4　3　2　1

26. Learning Chinese is mostly a matter of translating from native language.

　　　5　4　3　2　1

27. If I learn to speak Chinese very well, it will help me for my career.

　　　5　4　3　2　1

28. It is easier to read and write Chinese than to speak and understand it.

　　　5　4　3　2　1

29. People who are good at math and science are not good at learning foreign languages.

　　　5　4　3　2　1

30. I look forward to going to class because my Chinese teacher is so good.

　　　5　4　3　2　1

31. I would like to learn Chinese so that I can get to know Chinese people and Chinese culture better.

　　　5　4　3　2　1

32. People who speak more than one language well are very intelligent.

　　　5　4　3　2　1

33. I really enjoy learning Chinese.

    5   4   3   2   1

34. Everyone can learn to speak a foreign language.

    5   4   3   2   1

Thank you for your cooperation! May you make great progress in Chinese study!

# 后记

本书是我这些年来从事国际中文教育工作的积累和总结。行将付梓之际，谨向所有关心、支持和帮助我的家人和师友表达由衷的感谢与敬意。

首先要感谢我的家人。感谢爱人郭金梁先生对我的理解和支持，他永远以乐观、积极的心态感染着我。感谢我们双方的父母，他们在我的成长、求学、治学之路上，以自己的方式在背后默默支持、鼓励、关心着我，特别是我的父亲，不仅为我提供了诸多生活、工作上的帮助，也对我的书稿提出了很多修改意见，拳拳之心无以为报。感谢我的两个可爱的孩子十月和暖暖，他们用自己对妈妈纯粹的爱、用自己幼稚却真诚的方式让我的内心变得越来越强大。

感谢我的导师——中央民族大学李朝辉副教授对我的悉心指导和温暖的鼓励。虽然李老师是在研究生阶段成为我的导师，但我们的师生缘早在2009年我在中央民族大学读本科时就已经开始。仍记得大三时李老师给我们上"跨文化交际"课程，她温柔、谦逊、沉稳的气质就给我留下了深刻的印象；读研后，有幸成为李老师的门生，与李老师有了更多的接触，她细致严谨的治学态度、温润谦和的待人之道、对学生极大的热情和责任心，成为我进入高校工作后学习和效仿的榜样。近几年，因为工作的原因，我与李老师的关系甚至比以前更加密切，无论是在生活、学习还是在科研方面，李老师都给了我极大的鼓励和帮助，她不仅是我学业上的导师，也是我人生路上的导师，在此谨向李老师致以诚挚的感谢和衷心的祝福！

  感谢成都市金沙智库研究会郝儒杰副教授对本书出版的大力协助。感谢西南财经大学出版社的乔雷老师为本书担任责任编辑，他从编辑视角对本书的构思和写作提出了宝贵的意见。

  本书在写作过程中参考了国内外许多专家学者的研究成果，在此致以深切的谢意。

王皓宇

2023 年 2 月